STARK

Bildnachweis

Umschlagbild: © Orlando Florin Rosu – fotolia.com

S. 46: By Ltshears, CC-BY-SA-3.0, http://commons.wikimedia.org/wiki/File:BactrianCamel_CincinnatiZoo.jpg
S. 59: By André Karwath aka Aka, CC-BY-SA-2.5, http://commons.wikimedia.org/wiki/File:Salami_aka.jpg
S. 62: By bgran, CC-BY-SA-3.0, http://commons.wikimedia.org/wiki/File:Edelkastanien.JPG
S. 70: © photofey – Fotolia.com
S. 82: By Thomas Wolf (Der Wolf im Wald), CC-BY-SA-3.0, http://commons.wikimedia.org/wiki/File:Brandenburger_Tor_abends.jpg
S. 85: By J.M. Schomburg, CC-BY-SA-3.0, http://commons.wikimedia.org/wiki/File:Eiffel_trocadero_i.jpg
S. 89: By Alkarex Malin äger, CC-BY-SA-3.0, http://commons.wikimedia.org/wiki/File:Leaning_tower_of_pisa_2.jpg
S. 94: By Lechhansl, CC-BY-SA-3.0, http://commons.wikimedia.org/wiki/File: NYC_Freiheitsstatue.JPG
S. 99: By Flicka, CC-BY-SA-3.0, http://commons.wikimedia.org/wiki/File:Rome_Kolosseum_night.jpg
S. 109: By א (Aleph), CC-BY-SA-2.5, http://commons.wikimedia.org/wiki/File:Angela_Merkel_%282008%29.jpg
S. 111: Pressebildstelle © 2017 Deutscher Bundestag
S. 126: By British Embassy Tokyo / Alfie Goodrich, CC-BY-2.0 http://commons.wikimedia.org/wiki/File:Prince_William_February_2015.jpg
S. 135: By Matt Yohe, CC-BY-SA 3.0 https://commons.wikimedia.org/wiki/File:Steve_Jobs_Headshot_2010-CROP2.jpg
S. 149: © 2017 Deutsche Bank AG
S. 158: Bundesarchiv, Bild 183-R68588, CC-BY-SA, http://commons.wikimedia.org/wiki/File:Bundesarchiv_Bild_183-R68588,_Otto_von_Bismarck.jpg
S. 186: „Francisco (20-03-2013)" von Presidência da Republica / Roberto Stuckert Filho – Agência Brasil. Lizenziert unter CC BY 3.0 br über Wikimedia Commons – http://commons.wikimedia.org/wiki/File:Francisco_(20-03-2013).jpg#mediaviewer/File:Francisco_(20-03-2013).jpg
S. 191: By cropped from photo by Luca Galuzzi (Lucag), CC-BY-SA-2.5, http://commons.wikimedia.org/wiki/File:Dalai_Lama_1430_Luca_Galuzzi_2007crop.jpg
S. 206: ullstein bild
S. 256: ullstein bild – Kindermann

S. 267: By Colin Swan, CC-BY-SA-2.0, http://www.flickr.com/photos/cswan/87743769/
S. 278: By Frinck51, CC-BY-SA-3.0, http://commons.wikimedia.org/wiki/File:Old_violin.jpg
S. 291: By Galilea, CC-BY-SA-3.0, http://commons.wikimedia.org/wiki/File:Kapitolinischer_Pythagoras_adjusted.jpg
S. 301: By Ute Kraus, Physikdidaktik Ute Kraus, Universität Hildesheim, Tempolimit Lichtgeschwindigkeit, (Milchstraßenpanorama im Hintergrund: Axel Mellinger), CC-BY-SA-2.5, http://commons.wikimedia.org/wiki/File:Black_Hole_Milkyway.jpg
S. 331: By H. Zell, CC-BY-SA-3.0, http://commons.wikimedia.org/wiki/File:Bernstein_01.jpg
S. 358: By Nobel foundation
S. 382: By Kropsoq, CC-BY-SA-3.0, http://commons.wikimedia.org/wiki/File:2006_Ojiya_balloon_festival_011.jpg

Hesse/Schrader

Testtraining Allgemeinbildung

So erweitern Sie Ihr Wissen!

900+ Aufgaben online

STARK

Die Autoren

Jürgen Hesse,
Jahrgang 1951, Diplom-Psychologe und geschäftsführender Gesellschafter im *Büro für Berufsstrategie*, Berlin.

Hans Christian Schrader,
Jahrgang 1952, Diplom-Psychologe in Baden-Württemberg.

Anschrift der Autoren

Hesse/Schrader
Büro für Berufsstrategie
Oranienburger Straße 4–5
10178 Berlin
Tel. 030 / 28 88 57-0
Fax 030 / 28 88 57-36
info@hesseschrader.com

ISBN 978-3-8490-3793-2

www.berufundkarriere.de
1. Auflage 2012

Inhalt

Jetzt neu: Mit Online-Assessment

Um Ihre Allgemeinbildung zu testen, stehen Ihnen zusätzlich zum diesem Buch über **900 Fragen** aus **20 unterschiedlichen Themengebieten** in der Testform des „Multiple-Choice-Verfahrens“ als **Online-Aufgaben** zur Verfügung.
Zu jeder Einzelfrage gibt es vier Antwortmöglichkeiten, von denen nur eine richtig ist. Es stehen Ihnen zwei Optionen zur Verfügung:

- Wählen Sie „**Üben**“, können Sie ohne Zeitdruck Aufgaben aus den einzelnen Themengebieten lösen. Sie haben die Möglichkeit, sich nach Anklicken der Antwort direkt ein Feedback anzeigen zu lassen. Am Ende erhalten Sie eine Auswertung Ihres Ergebnisses.
- Wählen Sie „**Testen**“, müssen Sie zehn zufällig ausgewählte Fragen in einem vorgegebenen Zeitraum beantworten. Am Ende erhalten Sie eine Auswertung Ihres Ergebnisses.

Viel Erfolg beim Testen und Erweitern Ihrer Allgemeinbildung!

„Der, die, das,
wer, wie, was,
wieso, weshalb, warum,
wer nicht fragt, bleibt dumm …“
Sesamstraße

Allgemeinbildung

Schön, wenn man etwas weiß, insbesondere wenn es um die Allgemeinbildung geht und es bei der Eroberung eines Jobs darauf ankommt, einen guten Eindruck zu hinterlassen.

Nur, wer weiß schon alles …? Es lohnt sich sicher, sich einen Überblick über die gängigsten Fragen zu verschaffen und zu überprüfen, wo man steht. Dabei unterstützt Sie dieses Buch. Es ist erprobt und verschafft Ihnen **einen schnellen Überblick über die wichtigen Themen**, die gerne bei der Personalauswahl abgefragt werden.

Sicher, ein Bankkaufmann muss sich nicht unbedingt so gut in Sport auskennen wie der zukünftige Vertriebsmitarbeiter eines Sportartikelherstellers, und kein potenzieller Mitarbeiter eines Abgeordnetenbüros muss fundiertes Wissen in der Chemie nachweisen, aber schaden kann es nicht. Ob Sie sich nun beim Staat, in der Verwaltung, in der Industrie, im Handel oder beim Handwerk bewerben: Mit einem Auswahltestverfahren können Sie überall konfrontiert werden.

Diese sehen sehr häufig auch die Rubrik Allgemeinbildung als wichtigen Prüfgegenstand vor. Und dabei gilt: Übung macht den Meister. Zum Lernen gehört auch, sich zu erinnern. Und so haben wir ein paar **sehr hilfreiche Gedächtnis-Trainingsmethoden** aufgenommen, um Ihnen auch dabei behilflich zu sein.

Der 5-Minuten-Allgemeinwissenstest

Wollen Sie kurz prüfen, wie es um Ihr Allgemeinwissen steht? Beantworten Sie folgende 20 Fragen:

1 Wie viele Einwohner hat die Bundesrepublik Deutschland (mit Flüchtlingen)?

2 Von wem wird der Bundespräsident gewählt?

3 Wer schrieb *Die Räuber*?

4 Wofür steht der 3. Oktober 1990 in Deutschland?

5 Und wofür der 20. Juli 1944?

6 Wie schreibt man „ein Fünftel" in Prozent?

7 Wer gilt als Erfinder des Buchdrucks in Deutschland?

8 Wer entdeckte das Penicillin?

9 In welchem Jahrhundert begann die Reformation?

10 Und in welchem Jahr die Französische Revolution?

11 Wo leben Pinguine (wenn nicht im Zoo)?

12 Was feiern die Christen zu Ostern?

13 Was ist das Gemeinsame von Elefant und Veilchen?

14 Und was Holz und Alkohol?

15 Der Talmud ist das Gesetz und Religionswerk der …

16 Was versteht man unter Skypen?

17 Welches Unternehmen steckt hinter dem Dachkonzern Alphabet?

18 Wer betrat als erster Mensch den Mond?

19 Wo findet man die Isobaren?

20 Wie heißen die vier Evangelien der Bibel?

Die Lösungen finden Sie auf S. 13

Zur Einführung

Übrigens: Die Idee der Allgemeinbildung – in Abgrenzung zu beruflicher Bildung – fußt auf den Ideen Wilhelm Freiherr von Humboldts, eines Philosophen und Sprachforschers, der Anfang des 19. Jahrhunderts das preußische Bildungswesen reformierte. Allgemeinbildung sollte ihm zufolge gewährleisten, dass jeder Mensch in seiner unverfälschten Eigentümlichkeit hervortritt. „Sich in sich zu bilden", schreibt Humboldt, sei „Zweck des Menschen im Menschen".

Hier zeigt sich das Doppelgesicht der Bildung: Einerseits ist sie zweckgerichtet, weil sie die Einzelnen dazu befähigen soll, sich vernünftig und selbstbestimmt in der Gemeinschaft zu bewähren. Das heißt, Verantwortung für das eigene Tun und für das gemeinsame Leben zu übernehmen, einen Beruf zu ergreifen, die Welt zu gestalten.

Erfolgreich aber kann sie nur sein, wenn sie nicht ausnahmslos zweckgerichtet ist und auch das Wesen des Menschen formt. Ob Schulen und Universitäten eine nützliche Ausbildung oder eher allgemeine Menschenbildung leisten sollen – an dieser Frage entzünden sich die Bildungsdebatten bis heute.

Für das europäische Bürgertum in der Zeit vom späten 17. bis ins 20. Jahrhundert bedeutete Bildung viel mehr als Wissen: Bildung war das Gut, mit dem sich die aufsteigenden Klassen von den Feudalitäten abgrenzen konnten, Bildung hatte ihnen zu Erfolg in Wirtschaft und Verwaltung verholfen, Bildung versprach Status und Freiheit. In ihrer Funktion als Prestigeobjekt verkam sie aber bald zu einem erstarrten, hohlen Gebilde, gegen das Schriftsteller und Philosophen erbittert zu wettern begannen – von Gustave Flaubert und Theodor Fontane über Friedrich Nietzsche bis zu Theodor W. Adorno. Der warnte in seiner „Theorie der Halbbildung" vor einem schematischen Faktenwissen, das blind mache, weil es die Möglichkeit verstelle, die Realität aus eigener Erfahrung zu begreifen, und damit die Kritikfähigkeit des Menschen untergrabe.

Wohl wahr, aber geht es ohne Faktenwissen? Wie könnten wir – ohne das Wissen über bestimmte Tatsachen aus Geschichte, Wirtschaft, Politik und Wissenschaft – verstehen, was täglich um uns herum vorgeht?

Hier setzt unser Buch an. Es möchte Ihnen einen Ausgangspunkt in die Welt des Wissens anbieten. Es möchte Ihnen Fakten liefern, die Sie ermutigen, weiter zu forschen, Ihr Wissen zu erweitern, Erfahrungen und wesentliche Einsichten zu gewinnen. Denn auf dieser Grundlage bildet sich reflektierende Urteilskraft im Sinne Kants, die Sie erst in die Lage versetzt, einzelne Fakten prüfen, werten und einordnen zu können. Bei der täglichen Überflutung mit Fakten, Daten und Berichten aus aller Welt verfügen Sie damit über einen Filter, mit dessen Hilfe Sie die Qualität solcher Informationen besser einschätzen können (so Bildungswissenschaftler Manfred Lehrke). Mit anderen Worten: Richtig verstandenes Allgemeinwissen kann dazu dienen, Wichtiges von Unwichtigem, Richtiges von Falschem zu unterscheiden und schließlich den Ordnungsrahmen dieses Wissenskanons selbst kritisch überprüfen zu können.

Was sollten Sie also wissen? Die Gelehrten streiten, ob Bildung eher in die Breite gehen oder mehr in die Tiefe reichen sollte. Ein Mensch kann heute ohnehin nicht mehr über ein „Gesamtwissen" verfügen, wie es für das 16. Jahrhundert angenommen wird.

Umgekehrt bietet ein breit angelegtes Wissen aber eine stabile Grundlage für den Aufbau weiterer Wissensschwerpunkte. Die Möglichkeit, neue Spezialkenntnisse in einen bestehenden Gesamtrahmen einordnen zu können, erleichtert das Lernen ganz erheblich. Vergleichen lässt sich dies am einfachsten mit einem Puzzle: Je mehr Teile Sie identifiziert und eingepasst haben, desto leichter wird es Ihnen fallen, sich ein Bild von den noch vorhandenen Lücken vorzustellen. Dieses Bild setzt voraus, dass es heute so etwas wie vollständiges Wissen geben könnte. Und das gibt es natürlich nicht mehr. Wir können die Welt nicht mehr als Ganzes denken. Dennoch existiert auch heute noch eine gängige Vorstellung davon, was Sie wissen sollten. Deshalb haben wir geforscht und uns sachkundig gemacht, was einschlägige Werke und Prüfverfahren an sogenanntem Allgemeinwissen voraussetzen, haben uns mit Wissensexperten auseinandergesetzt und getestet, wer was weiß. Uns ging es dabei nicht um verblüffende Spezialkenntnisse, die Ihre Quiztauglichkeit optimieren, sondern um einen fundierten, aber soliden Allgemeinwissensschatz. Nicht alle Fragen haben die gleiche Relevanz, und einige Antworten sind unter Fachleuten durchaus strittig. In diesen Fällen haben wir uns auf die jeweils vorherrschende Meinung gestützt. Das so versammelte Allgemeinwissen präsentiert lediglich einen Ausschnitt des hier und jetzt gültigen Wissens.

Dieses Wissen bieten wir Ihnen in praktischer, komprimierter Form an, aufgeteilt in 20 große Sachgebiete und nochmals unterteilt in fast 50 Hauptthemen mit insgesamt etwas mehr als 1 300 Fragen als eine Art Basiswissen. Kaum jemand wird alle Fragen beantworten können, aber schon mit 40 bis 50 Prozent richtig beantworteter Fragen liegen Sie im guten Durchschnitt. Mit jeweils 10 weiteren Prozent verbessern Sie sich und Ihre Allgemeinbildung rapide – von „ordentlich" über „gut" bis hin zu „sehr gut" und „exzellent". Damit Sie nicht nur die richtige Antwort kennen, haben wir uns bemüht, jede Lösung zu erklären.

Allgemeinwissen stellt die **Basis** für jede Art von **kompetenter Kommunikation** dar, und wir sind uns sicher, dass Sie nach der Lektüre dieses Buches die Fähigkeit erworben haben, mehr als nur Fragen beantworten zu können.

Zum Aufbau dieses Buches

In diesem Buch finden Sie 1 333 Fragen aus 20 unterschiedlichen Themengebieten in der Testform des „Multiple-Choice-Verfahrens". Dies ist in den gängigen Testverfahren die Norm, da es die Auswertung erleichtert. Zu jeder Einzelfrage gibt es vier Antwortmöglichkeiten, von denen nur eine richtig ist.

Die Lösungen zu den Fragen finden Sie am Ende des jeweiligen Themengebietes. Ausschließlich aus Gründen der Vereinfachung haben wir bei unseren Formulierungen zumeist auf die Hinzufügung der jeweiligen weiblichen Form verzichtet (wie z. B. der/die Erfinder/-in). Bei der Bearbeitung der Fragen sollten Sie zunächst ohne Zeitdruck vorgehen.

Zu Ihrer groben Orientierung:

- 100 Fragen (große Kapitel) sollten nicht mehr als 60–70 Minuten Zeit beanspruchen,
- 75 Fragen etwa 45–50 Minuten,
- 50 Fragen etwa 30–35 Minuten.

Allgemeinwissens-Leistung

Mit folgendem Schema können Sie Ihren Wissensstand selbst einordnen. Bei erstmaliger Bearbeitung der 1 333 Fragen (ohne Hilfsmittel!) sollten Sie sich für ein ordentliches Ergebnis im folgenden Rahmen bewegen: Für ein gutes Ergebnis addieren Sie etwa 10 Prozent auf den obigen höheren Wert, für ein sehr gutes weitere 5 Prozent. Ein exzellentes Ergebnis liegt vor, wenn Sie mehr als 20 Prozent über dem höheren Wert der Tabelle liegen.

Da Allgemeinbildung zumeist von Alter und Schulbildung abhängt, zeigen wir hier ein Schema, mit dem Sie Ihren Wissensstand selbst einordnen können. Für jede richtige Antwort gibt es 1 Punkt, falsche Antworten oder Auslassungen spielen keine Rolle. Für ein ordentliches Ergebnis sollten Sie richtig beantwortet haben:

Alter		**Schulbildung**	
	Sonstiges	**Abitur**	**Hochschulabschluss**
unter 20	30–35 % (ca. 440 Antworten)	40–50 % (ca. 599 Antworten)	–
20 bis 39	40–50 % (ca. 599 Antworten)	50–60 % (ca. 733 Antworten)	60–70 % (ca. 866 Antworten)
40 und älter	45–55 % (ca. 666 Antworten)	60–70 % (ca. 866Antworten)	70–80 % (ca. 999 Antworten)

Für ein gutes Ergebnis addieren Sie etwa 10 Prozent auf den obigen höheren Wert, für ein sehr gutes weitere 5 Prozent.
Ein exzellentes Ergebnis liegt vor, wenn Sie mehr als 20 Prozent über dem höheren Wert der Tabelle liegen.

Lösungen

1 Wie viele Einwohner hat die Bundesrepublik Deutschland (mit Flüchtlingen)? **Alles richtig zwischen 80–82 Mio.**

2 Von wem wird der Bundespräsident gewählt? **Von Mitgliedern der Bundesversammlung**

3 Wer schrieb *Die Räuber*? **Friedrich Schiller**

4 Wofür steht der 3. Oktober 1990 in Deutschland? **Tag der Deutschen Einheit**

5 Und wofür der 20. Juli 1944? **Das missglückte Attentat auf Hitler durch Claus Schenk Graf von Stauffenberg**

6 Wie schreibt man „ein Fünftel" in Prozent? **20 %**

7 Wer gilt als Erfinder des Buchdrucks in Deutschland? **Johannes Gutenberg**

8 Wer entdeckte das Penicillin? **Alexander Fleming, 1928**

9 In welchem Jahrhundert begann die Reformation? **Im 16. Jahrhundert**

10 Und in welchem Jahr die Französische Revolution? **Im 18. Jahrhundert**

11 Wo leben Pinguine (wenn nicht im Zoo)? **In der Antarktis (Südpol), in Südwest-Afrika, Australien und auf den Falklandinseln***

12 Was feiern die Christen zu Ostern? **Vergebung, Kreuzigung und Auferstehung***

13 Was ist das Gemeinsame von Elefant und Veilchen? **Natur, Lebewesen oder Biologie***

14 Und was Holz und Alkohol? **Beides brennt oder Kohlenwasserstoff***

15 Der Talmud ist das Gesetz und Religionswerk der ... **Juden**

16 Was versteht man unter Skypen? **Ein kostenloser Instant-Messaging-Dienst, Stichwort: Video-Telefon per Computer**

17 Welches Unternehmen steckt hinter dem Dachkonzern Alphabet? **Google**

18 Wer betrat als erster Mensch den Mond? **Neil Armstrong (20. Juli 1969, mit Apollo 11)**

19 Wo findet man die Isobaren? **Auf der Wetterkarte; mithilfe von Isobaren („Linien") wird der Luftdruckverlauf dargestellt.**

20 Wie heißen die vier Evangelien der Bibel? **Matthäus, Markus, Lukas und Johannes**

*bei mehr als einer richtigen Nennung 2 Punkte

Zu Ihrer Orientierung: max. 24 Punkte, ab 12 Punkte schon ein halbwegs ordentliches, wenn auch verbesserungswürdiges Ergebnis, zum Stand Ihres Allgemeinwissens. Ab 14 Punkte ist es ok, ab 16 kann man es als stabil und gut bezeichnen und alles ab 18 Punkte verweist auf sehr gutes Allgemeinwissen. Natürlich spielt es schon eine Rolle, ob Sie 15, 45 oder über 65 Jahre alt sind und welchen Bildungsabschluss Sie haben, aber wir wollen es jetzt hier nicht zu kompliziert machen.

Unser Gedächtnis ist eine wunderbare Einrichtung

... ähnlich der Festplatte eines Computers. Theoretisch ist es möglich, ein Leben lang Informationen darin abzuspeichern, ohne dass andere gelöscht werden müssen. Praktisch sieht es jedoch anders aus: Nur die **Informationen**, die ins **Langzeitgedächtnis** gelangen, können auch **dauerhaft abgerufen** werden. Hinzu kommt, dass es uns von Jahr zu Jahr schwerer fällt, an die entscheidenden Informationen schnell genug heranzukommen, da die Stoffwechselprozesse mit fortschreitendem Alter immer langsamer ablaufen. Dennoch kann man sein Gedächtnis darauf trainieren, sich Daten und Fakten länger und besser zu merken.

Die Chancen, sich an etwas zu erinnern, stehen am besten, wenn der Zeitpunkt, an dem der Gedanke getätigt wurde, noch nicht zu lange zurückliegt, die Informationen oft genug wiederholt und mit einer intensiven Empfindung oder einem prägnanten Bild verknüpft werden. Gute Merkfähigkeit beginnt schon beim richtigen Zuhören oder richtigen Hinschauen.

Für unsere Gedächtnisleistung ist ebenfalls unsere **körperliche Verfassung** entscheidend – wenn wir müde, hungrig oder überlastet sind, wird es uns in der Regel schwerfallen, uns etwas zu merken. Eine Methode, um Ihr Gedächtnis gerade in Stressphasen zu entlasten, ist das **Aufschreiben**. Es fördert Ihre Aufmerksamkeit und Sie sortieren bereits während des Lesens oder Hörens die Informationen nach Ihrer Bedeutsamkeit. Es ist wichtig, dabei systematisch und gut strukturiert vorzugehen. Unterstreichen Sie Wichtiges und arbeiten Sie mit einem eigenen System von Abkürzungen. Wollen Sie noch mehr wissen, dann lesen Sie erst mal, wie unser Gedächtnis arbeitet, und dann, mit welchen Methoden Sie Ihre Gedächtnisleistung steigern können.

Die wahre Kunst des Erinnerns
ist die Kunst der aufmerksamen Beobachtung!
(Samuel Johnson)

1. Wo das Gedächtnis sitzt und wie es funktioniert

... Fragen, die die wissenschaftliche Forschung immer brennend interessierte. Dabei wurden im Laufe der Jahre teilweise merkwürdige Vermutungen und Modelle vorgestellt. Letztlich arbeitet unser Denkorgan weitaus ökonomischer, als es diese Theorien vermuten ließen – es merkt sich nur Dinge, die es für wichtig und notwendig hält.

Wie die Forschungsergebnisse der letzten Jahre belegen, ist unser **Gedächtnis** kein einheitliches Ganzes, sondern ein **System aus drei Bereichen,** die sich ständig gegenseitig beeinflussen:

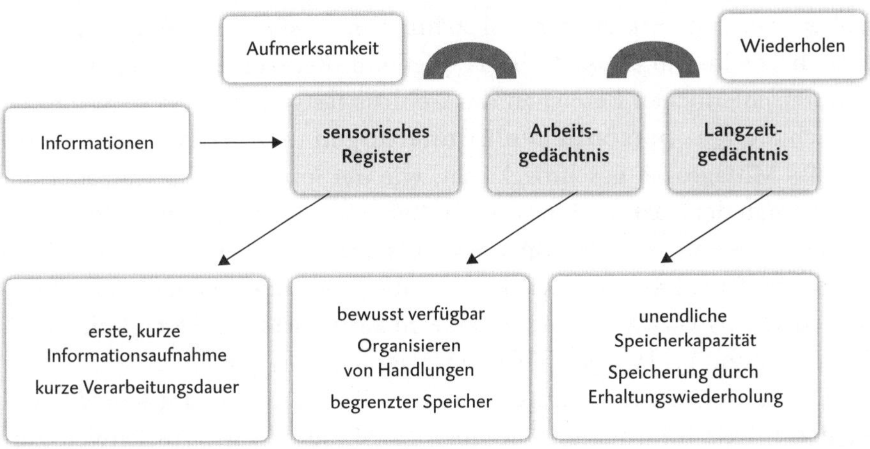

Jeder Bereich besitzt eine genau definierte Funktion und ist hinsichtlich seiner Aktivitäten zeitlich eingrenzbar. In den meisten Alltagssituationen arbeiten diese drei Gedächtnisbereiche ständig zusammen, ohne dass es uns bewusst ist.

Entgegen der verbreiteten Ansicht, dass das Arbeitsgedächtnis die Erinnerungen der letzten Stunde oder des letzten Tages speichert, verstehen Wissenschaftler unter dem Arbeitsgedächtnis nur den Prozess im Gehirn, der etwas gerade so lange festhält, wie wir einen Sinn darin erkennen können – beispielsweise eine Telefonnummer oder einen Satz. Die Dauer des **Arbeitsgedächtnisses** beträgt also **höchstens dreißig Sekunden**. Alle Erinnerungen, die über diese Spanne hinausgehen, werden im **Langzeitgedächtnis** gespeichert – unabhängig, ob sie ein paar Minuten oder fünfzig Jahre zurückliegen.

Das **Arbeitsgedächtnis** sortiert die Daten, die das Gehirn **von der Außenwelt** empfängt. Wie ein Sieb filtert es aus, was gespeichert wird und was vergessen werden darf. Wollen wir uns also Daten merken, die vom Arbeitsgedächtnis aufgenommen wurden, müssen sie im Langzeitgedächtnis gespeichert werden. Anderenfalls gehen sie bereits nach fünfzehn bis dreißig Sekunden verloren. Es gibt allerdings bestimmte **Trainingsmethoden**, die helfen, Informationen beispielsweise mithilfe von Assoziationen ins Langzeitgedächtnis zu überführen.

Das **Langzeitgedächtnis** speichert alle Informationen, die Sie behalten wollen. Seien es Fakten von vor zehn Jahren oder vor wenigen Augenblicken. Die im Langzeitgedächtnis aufgenommenen Erinnerungen werden in unterschiedlichen Bereichen des Gehirns festgehalten. So verwaltet ein Bereich die ganz **persönlichen Erinnerungen** und **Erfahrungen** – etwa, wie das Mittagessen geschmeckt hat, wie der letzte Urlaub war oder den Kosenamen der Tochter. Ein weiterer Bereich befasst sich mit **Allgemeinwissen** – wann war der Spartakusaufstand, wie lautet die chemische Formel für Sauerstoff oder wie hoch ist die Zugspitze. Ebenfalls vom Langzeitgedächtnis verwaltet werden **erlernte motorische Fertigkeiten** wie Fahrradfahren, Schlagzeugspielen oder der Umgang mit einem PC.

Die dritte und flüchtigste Form des Erinnerns ist das **sensorische Register**. Jede Information, die über die Sinne von der Außenwelt zum Gehirn gelangen, wird hier einen Moment lang festgehalten. Eindrücke, die wir sehen, hören, riechen, schmecken und tasten, werden hier registriert und sortiert und nur ein ganz **geringer Teil** wird ins Arbeits- oder Langzeitgedächtnis weitergeleitet. Wenn wir uns das Arbeits- und Langzeitgedächtnis als eine Wohnung mit mehreren Räumen vorstellen, in denen unsere Gedanken vorübergehend oder langfristig aufbewahrt werden, dann ist das sensorische Gedächtnis der Korridor, der zu diesen Räumen führt.

Der Korridor ist angefüllt mit Bildern, Geräuschen und Gerüchen, die wir in jedem Moment des Tages aufnehmen. Würden all diese Eindrücke in die Räume hineingelassen, würde unser Gedächtnis und unser Denken kollabieren. Insofern wird nur das an Information zugelassen, was unser Gehirn für wichtig erachtet. Der Rest verweilt für einige Sekunden im sensorischen Register – also im Korridor – und verschwindet dann **unwiderruflich**, ohne vom Bewusstsein überhaupt wahrgenommen worden zu sein.

Beispiel

Wenn wir in einem Café ein Buch lesen, unterhalten sich mitunter andere Menschen gleichzeitig an den benachbarten Tischen. Solange wir von unserer Lektüre gefesselt sind, registrieren wir diese Stimmen kaum – sie verharren einen Moment im Korridor und sind dann verschwunden. Wenn dagegen etwas unsere Aufmerksamkeit auf einen Gesprächsteilnehmer lenkt, öffnet sich eine Tür zum Arbeits- oder zum Langzeitgedächtnis und die Aussage wird gespeichert.

Wie funktioniert das Gedächtnis? – Ergebnisse der Gehirnforschung

Erst in den letzten Jahren konnte die Gehirnforschung die Nervenzellen des Gehirns und ihre Verbindung untereinander als **Speichermedium** für unser Gedächtnis relativ sicher bestimmen. Dabei hat es keinen bestimmten Sitz, sondern ist überall im **Cortex** – der Großhirnrinde, die Milliarden von Neuronen enthält – verteilt. Ein Neuron besteht aus einer Nervenzelle und Fasern, durch die es mit zigtausenden anderen Neuronen verbunden ist. Das **Gehirn** ist also im Prinzip ein **riesiges Kabelnetz**. Und wie in einem Stromkabel fließt auch entlang der Nervenbahnen Strom. Wird eine Nervenbahn durch einen ankommenden Reiz stimuliert, dann verändert sich ganz schnell ihr Zustand: Entweder wird sie erregt – sie feuert, wie man sagt – oder sie wird gehemmt.

Im Zentrum dieser komplizierten Reaktionskette steht ein bisher kaum noch erforschtes und winzig **kleines Protein** – der NMDA-Rezeptor. Er steckt milliardenfach im Gehirn und ist an den meisten Umbauvorgängen beteiligt. Denn er sitzt an der Kontaktstelle zweier Nervenzellen, einer **Synapse**. Als sogenannter Koinzidenzdetektor reagiert er, wenn beide Zellen der Synapse aktiv sind. Dann gibt er selbst ein Signal und an der Wand des Neurons kommt es zu elektrischen Entladungen. Das **Signal** löst viele Prozesse aus, die im Einzelnen noch rätselhaft sind: Neuronen schließen engeren Kontakt oder sie feuern, Synapsen vermehren sich. Dadurch fließt im Gehirn die Information leichter und wir denken und behalten besser.

Ohne dieses „schlaue“ Molekül ist nicht nur das Lernen mühsam, sondern das Leben insgesamt unmöglich.

Eine **Schlüsselrolle** für den **besseren Informationsfluss** zwischen den einzelnen Synapsen und Neuronen spielt offenbar ein besonders komplizierter **Genschalter** namens **Creb**. Er fungiert auf den biochemischen Großbaustellen im Organismus als eine Art Oberaufseher, der die Umbauarbeiten an den Synapsen kontrolliert. Creb erscheint in zwei unterschiedlichen Varianten, von denen die eine die Abläufe vorantreibt, die andere als Bremser tätig ist.

Zurück zu unserem Gedächtnis. Was passiert im Kopf, wenn wir uns beispielsweise an unsere letzte Geburtstagsparty erinnern? Nach derzeitigem Stand der Forschung kann man sagen: spezielle Bilder und Ereignisse entsprechen im Gehirn bestimmten Kombinationen vieler Nervenzellen, die gemeinsam agieren. Durch die gemeinsame elektrische Aktivität entsteht im Gehirn ein **Muster**, das die wahrgenommenen Bilder und Erlebnisse der letzten Geburtstagsparty **repräsentiert**. Andere Bilder, Ereignisse oder Gegenstände – für alles gibt es ein spezielles **Muster von Nervenzellen**, die gemeinsam aktiv sind.

Erinnerungen sind also immer durch Netzwerke vieler Neuronen festgehalten. Dabei arbeitet das Gedächtnis arbeitsteilig. Die Information über Farbe, Form und Funktion des Haustürschlüssels wird an jeweils verschiedenen Orten im Gehirn gespeichert. Diese scheinen den Gehirnregionen zugeordnet zu sein, die auch für die Wahrnehmung der entsprechenden Eigenschaft zuständig sind. Die Farbe des Schlüssels wird an einem anderen Ort verarbeitet als seine Form oder Funktion. **Erinnerungen** sind also das Resultat eines **Zusammenspiels unterschiedlicher Bereiche des Gehirns**. Ein Teil ist für die Farbe, ein anderer für die Form und ein weiterer für die Funktion zuständig. Alle zusammen lassen blitzschnell das Bild des Haustürschlüssels und seines sinnvollen Gebrauchs vor dem geistigen Auge entstehen.

Ermöglicht wurden die wissenschaftlichen Erkenntnisse über die **Funktionsweise des Gedächtnisses** vor allem durch den Einsatz neuer Technologien. Ein wesentlicher Fortschritt war beispielsweise die Entwicklung eines Scanners – MANSCAN – zur Sichtbarmachung des neuronalen Aktivitätsnetzes. Entsprechend der Elektroenzephalographie (EEG) zeichnet dieses Gerät die Hirnstromtätigkeit auf, die elektronisch von vielen unterschiedlichen Punkten der Kopfhaut abgeleitet wird.

Kombiniert werden die Daten dann mit einer durch einen Magnet-Resonanz-Scanner erstellten Abbildung des Kopfes. Dadurch lässt sich genau feststellen, welche Regionen im Gehirn gerade aktiv sind. Durch ständige Ergänzung und Abstimmung aller Daten kann MANSCAN die Hirnaktivität 4 000-mal pro Sekunde darstellen.

Wenn man diese Bilder in ihrer Abfolge betrachtet, erhält man eine Art geografische Karte von den neuronalen Aktivitäten im Gehirn, während der Proband unterschiedliche Aufgaben durchführt. Damit wird es möglich, die Struktur- und Funktionsveränderungen im neuronalen Netzwerk während der Lern- und Gedächtnisprozesse immer besser zu verstehen.

Beispiel

Untersuchungen in jüngerer Zeit haben gezeigt, dass beispielsweise die Gehirnregion, in denen das Ortsgedächtnis untergebracht ist, bei Taxifahrern deutlich vergrößert ist im Vergleich zur Normalbevölkerung. Die Fahrer brauchen das Ortsgedächtnis für ihre tägliche Navigation und müssen sich eine Vielzahl von Wegen und Fahrtstrecken einprägen. Je mehr Zeit sie im Auto verbrachten, desto ausgeprägter war der Effekt.

Ferner konnte die Gehirnforschung nachweisen, dass unser Gehirn sehr wandlungsfähig ist. Täglich entstehen dort neue Neuronen, und es bleibt leistungsfähig bis ins Alter. Zwar wird die wesentliche Bedeutung der ersten Lebensjahre für die Entwicklung des Gehirns nicht bestritten, dennoch gelten bisherige Vorstellungen als überholt, wonach die entscheidenden Lernprozesse in früher Kindheit ablaufen, die Nervenzellen danach fest verdrahtet sind und nichts Neues mehr wissen wollen. Im Gegenteil, bis ins hohe Alter können wir mit einem Übungsprogramm – also einer Art „Neurobiks“ oder „Brain-Gym“ – unser Gedächtnis wie Muskeln trainieren. Wenn wir alle Sinne nutzen und fordern, uns ungewöhnlichen (Denk)Aufgaben stellen oder komplexe Zusammenhänge versuchen zu begreifen, dann verdichtet sich das **neuronale Kommunikationsnetz** in unseren grauen Zellen. Denn jeder neue Reiz leitet den Bau neuer Verbindungswege zwischen Neuronen ein. Je mehr Sinne beansprucht werden, desto mehr Hirnregionen werden aufgebaut. Aber statt die Möglichkeiten und Kapazitäten eines flexiblen Gehirns zu nutzen, verweilen Erwachsene zu gerne in Routine und Erfahrung. Anders als Kinder sind sie häufig nicht bereit, den natürlichen Hunger auf Neues zu befriedigen.

Wie reagieren Sie, wenn Sie einem bisher unbekannten Menschen vorgestellt werden? Nehmen Sie sein Gesicht und seinen Namen nur flüchtig wahr, dann werden Sie diese Person bald vergessen haben. Achten Sie hingegen auf den Ton der Stimme, ob der Händedruck fest oder schlaff ist, die Augen lebendig oder desinteressiert sind, ob der Geruch eher Schweiß, Parfum oder Waschpulver beinhaltet – dann werden Sie diesen Bekannten noch Monate später wiedererkennen.

Denn wenn wir eine Vielzahl verschiedener Sinneseindrücke mit einer Situation verbinden, prägt sich das Erlebte tief in unser Gedächtnis ein, es bekommt einen prominenten Platz im Wohnzimmer des Langzeitgedächtnisses. Multisensorische Assoziationen errichten also ein Bollwerk gegen den Abbau der Geisteskräfte.

2. „Glücklich ist, wer vergisst, was nicht zu ändern ist."

So ganz unrecht hat dieses alte Trinklied nicht. Denn ohne die Gnade des Vergessens wäre unser Gedächtnis in kürzester Zeit mit so vielen überflüssigen Erfahrungen und Eindrücken angefüllt, dass wir kaum in der Lage wären, unseren Alltag vernünftig zu gestalten oder gar umfangreichere Kenntnisse – beispielsweise für eine Prüfung – sinnvoll zu speichern und zu nutzen. Der **Schlüssel** zu einem gut **funktionierenden Gedächtnis** ist also die Fähigkeit, sich wichtige Dinge zu merken und die unwichtigen auszusortieren. Aber häufig verschwinden zum Leidwesen aller Prüfungskandidaten die Dinge, die man verzweifelt versucht hat zu behalten, schnell wieder aus der Erinnerung. Der deutsche Psychologe Hermann Ebbinghaus hatte schon Ende des 19. Jahrhunderts herausgefunden, dass ein Großteil des Datenmaterials, das wir nicht mehr aus dem Gedächtnis abrufen können, in den ersten Tagen nach der Informationsaufnahme verloren geht. Danach wird der Prozess des Vergessens zwar deutlich langsamer, schreitet aber weiter fort. Grafisch umgesetzt, nennt man diese Entwicklung des Vergessens die „Ebbinghaus-Kurve". Die Ergebnisse von Ebbinghaus sind durch weitere Forschungen bestätigt worden.

Den **„Ebbinghaus-Effekt"** können wir letztlich nicht verhindern, aber wir können ihn lindern. Denn durch systematisches Wiederholen können wir den Lernstoff, der uns wichtig ist, zumindest in Ansätzen im Gedächtnis verankern. **Wiederholtes Lernen** über einen **langen Zeitraum** hinweg scheint die beste Gewähr gegen das Vergessen zu sein und vertieft das Gelernte häufig so, dass es noch über Jahre und Jahrzehnte abrufbar bleibt. Der Prozess des Lernens und Vergessens ist von Mensch zu Mensch individuell verschieden. Schnell-Lerner haben nicht unbedingt ein besseres Langzeitgedächtnis als langsamer Lernende.

Ebenfalls hatte schon Ebbinghaus festgestellt, dass die **Erinnerung** an **sinnvolle Inhalte** wie ganze Sätze oder Gedichte weitaus weniger schnell abnimmt, wie an sinnlose Wortsilben, denen jede logische Beziehung fehlt. Ein Gedicht in unserer Muttersprache, das uns auch noch gefällt, lernen wir wesentlich einfacher, als einen japanischen Vers, der uns, auch wenn er in unser Schriftsystem transformiert wurde, völlig unverständlich bleibt.

Die **Interferenztheorie** dagegen sieht weniger im Faktor Zeit, als in der **Überlagerung** von bereits **gespeicherten Daten** durch neu aufgenommene Informationen die wesentliche Ursache für das Vergessen. In dieser Theorie wird von einer **retroaktiven Hemmung** gesprochen, wenn wir gespeichertes Wissen deshalb vergessen, weil sich neue und ähnliche Informationen darüberlagern. So erinnern Sie sich wahrscheinlich noch daran, was Ihnen Ihr Bruder zum letzten Geburtstag geschenkt hat. Was er Ihnen vor drei Jahren geschenkt hat, haben Sie aber wahrscheinlich vergessen. Die Erinnerung an das letzte Geschenk verdrängt die Daten über die älteren Geschenke.

Auch schon vorhandenes Wissen kann das Einprägen neuer Information stark beeinträchtigen – die Wissenschaft spricht dann von einer proaktiven Hemmung. So kann es Ihnen beim Lernen einer neuen Fremdsprache passieren, dass Ihnen die gerade neu gelernten italienischen Vokabeln nicht einfallen, Sie sich aber an die englische Bedeutung der Worte sofort erinnern, da Sie diese Sprache schon gut beherrschen.

In diesem Zusammenhang soll auch kurz auf einige der häufigsten Ursachen für starke Alltagsvergesslichkeit hingewiesen werden. Vor allem **Stress** ist einer der größten Faktoren für Vergesslichkeit. Bei einer Überlastung des Kurzzeitgedächtnisses können keine strukturierten Erinnerungen im Langzeitgedächtnis aufgebaut werden. Auch schädigt eine zu hohe Konzentration des Stresshormons Cortisol wahrscheinlich die Nervenzellen im Gehirn.

Abschließend betrachtet geben gerade die o. a. neueren Erkenntnisse der Gehirnforschung uns Hoffnung, gegen ein schlechtes Gedächtnis etwas aktiv tun zu können. Sie bieten uns damit auch ein weiteres Stück persönlicher Entscheidungsfreiheit – insofern wir von der lebenslangen Wandlungs- und Entwicklungsfähigkeit unseres Gehirns wissen, ergeben sich erfreuliche Chancen persönlicher Entwicklung. Da das Gehirn nicht nur unser Verhalten beeinflusst, sondern offensichtlich unser Verhalten auch unser Gehirn, können wir – weit mehr, als wir bisher dachten – selbst bestimmen, wer wir sind.

3. Hilfreiche Methoden, das Gedächtnis zu trainieren

Immer wieder treffen wir auf Menschen, die über ein phänomenales Gedächtnis verfügen. Sicherlich sind außergewöhnliche Gedächtniskünste auch in den Genen festgelegt, aber ebenso häufig dürften solche Fähigkeiten auch das Ergebnis von bewusster Konzentration oder eines gezielten Trainings sein. Die konsequente Anwendung einiger einfacher Grundregeln und Techniken kann die Merkfähigkeit deutlich steigern.

Tricks und Methoden, die das Gedächtnis zu größeren Leistungen anregen, erfordern in der Regel keine großen geistigen Anforderungen. Meist beruht ihre Wirkung auf ganz simplen Verfahren – aber gerade in ihrer Einfachheit liegt ihre Stärke.

Eine sehr erfolgreiche Methode, die allgemeine **Denk- und Merkfähigkeit** unseres Gehirns zu **entwickeln**, liegt darin, alltägliche **Routinen und Gewohnheiten** systematisch zu **durchbrechen**.

Beispiel

Starten Sie morgens ungewohnt, indem Sie mit der „verkehrten Hand" die Zähne putzen, die Haare bürsten, sich rasieren oder die Kaffeetasse halten. Es bedarf schon einiger Konzentration und Übung als Rechtshänder (natürlich auch umgekehrt), mit der linken Hand die Zähne zu putzen. Duschen Sie mit verbundenen Augen, dann müssen Sie sich Seife, Shampoo und Waschlappen ertasten. Sie nehmen den Raum der Duschkabine blind mit Sicherheit anders als gewohnt wahr. Sie riechen den Duft von Seife oder Shampoo deutlicher und Ihre Haut spürt das Wasser ebenfalls intensiver als sonst.

Durch diese Übungen werden die unterschiedlichen Stellen im Gehirn aktiviert. Die Verbindungen, die normalerweise das Zähneputzen regeln, bleiben ruhig, während die entsprechenden Gebiete in der anderen Gehirnhälfte plötzlich aktiv werden müssen.

Im Laufe eines Tages sind wir immer wieder damit konfrontiert, dass wir uns viele einzelne Details merken müssen. Oft sind sie uns aber schon nach wenigen Minuten wieder entfallen. Spezielle **Mnemotechniken** oder Gedächtnisstützen helfen uns, die Vielzahl von zusammenhanglosen Informationen und Kenntnissen, die wir glauben behalten zu sollen, auch wirklich festzuhalten. Manche dieser Techniken kennen Sie wahrscheinlich und wenden sie auch an. Mit Sätzen wie „Wer nämlich mit *h* schreibt, ist dämlich" lernen wir schon in der Schule, dass einfache Reime das Einprägen von Sachverhalten erleichtern.

Alle bekannten **Mnemotechniken** – Reime, Bilder, Akronyme, Kodes, Merkgeschichten etc. – basieren auf drei grundlegenden Elementen:

- **systematische Wiederholung:** führt zu einer langfristigen Speicherung im Langzeitgedächtnis
- **Assoziation:** assoziative Verbindung von Bildern mit abstrakten Lerninhalten
- **bildhafte Vorstellung** (Visualisierung): Bilder als Gedächtnisstütze für einen Begriff oder Zusammenhang

Je mehr Tricks, das Gedächtnis zu schulen, Sie beherrschen, desto leichter werden Sie neue Informationen aufnehmen und langfristig speichern können.

Im Folgenden einige Techniken, die sich vor allem im schulischen Lernen bewährt haben:

✦ Kettenmethode

Bei dieser Methode werden die Begriffe, die man lernen möchte, wie die Glieder einer Kette in der richtigen Reihenfolge aneinandergereiht. Im nächsten Schritt verknüpfen Sie die Begriffe miteinander und können sie so besser memorieren.

Beispiel

„Reiseroute“:

Bahnhof → Hotel → Park → Kirche → Café → See:

Ich steige am **Bahnhof** aus und gehe zum **Hotel**, das in einem wunderschönen, großen **Park** liegt. Wenn ich mitten im Park stehe, kann ich die **Kirche** sehen, und direkt neben der Kirche ist ein **Café**, dessen Terrasse auf den **See** hinausgeht.

✦ Geschichtentechnik

Die Geschichtentechnik beruht auf der Kettenmethode. Die Begriffe, die Sie lernen möchten, werden in eine möglichst **lustige und ausgefallene Geschichte** gepackt, die dann auch „verfilmt“ wird. Es ist nämlich wesentlich leichter, sich an den **Zusammenhang einer Geschichte zu erinnern**, als reine Fakten auswendig lernen zu wollen.

Beispiel

Ein recht bekanntes, aber auch sehr vereinfachtes Beispiel der Geschichtentechnik ist der Merkspruch für die **Reihenfolge der Planeten** (Merkur, Venus, Erde, Mars, Jupiter, Saturn, Uranus, Neptun):

***M**ein **V**ater **e**rklärt **m**ir **j**eden **S**onntag **u**nseren **N**achthimmel.*

✦ Loci-Methode

Hierbei geht es darum, dass Sie Begriffe, die Sie lernen möchten, mit **bestimmten Orten** verknüpfen bzw. lokalisieren. Dazu eignet sich beispielsweise die Wohnung, durch die Sie sozusagen einen Rundgang machen und sich dabei einen Überblick über die Gegenstände verschaffen. Beispielsweise können die Haustür, das Wandregal, das Telefon etc. als Routenpunkte verwendet und mit ihnen Begriffe assoziiert werden.

✦ Reimtechnik

Reime und Lieder erleichtern die Verarbeitungsprozesse im Gehirn. Deshalb ist es hilfreich, wichtige Begriffe in einen Reim zu verpacken oder mit einer einprägsamen Melodie zu verbinden, um sie sich schneller und besser merken zu können.

Beispiel

„Nebenflüsse der Donau“:

Iller, Lech, Isar, Inn
fließen rechts zur Donau hin.
Wörnitz, Altmühl, Naab und Regen
kommen ihr von links entgegen.

✦ Merkwortsystem

Eine weitere Technik ist das Lernen mit Merkwörtern. Dabei merken Sie sich die Begriffe, die Sie ganz spontan **mit einer Zahl assoziieren**. Damit Ihnen sofort das entsprechende Bild bzw. der richtige Begriff einfällt, wenn Sie an die Zahl denken, ist es wichtig, dass der Begriff zur entsprechenden Zahl gut nachvollziehbar ist.

Beispiel

1 = Nase (1 Nase)	2 = Brille (2 Gläser)	3 = Dreirad (3 Räder)
4 = Fenster (4 Ecken)	5 = Hand (5 Finger)	6 = Würfel (6 Flächen)
7 = 7 Zwerge	8 = Achterbahn	9 = Kegel (alle Neune!)
10 = Zehen (10 Zehen)		

Anschließend verbindet man diese Zahlenmerkwörter assoziativ mit den neu zu lernenden Fakten.

✦ „Taschen-Trick"

Der „Taschen-Trick" eignet sich besonders gut anstelle eines Zettels während eines Vortrags.

Beispiel

Sie wählen zuhause ein paar kleine und handliche Gegenstände aus, z. B. Cent-Münze, Radiergummi, Büroklammer etc.

Nun greifen Sie die **Cent-Münze**, fühlen sie und verbinden mit diesem **Gefühl** gleichzeitig einen **Begriff**, den Sie am besten laut vorsprechen. Ebenso gehen Sie mit den anderen Gegenständen vor. Alle diese Gegenstände stecken Sie sich dann für den Vortrag in die Hosentasche. Möchten Sie sich dann an die wichtigen Begriffe erinnern, so greifen Sie in die Hosentasche und erspüren die Gegenstände. Dadurch kommen Ihnen automatisch die Begriffe in den Sinn, die Sie damit assoziiert haben.

✦ Symmetrietechnik

Bei dieser Technik geht es darum, schwierige Wörter mit bekannten leichten Wörtern, die ähnlich geschrieben werden, zu verbinden.

Beispiel

I **laid** the **maid** onto the green floor
then I **lay** myself onto the **hay**
and I **denied** that this all is **lied**

Und noch ein paar Tipps für Ihr Training mithilfe dieses Buches

Um den Lerneffekt zu verstärken, empfiehlt es sich, die Themengebiete mehrmals zu bearbeiten. Machen Sie sich Notizen zu den Fragen, deren Beantwortung Ihnen Schwierigkeiten bereitet. Schauen Sie in Fachbüchern oder Nachschlagewerken nach und versuchen Sie, Zusammenhänge herzustellen. Sie werden feststellen, dass sich auf diese Weise Wissenslücken schließen lassen. Wenn Sie denken, dass Ihre Allgemeinbildung ausreichend stabil sein könnte, empfehlen wir Ihnen, einen Test unter realitätsnahen Bedingungen durchzuführen – und dazu gehört eine Testbearbeitung unter Zeitdruck. Sicherlich wird es nicht möglich sein, den Stress, dem Sie in einer realen Prüfungssituation ausgesetzt sein werden, künstlich zu Hause zu simulieren. Doch auch hierfür gibt es ein paar Tricks:

- Nehmen Sie Ihren persönlichen Test ernst.
- Setzen Sie sich unter Druck, indem Sie einen **ungünstigen Zeitpunkt** für Ihren persönlichen Test auswählen (ungünstig können Übermüdung, gedankliche Konzentration auf für Sie momentan wichtigere Dinge oder Ähnliches sein). Bedenken Sie, dass Sie den Zeitpunkt eines realen Tests meist auch nicht selbst wählen können.
- Verwenden Sie **keine Hilfsmittel**, und sehen Sie nicht ins Lösungsverzeichnis.
- Halten Sie eine etwas **strengere Zeitvorgabe** strikt ein. 45 Minuten für 100 Fragen sollten reichen (60 Minuten für 150 Fragen, 20 Minuten für 50 Fragen, 10 Minuten für 30 Fragen).
- Setzen Sie sich ein hochgestecktes Ziel und sprechen Sie mit jemandem darüber.
- Lassen Sie das Ergebnis, wenn möglich, von einer zweiten Person **auswerten**.

1 Biologie, Mensch, Medizin

1 **Worauf kann ein Mensch über einen längeren Zeitraum am wenigsten verzichten, um am Leben zu bleiben?**

a auf Essen
b auf Zuneigung
c auf Trinken
d auf Sonnenlicht

2 **Wie viele Chromosomen besitzt die menschliche Zelle?**

a 32
b 58
c 46
d 38

3 **Was ist ein Virus?**

a genetisches Material, das manchmal von einer Proteinhülle umhüllt ist, keinen eigenen Stoffwechsel besitzt und daher nicht eindeutig als Lebewesen definiert werden kann
b kleinstes bekanntes Lebewesen, das als Schmarotzer seinem Wirt (Mensch, Tier) erheblichen Schaden zufügen kann
c einzelliger Mikroorganismus, der sich durch Teilung vermehrt und sowohl in belebter als auch unbelebter Umgebung vorkommt
d mikroskopisch kleiner Krankheitserreger, der sich hauptsächlich im menschlichen Darm ansiedelt

4 **Was ist der Hauptbestandteil der Luft?**

a Sauerstoff
b Wasserstoff
c Ozon
d Stickstoff

5 **Was ist unabdingbar für die Existenz eines Lebewesens?**

a Sauerstoff
b Stoffwechsel
c Sonnenlicht
d die Fähigkeit zur Bewegung

6 **Als größtes lebendes Säugetier gilt ...**

a der Elefant
b das Flusspferd
c der Blauwal
d das Nashorn

7 **Was sind Antibiotika?**

a natürlich oder synthetisch produzierte Wirkstoffe, die andere Mikroorganismen in ihrer Entwicklung hemmen oder abtöten können
b Abwehrstoffe, die im Blutserum gebildet werden und das Eindringen fremder Eiweißkörper bekämpfen
c medizinisch eingesetzte Mittel, die die Gerinnungsfähigkeit des Blutes mindern oder verzögern sollen
d Viren, die in Bakterien eindringen, um dort ihr Erbmaterial zu reproduzieren

8 **Wie heißt das innere Ohr?**

a Trommelfell
b Ohrtrompete
c Ohrmuschel
d Labyrinth

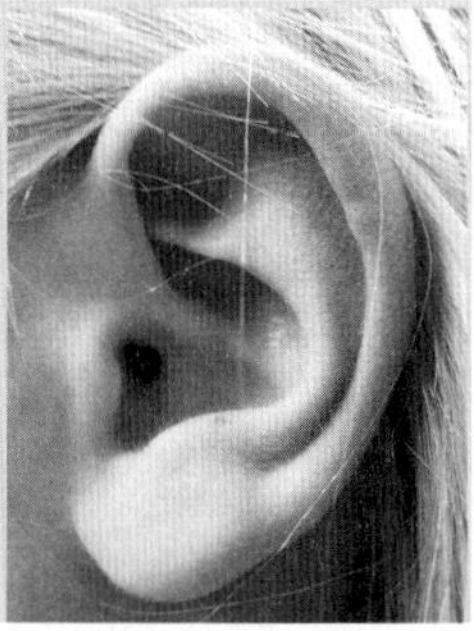

9 **Welches der folgenden Tiere gehört nicht zu den Säugetieren?**

a Delphin
b Krokodil
c Fledermaus
d Tapir

10 **Was ist Thyroxin?**

a ein Hormon, das in der Schilddrüse produziert wird
b eine in der Medizin eingesetzte chemische Verbindung, die im Thymianöl enthalten ist und keimtötend wirkt
c ein Immunorgan bei Mensch und Wirbeltieren mit den Funktionen der Produktion von Lymphozyten sowie der Wachstumsregulierung des Körpers
d das bereits in geringen Dosen tödliche Gift der Klapperschlange

11 **Rote Blutkörperchen werden auch als ... bezeichnet**

a Erythrozyten
b Leukozyten
c Thrombozyten
d Hämoglobin

12 **Bei einer Gastritis ist ... entzündet**

a der Kehlkopf
b die Magenschleimhaut
c die Speiseröhre
d die Hirnhäute

13 **Welches Tier trifft man normalerweise nicht in Asien an?**

a den Elefanten
b den Jaguar
c das Kamel
d den Tiger

14 **Was sind Hormone?**

a biochemische Stoffe, die durch Drüsen oder Gewebe ins Blut abgegeben werden und dadurch die Funktionen anderer Organe steuern

b proteinhaltige Körperflüssigkeiten mit eigenem Kreislaufsystem zur Unterstützung des Stoffaustausches im Gewebe

c Flüssigkeiten, die nach Überbeanspruchung im Muskelgewebe entstehen und das Gefühl des Muskelkaters verursachen

d Magen- und Darmsekrete, die für die Verdauung und Aufspaltung der Nahrung notwendig sind

15 **Wie viele Menschen bevölkerten die Erde am Ende des 20. Jahrhunderts?**

a ca. 9 Milliarden

b ca. 7,5 Milliarden

c ca. 4 Milliarden

d ca. 11 Milliarden

16 **Eine Dialyse wird erforderlich beim Versagen**

a der Bauchspeicheldrüse

b der Nieren

c der Leber

d der Milz

17 **Wie lauten die Idealwerte beim Blutdruck?**

a 100/160

b 80/120

c 100/60

d 120/80

18 **Welche Lebewesen zählen zu den Einzellern?**

a die Amöbe

b das Pantoffeltierchen

c das Geißeltierchen

d alle Lösungsvorschläge sind richtig

19 **Welche Blutgruppe ist am seltensten, welche am häufigsten?**

a AB ist am seltensten, A am häufigsten.
b A ist am seltensten, 0 am häufigsten.
c B ist am seltensten, AB am häufigsten.
d 0 ist am seltensten, B am häufigsten.

20 **Was ist eine Amöbe?**

a eine Möwenart
b ein Virus
c eine Durchfallserkrankung
d ein Einzeller

21 **Wie nennt man das Nervensystem, das vom Willen unabhängig die Funktion der inneren Organe steuert?**

a das sympathische
b das vegetative
c das organisatorische
d das Zentralnervensystem

22 **Was ist Testosteron?**

a eine Erkrankung der Schilddrüse
b ein Nebenprodukt der Fotosynthese
c ein weibliches Geschlechtshormon
d das wichtigste männliche Geschlechtshormon

23 **Was kann eine Thrombose verursachen?**

a Herzinfarkt
b Schlaganfall
c Lungenembolie
d alle Lösungsvorschläge sind richtig

24 Wo befindet sich das Atemzentrum im Gehirn?

a Großhirn
b Kleinhirn
c Zwischenhirn
d verlängertes Mark

25 Darwin beschäftigte sich auf den Galapagosinseln mit …

a Finken
b Mäusen
c Schildkröten
d Affen

26 Bei einer Hepatitis ist … entzündet

a die Leber
b das Innenohr
c der Rachen
d die Bauchspeicheldrüse

27 Myofibrillen sind anzutreffen …

a im Fettgewebe
b im Nervengewebe
c im Bindegewebe
d im Muskelgewebe

28 Welche Funktion hat das Y-Chromosom?

a Es trägt u. a. die wichtigsten Gesundheitsanlagen.
b Es entscheidet über das Geschlecht.
c Es beeinflusst die Lebenserwartung.
d keiner der Lösungsvorschläge ist richtig

29 Erste Spuren des Homo sapiens sind … Jahre alt.

a über 100 000
b über 50 000
c über 10 000
d über 1 Million

30 **Welches Vitamin benötigt der menschliche Organismus zur Abwehr von Infektionskrankheiten?**

a Vitamin A
b Vitamin B
c Vitamin C
d Vitamin E

31 **Was ist Adrenalin und welche Funktion hat es?**

a ein Hormon, das Wachstum reguliert
b ein Virus, der Erkrankungen der Leber bewirkt
c ein Hormon, das Geschlechtsreife fördert
d ein Hormon zur Regulierung der Tätigkeit innerer Organe

32 **Beim Menschen dauert eine Schwangerschaft normalerweise …**

a etwa 30 Wochen
b etwa 35 Wochen
c etwa 40 Wochen
d etwa 45 Wochen

33 **Was ist das größte Organ des Menschen?**

a sein Gehirn
b sein Herz
c sein Darm
d seine Haut

34 **Welcher Pilz ist besonders giftig?**

a Austernpilz
b Steinpilz
c Knollenblätterpilz
d Pfifferling

35 **Welche Blattgrößenordnung (vom kleinsten zum größten Blatt) ist richtig?**

a Eiche, Ahorn, Birke, Linde
b Weide, Birke, Eiche, Ahorn
c Kastanie, Weide, Ahorn, Eiche
d Keine Reihe ist insgesamt richtig.

36 **Welches Tier ist nicht lebendgebärend?**

a Robbe
b Fledermaus
c Wal
d Pinguin

37 **Wie heißt der wichtigste Atemmuskel?**

a Herz
b Lunge
c Zwerchfell
d Brustkorb

38 **Was ist ein Ökosystem?**

a Einrichtungen, in denen seltene Dinge der Tier- und Pflanzenwelt gemeinsam betrachtet werden können
b das Labor, in dem die Inhaltsstoffe von Heilpflanzen unter sterilsten Bedingungen analysiert werden
c amtliche Bezeichnung für Gebiete, in denen die Natur allerhöchsten Schutzbestimmungen unterliegt
d Einheit, die aufgrund der Wechselwirkung von belebter und unbelebter Natur existiert und ein System bildet

39 **Wo befindet sich das Hauptlaichgebiet der europäischen Flussaale?**

a im Mittelmeer
b in der Nordsee
c in der Ostsee
d in der Sargassosee

40 **Was bewirkt der Vorgang der Fotosynthese?**

a die Anpassung des Auges an Veränderungen der Lichtstärke
b das Abspeichern von visuellen Eindrücken im Unterbewusstsein
c die Umwandlung von physikalischer Energie (Licht) in chemische Energie (Materie) im Blattgrün der Pflanzen
d die Anpassung von Tieren an die Umgebung durch farbliche Veränderungen ihrer Haut

41 **Bestandteile der menschlichen Zelle sind unter anderem …**

a Nucleolus und Nukleus
b Golgi-Apparat
c Ribosomen
d alle Lösungsvorschläge sind richtig

42 **Durch welches Bakterium kann ein Magengeschwür verursacht werden?**

a Helicobacter pylori
b Staphylococcus aureus
c Salmonella typhi
d Streptococcus pyogenes

43 **Der Unterschied zwischen Bakterien und Viren liegt insbesondere darin, dass …**

a Viren nicht leben
b Viren keinen Stoffwechsel haben
c Viren einen Wirt benötigen
d alle Lösungsvorschläge sind richtig

44 **Welches Lebewesen ist für die Übertragung der Malaria auf den Menschen verantwortlich?**

a die Anopheles-Mücke
b die Hausratte
c die Tsetse-Fliege
d der Fadenwurm

45 **Eine maßgebliche Veränderung der Form oder der Erbanlagen eines Organismus bezeichnet man als …**

a Variation
b Selektion
c Modifikation
d Mutation

46 **Was sind Enzyme?**

a hormonähnliche Verbindungen, die in der Nebenniere gebildet werden und das Auslösen der Geburtswehen verursachen
b Moleküle, deren Aminosäuren durch Peptidbindungen verknüpft sind. Sie können u. a. schmerzlindernde oder entzündungshemmende Wirkung entfalten.
c in lebenden Zellen gebildete Proteine, die biochemische Reaktionen beschleunigen, ohne dabei selbst in das Endprodukt einzugehen
d chemische Verbindungen, die in der Hirnrinde gebildet werden und das Speichern von Informationen im Gehirn ermöglichen

47 **Welche Krankheit entsteht durch Vitamin-C-Mangel?**

a Sklerodermie
b Hepatitis B
c Skorbut
d Sklerose

48 **Was besagt die Allensche Regel (Körperproportionsregel)?**

a Tiere einer Art haben im kälteren Klima relativ kürzere Extremitäten.
b Tiere einer Art haben im wärmeren Klima relativ längere Extremitäten.
c Tiere einer Art haben im kälteren Klima ein relativ geringeres Herzgewicht.
d Das Klima wirkt sich auf die Körperproportion von Tieren nicht aus.

49 **Das menschliche Zentralnervensystem setzt sich aus ca. … Nervenzellen (Neuronen) zusammen.**

a 10 Millionen
b 100 Milliarden
c 1 Billion
d 10 Milliarden

50 **Auf welche Distanz können Schmetterlingsmännchen der Art Seidenspinner die Sexuallockstoffe der Weibchen wahrnehmen?**

a über Hunderte von Kilometern
b über wenige Zentimeter
c über einige Kilometer
d über einige Meter

51 **Welche Form des Kriechens beherrschen Schlangen?**

a Schlängeln
b peristaltisches Kriechen
c Sohlenkriechen
d Seitwärtswinden, Schlängeln

52 **Der Schmerzsinn des Menschen informiert über schädigende Einflüsse. Welcher Natur können Schmerzreize sein?**

a chemisch
b thermisch und mechanisch
c mechanisch
d mechanisch, chemisch und thermisch

53 **Antigene sind …**

a Substanzen, die im Blut oder Gewebe die Bildung von Antikörpern hervorrufen
b Hormone, die das vegetative Nervensystem regulieren
c Botenstoffe an den Synapsen der Nervenzellen
d keiner der Lösungsvorschläge ist richtig

54 **Die einzelnen Hirnzentren des menschlichen Gehirns haben unterschiedliche Aufgaben. Die Großhirnrinde (Cortex) ...**

a ist zuständig für Sprechen, Denken, Lernen und Gedächtnis
b steuert Gefühle und Motivationen
c steuert Aufmerksamkeit und Wachheit des Organismus
d steuert das Hormonsystem

55 **Wie viel Liter Blut hat ein Mensch mit durchschnittlichem Körpergewicht?**

a 8–9 ℓ
b 5–6 ℓ
c 3–4 ℓ
d 9–10 ℓ

56 **Was ist Chinin?**

a eine südamerikanische Hasenmausart, die wegen ihres wertvollen Felles als Pelzlieferant dient
b der Baustoff für das Körperskelett von Insekten und Krebstieren
c die ethnologische Bezeichnung für den Angehörigen einer chinesisch-tibetischen Völkergruppe
d ein Alkaloid, das in der Chinarinde enthalten ist, schmerzlindernd und fiebersenkend wirkt und als Mittel gegen Malaria benutzt wird

57 **Wie viele Zähne hat normalerweise das menschliche Gebiss?**

a 28
b 32
c 40
d 38

58 **Welche Tiere haben Facettenaugen?**

a Schlangen
b Insekten
c Fledermäuse
d Fische

59 **Welches Tier kann dem Menschen Toxoplasmose übertragen?**

a Katze
b Taube
c Süßwasserschnecke
d Huhn

60 **Welches Tier hat sein natürliches Verbreitungsgebiet nicht in der Arktis?**

a der Eisbär
b der Moschusochse
c der Pinguin
d der Polarfuchs

61 **Was versteht man unter der „Blutgruppe des Menschen“?**

a die Unterscheidung des Blutes im Blutkreislauf zwischen dem vom Herz kommenden und dem zum Herz zurückfließenden Blut
b die genetisch bedingten Charakteristika des Blutes, die auf bestimmten, individuellen Oberflächeneigenschaften besonders bei den roten Blutkörpern beruhen
c die Einteilung des Blutes in seine Hauptbestandteile
d die wissenschaftlich stark umstrittene Methode, Menschenrassen nach deren Blutzusammensetzung zu benennen

62 **Im menschlichen Körper befindet sich das Gleichgewichtsorgan**

a … im Kleinhirn
b … hinter der Stirn
c … im Rückenmark
d … im Innenohr

63 **Was versteht man unter „Ornithologie“?**

a Fachrichtung der Medizin, die sich mit der Behandlung von Geschwüren befasst
b Vogelkunde
c Insektenkunde
d Psychosen, die durch Alkoholentzug entstehen

64 **Was versteht man unter einer Bypassoperation?**

a eine Herztransplantation, bei der ein biologisch noch aktives Herz eines Organspenders einem Empfänger eingepflanzt wird

b eine Herzklappenoperation, bei der eine künstliche Herzklappe (aus Metall und Kunststoff) eingesetzt wird

c eine gefäßchirurgische Überbrückung eines verengten Blutgefäßabschnitts

d die Implantation eines Herzschrittmachers, der den Herzrhythmus überwacht

65 **Was versteht man unter „Hämoglobin"?**

a Blutfarbstoff, bestehend aus einem eisenhaltigen Farbträger (Hämochromogen) und einem Eiweißkörper (Globin)

b krankhaft erweiterte Adern im Mastdarmbereich des Menschen infolge von Bindegewebsschwäche

c Ansammlung von Blut in Muskulatur, Bindegewebe oder Gelenken aufgrund von Verletzungen

d chemisches oder biologisches Blutgift, das die roten Blutkörperchen nachhaltig schädigt und zerstört

66 **Was ist eine ökologische Nische?**

a das Gebiet, in welches sich eine Tierart bei drohender Gefahr zurückzieht

b ein Gebiet, das bisher von einer Spezies unbesetzt war und nun neu von ihr besetzt wird

c der Etat im Umweltministerium, der für den Schutz bedrohter Tier- und Pflanzenarten verwendet wird

d die Gesamtheit der Umweltfaktoren und Lebensbedingungen, denen sich ein Organismus angepasst und auf die er sich spezialisiert hat, wo es möglich ist zu überleben und sich zu vermehren

67 **Welcher Teil der Zelle spielt bei der Fortpflanzung die entscheidende Rolle?**

a die Zellwand
b der Zellkern
c die Zellflüssigkeit
d die Zelldrüsen

68 **Wodurch wird die Immunschwächekrankheit Aids (Acquired Immune Deficiency Syndrome) hervorgerufen?**

a durch Kugelbakterien (Kokken)
b durch Mikropilze
c durch Bazillen
d durch den HI-Virus

69 **Was ist die Aufgabe des in der Bauchspeicheldrüse gebildeten Hormons Insulin?**

a die Senkung des Blutzuckerspiegels
b die Aufspaltung von Eiweißverbindungen im Verdauungsvorgang
c die Steuerung des Geschlechtstriebes
d die Anpassung des Organismus an Temperaturveränderungen (z. B. zittern)

70 **Wo legt die Stechmücke ihre Eier ab?**

a in gelähmte Beutetiere
b in den Boden
c in Baumrinde
d ins Wasser

71 **Was wird bei der Pockenimpfung als Impfstoff verwendet?**

a der Krankheitserreger (Pockenvirus)
b ein pflanzliches Heilmittel
c ein starkes Antibiotikum
d ein körpereigenes Abwehrmittel

72 **Was versteht man unter einem „Wallach“?**

a einen Pferdehengst, der zu Zuchtzwecken eingesetzt wird
b einen Bewohner der Walachei (Landschaft in Rumänien)
c einen kastrierten Pferdehengst
d eine Pflanze, die nur 1 Keimblatt besitzt (z. B. Veilchen)

73 **Welcher der aufgeführten Reflexe ist ein Eigenreflex?**

a Kniescheibensehnenreflex
b Hustenreflex
c Lidschlussreflex
d Saugreflex

74 **Wie viele Mendelsche Gesetze gibt es?**

a 1
b 2
c 3
d 4

75 **Welches rudimentäre Organ findet man bei Walen?**

a Schuppen
b spitz zulaufende Schnauzen
c Beckenknochen
d Flügelstummel

76 **Welche Pflanze ist kein Nachtschattengewächs?**

a die Zwiebel
b die Kartoffel
c die Paprika
d der Tabak

77 **Aus wie vielen Einzelknochen setzt sich das menschliche Skelett zusammen?**

a 321–3521
b 105–110
c 208–212
d 75–78

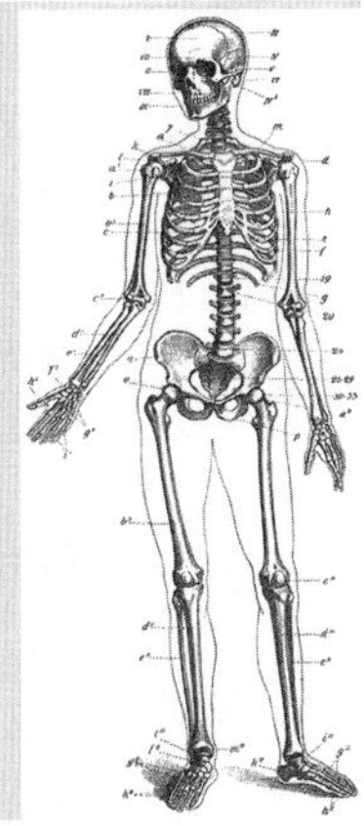

78 **Was sind Endorphine?**

a körpereigene Duftstoffe
b körpereigene hormonartige Substanzen
c körpereigene Enzyme
d körpereigene Abwehrstoffe im Blut

79 **Wodurch zeichnen sich Kaltblüter aus?**

a eine schnelle Regenerationszeit
b ein ruhiges Temperament
c unempfindlich gegenüber Kälte
d Körpertemperatur passt sich der jeweiligen Umgebung an

80 **Ziegenpeter ist …**

a ein fettarmer Käse aus Ziegenmilch
b eine Bezeichnung für eine Bergziegenrasse
c eine andere Bezeichnung für Mumps
d eine andere Bezeichnung für Röteln

81 **Die Plazenta, der sogenannte Mutterkuchen, dient dem heranwachsenden Keimling nicht als …**

a Ernährungsorgan
b Stoffwechselorgan
c Ausscheidungsorgan
d Blutbildungsorgan

82 Wie lautet die Grundregel für Venen und Arterien?

a Venen haben sauerstoffreicheres, Arterien sauerstoffärmeres Blut.
b Venen und Arterien haben sauerstoffarmes Blut.
c Venen führen zum Herzen, Arterien vom Herzen weg.
d Venen führen vom Herzen weg, Arterien zum Herzen hin.

83 Wie wird die Trisomie 21 noch bezeichnet?

a Down-Syndrom
b Edwards-Syndrom
c Pätau-Syndrom
d Turner-Syndrom

84 Welcher Gruppe lassen sich Leukozyten, Erythrozyten und Thrombozyten zuordnen?

a Verdauungsenzyme
b Einzeller-Familie
c Blutzellen
d Bakterienstamm

85 Was versteht man unter „Arachnophobie"?

a Angst vor Höhe
b starkes Unwohlsein an bestimmten Orten
c Angst vor Spinnen
d Angst vor Menschen und der Gesellschaft

86 Was ist Chlorophyll und welche Funktion hat es?

a ein Narkosemittel, unabdingbar für Operationen
b ein Enzym, unabdingbar für die Nahrungsaufnahme
c eine Substanz in Pflanzenblättern, unabdingbar für die Fotosynthese
d ein Transmitter, unabdingbar für das Funktionieren von Nervenzellen

87 **Wofür wird Kortison eingesetzt?**

a zur Gewichtsreduktion
b gegen bakterielle Infektionen
c zur Regulierung der Funktion der Bauchspeicheldrüse
d als entzündungshemmendes Mittel

88 **Was ist die medizinische Bezeichnung für Blutarmut?**

a Anämie
b Bulimie
c Anorexie
d Atrophie

89 **Was macht ein Elektrokardiogramm?**

a misst die Hirnströme
b wurde früher häufig in der Psychiatrie eingesetzt
c zeichnet die Herzströme auf
d liefert eine Abbildung der Pumpfunktion des Herzens

90 **Was sind Prionen?**

a Bakterien
b Viren
c Eiweißpartikel
d Kristalle

91 **Welcher Name bezeichnet nicht eines der drei Gehörknöchelchen?**

a Amboss
b Zange
c Hammer
d Steigbügel

92 **Woraus gewinnt man Biodiesel?**

a Sonnenblumenkerne
b Mais
c Raps
d Kleie

93 **Was versteht man unter „Osteoporose"?**

a eine plötzliche Durchblutungsstörung im Gehirn, die zu Ausfällen von Gehirnfunktionen führen kann
b eine durch Parasiten verursachte Infektionskrankheit, die vor allem Katzen befällt
c eine Erkrankung des Skeletts, bei der die Knochen an Festigkeit verlieren und schneller brechen
d eine chronisch-entzündliche Erkrankung des zentralen Nervensystems

94 **Kamele speichern in ihren Höckern …**

a Wasser
b Milch
c Fett
d Urin

95 **Woraus wird Opium gewonnen?**

a Hanf
b Baldrian
c Ginster
d Schlafmohn

96 **Was bedeutet der Begriff „Klimakterium"?**

a Klima-Langzeitstudie
b Wechseljahre
c Periodenblutung
d Klimawechsel

97 **Wer oder was sind Pheromone?**

a eine seltene Tierart
b eine Viruserkrankung
c eine tropische Pflanzenart
d keiner der Lösungsvorschläge ist richtig

98 **Was sind Streptokokken?**

a Bakterien
b Viren
c eine Insektenart
d eine Art Penicillin

99 **Die Evolutionstheorie ist verbunden mit dem Namen ...**

a Mendel
b Lorenz
c Darwin
d Eibl-Eibesfeldt

100 **Wer oder was ist Ebola?**

a eine seltene Tierart
b eine Viruserkrankung
c eine tropische Pflanzenart
d keiner der Lösungsvorschläge ist richtig

Lösungen und Erläuterungen

1	**c**	Bei Wassermangel verdurstet und dehydriert der Mensch.
2	**c**	Die Keimzellen des Menschen enthalten 23, die Körperzellen 46 Chromosomen.
3	**a**	Viren können Erreger von Infektionskrankheiten bei Menschen, Tieren, Pflanzen und Bakterien sein. Sie sind auf lebende Wirtszellen angewiesen und besitzen keinen eigenen Stoffwechsel.
4	**d**	In der Luft sind 78 Volumen-Prozent Stickstoff enthalten.
5	**b**	Stoffwechsel ist die Gesamtheit der chemischen Umsetzungen im Körper der Lebewesen in Verbindung mit Energieumwandlung. Aus den Bestandteilen der Nahrung entnimmt der menschliche Körper alle chemischen Verbindungen, die er zum Einbau in die Körperzellen und zu deren Funktion braucht. Bei den Oxidationsvorgängen des Stoffwechsels wird die lebensnotwendige Energie gebildet. Stoffwechsel ist unabdingbar, je nach Umfeld sind die weiteren Elemente ebenso wichtig.
6	**c**	Der Blauwal ist mit bis zu 33 Metern Länge das größte lebende Säugetier.

7	**a**	Antibiotika sollen Mikroorganismen abtöten oder an ihrer Vermehrung hindern. Das erste Antibiotikum (Penicillin) fand A. Fleming bei Schimmelpilzen.
8	**b**	Ohrtrompete. Hier sitzen der Gehör- und Gleichgewichtsnerv.
9	**b**	Krokodile zählen zu den Reptilien. Die Weibchen legen bis zu 100 hartschalige, gänseeigroße Eier.
10	**a**	Die Schilddrüse, lateinisch „glandula thyroidea", produziert das Hormon Thyroxin, das für Wachstum und Entwicklung wichtig ist.
11	**a**	Der Name stammt aus dem Altgriechischen und bedeutet „Gefäß" oder „Hülle". Die Erythrozyten transportieren Sauerstoff und besitzen eine Einbuchtung in der Mitte, ähnlich wie eine Schüssel.
12	**b**	Gastritis leitet sich aus dem griechischen Wort für Magen „gaster" und der Endung für Entzündungen „-itis" ab. Jedoch bezeichnet das Wort im Sprachgebrauch speziell die Entzündung der Magenschleimhaut.
13	**b**	Der Jaguar ist die größte amerikanische Raubkatze, verbreitet von Mittelpatagonien bis Texas.
14	**a**	Hormone sind Botenstoffe, die Stoffwechsel, Fortpflanzung und Wachstum steuern.
15	**b**	Die zukünftige Entwicklung der Weltbevölkerung wird überwiegend durch die Länder der Dritten Welt bestimmt werden.
16	**b**	Eine Dialyse reinigt das Blut anstelle der Niere. Dazu wird das Blut in einem Kreislauf dem Körper entnommen, gereinigt und wieder zugeführt.
17	**d**	Abweichungen sind bedingt durch die allgemeine körperliche Verfassung, besonders im Alter.
18	**d**	Alle Nennungen sind richtig.
19	**a**	Die Blutgruppe AB ist die seltenste, Blutgruppe A die häufigste. „0" ist das am häufigsten auftretende Allel, als rezessives Merkmal jedoch nicht gleichzeitig auch phänotypisch am häufigsten präsent.
20	**d**	Amöben sind Einzeller wie beispielsweise Bakterien und viele Algenarten.
21	**b**	Das vegetative Nervensystem hat diese vom Willen unabhängige Aufgabe.
22	**d**	Testosteron bewirkt die sekundären männlichen Geschlechtsmerkmale und ist mitverantwortlich für Muskel- und Knochenwachstum.
23	**d**	Unter „Thrombose" versteht man die Verstopfung eines Blutgefäßes. Dies geschieht durch Bildung fester Blutpfropfen.
24	**d**	Das Atemzentrum steuert den Vorgang des Ein-und Ausatmens. Es ist Teil des vegetativen Nervensystems und somit nicht bewusst regulierbar.
25	**a**	Die an die Futtersuche angepasste Schnabelform der nach ihm benannten Darwin-Finken brachte Charles Darwin auf die Evolutionstheorie.
26	**a**	Das Wort Hepatitis leitet sich aus dem griechischen Wort „hepar" für Leber und der Endung für Entzündungen „-itis" ab.
27	**d**	Muskelfasern sind aus Myofibrillen zusammengesetzt. Es sind Fäden, die in Längsrichtung durch die Muskelfaser laufen und in Bündeln zusammengefasst sind und sich bei Kontraktion zusammenziehen.

28	**b**	Es bestimmt das Geschlecht, beim Mann XY, bei der Frau XX.
29	**a**	Erste Spuren von Menschen sind in Afrika vor 100 000 Jahren entstanden.
30	**c**	Vor allem Vitamin C, enthalten in Zitrusfrüchten, aber auch Kiwis, roter Paprika, Sanddorn u. a.
31	**d**	Hormon des Nebennierenmarks, das die Pupillen erweitert, Vertiefung der Atmung, Erhöhung des Herzschlags und Blutdrucks, Drosselung der Magen-Darm-Tätigkeit.
32	**c**	Nach der Naegeleschen Regel geht man von durchschnittlich 267 Tagen aus.
33	**d**	Die Haut ist das größte Organ und macht etwa 4 % des Körpergewichts aus.
34	**c**	Der Knollenblätterpilz ist ein sehr gefährlicher Giftpilz.
35	**b**	Ist vom kleinsten zum größten Blatt richtig.
36	**d**	Der Pinguin ist ein Vogel und brütet seinen Nachwuchs (Ei) aus.
37	**c**	Das Zwerchfell ist eine halb-kuppelförmige Muskelplatte, die Brust- und Bauchhöhle trennt.
38	**d**	Die Wechselbeziehung sichert den Fortbestand des Ökosystems. Jedes Ökosystem besitzt besondere physikalische, chemische und biologische Strukturen und Funktionen. Ökosysteme sind offene Systeme mit der Fähigkeit zur Selbstregulation.
39	**d**	Die Sargassosee liegt in der Karibik, östlich von Kuba.
40	**c**	Unter „Fotosynthese" wird der Aufbau chemischer Verbindungen durch Einwirkung elektromagnetischer Strahlung (Sonnenlicht) verstanden, besonders die Bildung organischer Stoffe aus Kohlendioxid und Wasser bei grünen Pflanzen.
41	**d**	Nucleolus und Nukleus bezeichnen den Zellkern und die Kernmembran, die Ribosomen produzieren Eiweiße und der Golgi-Apparat verarbeitet Eiweiße und Fette aus dem endoplasmatischen Retikulum.
42	**a**	Die Schutzschicht, welche das Bakterium vor der Magensäure schützt, kann im Zusammenspiel mit den ausgeschiedenen Giftstoffen eine Entzündung verursachen, die zu Geschwüren führen können.
43	**d**	Da Viren keinen Stoffwechsel haben und dies ein Merkmal des Lebens ist, gelten Viren nicht als Lebewesen (im Gegensatz zu Bakterien). Viren benötigen einen Wirt, um sich zu vermehren.
44	**a**	Etwa 50 Arten von Fiebermücken übertragen die Malaria, in Europa besonders die Anopheles Maculipennis.
45	**d**	„Mutation" ist ein Begriff aus der Genetik: Erbänderung, der entwicklungsgeschichtliche Vorgang, der zum Entstehen eines abgeänderten Erbmerkmals in einer Zellgruppe oder einem Individuum führt. Entsteht spontan und dient dem Überleben einer Art. Mutationen sind nicht umkehrbar.
46	**c**	Zu den Aufgaben von Enzymen zählen die Zellversorgung, das Auslösen des Abbaus toxischer und anderer Stoffe (Fett, Glykogen) und der Prozesse, die zur Gewinnung der für den Organismus notwendigen Energie erforderlich sind.

47 c Skorbut wurde früher als Seemannskrankheit bezeichnet, da sie mangels frischem Vitamin C häufig auf Segelschiffen, aber auch in Gefängnissen oder auf Expeditionen auftrat.

48 a Klimatische Bedingungen bewirken die Entstehung vielfältiger Lebensformen. Bei den Pinguinen beispielsweise nimmt die Größe von den antarktischen Arten (Kaiserpinguin 120 cm) zu den am Äquator lebenden (Galapagos-Pinguin 50 cm) fast kontinuierlich ab.

49 b Das menschliche Nervensystem gliedert sich in das periphere Nervensystem (z. B.: Sinneszellen) und das Zentralnervensystem, ZNS (Gehirn und Rückenmark). Das ZNS setzt sich aus etwa 100 Milliarden Neuronen zusammen, nur etwa 25 Millionen verbinden die Peripherie unseres Körpers mit dem ZNS.

50 c Insekten haben ihre Geruchsorgane meist auf den Fühlern, deren oft vergrößerte Oberfläche zahlreiche Rezeptoren trägt.

51 d Entsprechend ihres komplexen Bewegungsapparats sind Schlangen fähig, auf verschiedene Weise zu kriechen (teils artspezifisch, teils biotopangepasst). Schlängeln tritt bei langen dünnen Arten auf (Wasserschlangen), Seitwärtswinden z. B. bei Klapperschlangen. Einige Arten bewegen sich auch geradlinig durch die Bewegung ihrer Rippenmuskeln fort.

52 d Spezifische Rezeptoren sind nachgewiesen, wie z. B. Schmerzpunkte in der Haut oder Rezeptoren in vielen Organen. Auch zahlreiche körpereigene Substanzen können Schmerzreiz auslösen.

53 a Die Verbindung von Antikörper und Antigen ist eine der wichtigsten Abwehrmechanismen des Organismus und Grundlage der Immunreaktion.

54 a Im Cortex werden komplexe sensorische Nachrichten verarbeitet. Er ist zuständig für Sprechen, Denken, Lernen und Gedächtnis.

55 b Man rechnet beim Erwachsenen etwa $\frac{1}{12}$ seines Körpergewichts, bei 70 kg ca. 5–6 Liter.

56 d Wegen der Resistenzen gegen Chinin wird es heute von wirksameren Mitteln verdrängt.

57 b Abweichungen sind meist der Anzahl der „Weisheitszähne" geschuldet.

58 b Das Facetten- oder Komplexauge bei Insekten, Spinnen und Krebstieren besteht aus wabenartig zusammengesetzten Einzelaugen. Das wahrgenommene Bild setzt sich mosaikartig aus den Blickpunkten des Einzelauges zusammen.

59 a Die Katze ist durch ihren Kot Überträger. Toxoplasmose: Der Erreger lebt intrazellulär. Ein Parasit, der – vereinfacht ausgedrückt -– im Hirn einen Entzündungsprozess verursacht.

60 c Ursprüngliches Verbreitungsgebiet: Südwestafrika, Galapagosinseln und Neuseeland. Pinguine kommen nur in der südlichen Hemisphäre vor.

61 b Das wichtigste Blutgruppen-System umfasst die klassischen oder AB0 (AB-Null) Gruppen. Hierzu zählen die vier Hauptgruppen: 0, A, B und AB. Die Blutgruppe entscheidet über die Verträglichkeit des Spenderbluts bei Bluttransfusionen.

62 d Gleichgewichtsorgane sind Sinnesorgane, die die Schwerkraft als Reiz aufnehmen und für das Gleichgewicht im Raum sorgen. Im inneren Ohr bei Mensch oder Wirbeltier sind es Organe mit festen Gebilden, die auf sogenannten Sinnesborsten ruhen. Das Gleichgewichtsorgan befähigt den Menschen zu kontinuierlich aufrechtem Gang.

63 b Von griechisch „ornitha“, das Huhn. Ornithologie ist die Wissenschaft von den Vögeln, Vogelkunde.

64 c Im Falle einer Verstopfung der Herzkranzgefäße wird die Blutzufuhr wiederhergestellt oder verbessert, ein Engpass oder ein Verschluss beseitigt.

65 a „Farbstoff“ der roten Blutkörperchen (O_2-Transportprotein), zusammengesetzt aus dem farblosen Eiweißanteil Globin und dem eisenhaltigen roten Bestandteil Häm.

66 d Die ökologische Nische wird durch verschiedene Umweltfaktoren bestimmt. Die Ökologie, Teilgebiet der Biologie, hat besondere Bedeutung für die Lösung von Umweltproblemen gewonnen.

67 b Jeder Zellteilung geht eine Kernteilung voraus, bei der genetisches Material auf beide neuen Kerne übertragen wird.

68 d Aids ist eine Virusinfektionskrankheit, die das Immunabwehrsystem ausschaltet und meist tödlich verläuft.

69 a Insulin ist ein Hormon der Langerhansschen Inseln der Bauchspeicheldrüse, regelt die Blutzuckerkonzentration und beeinflusst den Kohlenhydrat-, Eiweiß- und Fettstoffwechsel.

70 d Deshalb richtet sich die Bekämpfung von Stechmücken auf das Begiften der Brutgewässer.

71 a Bei der Impfung wird ein abgewandelter Kuhpocken-Virus verwendet.

72 c Ursprünglich „Pferd aus der Walachei“.

73 a Der Kniescheibensehnenreflex. Er gibt einen Hinweis auf eine eventuelle zentralmotorische Störung z. B. nach einem Unfall. Liegen Rezeptor und Effektor im gleichen Organ, bezeichnet man das als „Eigenreflex“.

74 c Gregor Johann Mendel (Heinzendorf (Mähren) 1822–1884 Brünn), Augustinerprior und Lehrer für Naturgeschichte und Physik. Die 3 nach ihm benannten Vererbungsgesetze sind das Gesetz der Uniformität und Reziprozität, das Spaltungsgesetz und das Gesetz der Neukombination von Genen.

75 c Erstaunlicherweise kleine Beckenknochen. Ein rudimentäres Organ ist ein Überbleibsel alter Lebensformen, ein rückgebildeter, funktionslos gewordener Teil eines Lebewesens.

76 a Die Zwiebel ist kein Nachtschattengewächs, sie ist ein Liliengewächs.

77 c Ein menschliches Skelett besteht aus 208 bis 212 Einzelknochen. Etwa jeder zwanzigste Mensch hat eine überzählige Rippe. Umgekehrt kann durch Verwachsungen eine Verringerung der Knochenzahl eintreten.

78 b Ähnlich wie Morphium oder Opium werden sie auch als Glückshormon bezeichnet.

79 d Kaltblüter sind wechselwarme Tiere: z. B. Fische, Lurche, Kriechtiere, wirbellose Tiere. Gegensatz: Warmblüter.

80 c Ziegenpeter wird in der Medizin als „Mumps“ bezeichnet. Mumps ist eine leicht übertragbare Viruskrankheit, die durch eine entzündliche Anschwellung der Ohrspeicheldrüse gekennzeichnet ist.

81 d Die Blutbildung erfolgt vom Keimling selbst aus.

82 c Meist ist das Blut in den Venen sauerstoffärmer als in den Arterien, weil sie das „verbrauchte“ Blut aus den Gefäßen zum Herzen zurückführen.

83 a Das Down-Syndrom ist eine Chromosomen-Anomalie, bekannt auch als Mongolismus oder Trisomie 21.

84 c Leukozyten, Erythrozyten und Thrombozyten sind neben dem Blutplasma die Hauptkomponenten des Blutes.

85 c Arachnophobie (altgriechisch: arachne = Spinne“ und phobos = Angst) ist die Angst vor Spinnen.

86 c Wenn Chlorophyll, auch Blattgrün, im Herbst abgebaut wird, verfärben sich die Blätter.

87 d Kortison hat eine stark entzündungshemmende Wirkung, wird eingesetzt beispielsweise bei rheumatischen Beschwerden oder Arthritis. Kortison (auch mit c geschrieben) ist eines der wichtigsten Nebennierenrinden-Hormone.

88 a Verringerung der Zahl roter Blutkörperchen und/oder des roten Blutfarbstoffes.

89 c Bekannt als EKG zeichnet es die Herzströme auf, z. B. bei Herz-Rhythmus-Störungen.

90 c Mutierte Eiweißpartikel; sie gelten als Erreger von BSE und der Creutzfeldt-Jakob-Krankheit.

91 b Zange ist falsch.

92 c Der ölhaltige Raps ist der Kraftstofflieferant.

93 c Knochenerkrankung, bei der das feste Knochengewebe schwindet, die Markräume jedoch zunehmen.

94 c Nicht Wasser, sondern Fett ist des Rätsels Lösung.

95 d Opium ist der zu dunkelbrauner Masse eingetrocknete Milchsaft des Schlafmohns.

96 b Bezeichnung für die Zeitspanne, in der bei der Frau die Eierstöcke die Produktion reifer Eizellen einstellen; etwa zwischen dem 45.–55. Lebensjahr.

97 d Pheromone sind chemische Substanzen, die der Kommunikation von Individuen einer Art dienen, bei Insekten: Sexuallockstoffe und Alarmsubstanzen, bei Säugetieren und staatenbildenden Insekten: Markierungsstoffe.

98 a Streptokokken sind Krankheitserreger, die über Haut und Schleimhäute in den Körper eindringen. Sie erzeugen vielfältige Krankheitsbilder.

99 c Charles Darwin (1809–1892) schrieb das Buch „Über den Ursprung der Arten durch natürliche Zuchtwahl“, seine bis heute nicht widerlegte Theorie: Der Mensch stammt vom Affen ab.

100 b Eine seltene, sehr gefährliche, weil meist tödlich verlaufende Infektionserkrankung.

2 Gesundheit, Ernährung, Genuss

1 **Vollmilch hat einen Fettanteil von etwa**

a 0,1 %
b 1 %
c 3,5 %
d 10 %

2 **Ascorbinsäure kennt man auch unter der Bezeichnung …**

a Vitamin A
b Vitamin D
c Vitamin E
d Vitamin C

3 **Wozu benötigt unser Körper Jod?**

a Abbau von Giftstoffen in der Leber
b Regulation des Zellstoffwechsels
c Herstellung der Schilddrüsenhormone
d Regeneration der Haut

4 **Welche Folgen kann ein Mangel an Fluor nach sich ziehen?**

a eingeschränkte Sehfähigkeit
b erhöhte Kariesanfälligkeit
c niedriger Blutdruck
d mangelnde Konzentrationsfähigkeit

5 **Welche Vitamine sind fettlöslich?**

a A B C D
b B C D E
c C D E K
d A D E K

6 **Der Stoff, der Tomaten rot werden lässt und angeblich vor Krebs schützt, heißt ...**

a Amphetamin
b Insulin
c Lycopin
d keiner der Lösungvorschläge ist richtig

7 **1 kg menschliches Körperfett hat einen Brennwert von etwa ...**

a 1 000 kcal
b 2 000 kcal
c 7 000 kcal
d 10 000 kcal

8 **Was versteht man unter „Low Carb"?**

a Ernährungsformen, bei denen der Anteil der Kohlenhydrate an der täglichen Nahrung reduziert wird
b ein Fitnesskonzept, das Aerobic mit iternationalen Tänzen kombiniert
c eine traditionelle indische Heilkunst, die als ganzheitliche Heilkunde in der Alternativmedizin anerkannt ist
d ausdauernde Bewegungseinheiten, bei denen die großen Muskelgruppen durch Ausdauertraining in Bewegung gehalten werden

9 **Die sogenannten Omega-3-Fettsäuren findet man vor allem ...**

a in Obst und Gemüse
b in Fleisch- und Milchprodukten
c in Getreideprodukten
d in Fisch

10 **„Eierfrüchte“ sind die deutsche Bezeichnung für ...**

a Zucchini
b Auberginen
c Avocados
d Kiwis

11 **Tinnitus ist die Bezeichnung für ...**

a ein Symptom, bei dem man über einen längeren Zeitraum störende Geräusche wahrnimmt, die keine äußeren Quellen besitzen
b ein Phänomen aus der Ernährungswissenschaft, das den Abbau von Zucker bezeichnet
c ein Krankheitsbild im Alter, das schmerzhafte Gelenkverkalkungen bewirkt
d keiner der Lösungsvorschläge ist richtig

12 **Welche dieser Nahrungsmittelgruppen hat einen hohen Eiweißanteil?**

a Obst und Gemüse
b Margarine und Butter
c Reis und Nudeln
d Joghurt und Quark

13 **Wozu dienen Antioxidantien?**

a Transport des Sauerstoffes im Körper
b Schutz vor freien Radikalen und dadurch bedingte Zellschäden
c Kinder und Jugendliche möglichst frühzeitig an Sport heranzuführen
d Kinder und Jugendliche nach ihren Bedürfnissen und Wünschen aufwachsen zu lassen, bei weitgehendem Verzicht auf autoritäre Einschränkung

14 **Die meisten Nährstoffe nimmt das Verdauungssystem … auf.**

a im Magen
b in der Mundhöhle
c im Dünndarm
d im Dickdarm

15 **Ein Sommelier …**

a empfiehlt passende Weine zu Speisen
b betreibt Hotels mit Wellness-Angeboten
c prüft und bearbeitet Manuskripte in Verlagen
d gestaltet öffentliche Gärten und Grünanlagen

16 **Dieses Siegel kennzeichnet Produkte, die gemäß der EU-Verordnung …**

a fair angebaut und gehandelt wurden
b die Normen für den ökologischen Landbau erfüllen
c ausschließlich aus pflanzlichen Produkten bestehen
d keine Spuren von Nüssen enthalten

17 **Wenn man bei Spaghetti von „al dente“ spricht, meint man eine spezielle …**

a Spaghetti-Sauce
b Pasta-Art
c Bissstärke
d Spaghetti-Länge

18 **Um sich „Champagner“ nennen zu dürfen, muss Perlwein …**

a einen bestimmten Jahrgang haben
b einen hohen Preis erzielen
c einen speziellen Alkoholgehalt besitzen
d aus Trauben einer ganz bestimmten Anbaugegend sein

19 **Barolo ist eine bekannte Weinsorte aus …**

a Deutschland
b Spanien
c Italien
d Frankreich

20 **Was bedeutet die Bezeichnung „Ökotrophologie“?**

a Weinbaukunde
b Haushalts- und Ernährungskunde
c Frischfleischtechnologie
d ökologischer Obst- und Gemüseanbau

21 **Das Mostgewicht des Weines wird gemessen in …**

a Becquerel
b Fahrenheit
c Weingeist
d Oechsle

22 **Safran wird gewonnen aus …**

a Krokussen
b Rosen
c Narzissen
d Kastanien

23 **Das Übergießen von Gemüse mit kochend heißem Wasser heißt …**

a Sedieren
b Tranchieren
c Blanchieren
d Poschieren

24 **Um eine Kir zu mixen, braucht man Weißwein und …**

a Wodka
b Pernod
c Martini
d Cassis

25 **Was ist ein Kaiserschmarrn?**

a eine Art Obstsalat
b eine Mehlspeise
c ein Omelett
d eine Weinsorte

26 **Französischer Cidre ist … und wird aus … gemacht.**

a eine Art Käse aus Ziegenmilch
b eine Süßspeise aus Champagner und Vanilleeis
c eine Art prickelnder Wein aus Äpfeln
d eine Mousse aus Schokolade

27 **Welche Stadt gilt als Geburtsort und Heimat der Pizza?**

a Nizza
b Neapel
c Bologna
d Rom

28 **Tofu wird gemacht aus …**

a Schafskäse
b Sojaquark
c Eierstich
d Butterkäse

29 **Ein Gugelhupf ist eine Art …**

a Bauernbrot
b Napfkuchen
c Nudelauflauf
d Fischgericht

30 In einer echten Salami müsste eigentlich ... enthalten sein.

a Käse
b Eselsfleisch
c Nelken
d Lorbeer

31 Das wichtigste Verfahren zur Trennung von Flüssigkeitsgemischen heißt ...

a Oxidation
b Destillation
c Interferon
d keiner der Lösungsvorschläge ist richtig

32 Gin bekommt seinen besonderen Geschmack durch ...

a Heidekraut-Extrakt
b Blaubeeren
c Wacholderbeeren
d Erikakraut-Essenz

33 Die kleinste Art getrockneter, kernloser Weinbeeren sind ...

a Rubine
b Sultaninen
c Korinthen
d Hyazinthen

34 Welche Funktion hat ein Digestif? Er soll ...

a entspannen
b den Magen öffnen
c die Stimmung heben
d bei der Verdauung helfen

35 **Welches Kriterium muss erfüllt sein, dass eine Einrichtung die Bezeichnung „Spa“ verwenden darf?**

a Unterhaltungsprogramm für Kinder, das von ausgebildeten Pädagogen angeboten wird
b Ausstattungen und Angebote im Zusammenhang mit Wasser und Wasseranwendungen
c fernöstliches Speiseangebot, das innere Ruhe und Reinigung des Körpers bewirken soll
d antiallergene Ausstattung der Zimmer

36 **Polenta ist …**

a ein Mittelmeerfisch
b eine spanische Reispfanne
c ein Maismehlbrei
d ein sizilianischer Fischeintopf

37 **Für welche Speise ist Eiweißschaum unabdingbar?**

a Soufflé
b Püree
c Paté
d Frisée

38 **Ricotta schmeckt leicht …**

a säuerlich
b milchig
c salzig
d scharf

39 **Was versteht man unter einem „Work-out“?**

a intensives Fitnesstraining
b Treffen mit Kollegen nach Feierabend
c wöchentliche Besprechung mit dem Vorgesetzten
d Vergütung von Überstunden durch zusätzlichen Urlaub

40 **Trüffel sind ...**

a unterirdisch wachsende Pilze
b ein Art Knollengewächs
c eine seltene Frucht
d ein essbares Wurzelgemüse

41 **Balsamico ist ...**

a ein italienischer Aperitif
b ein asiatisches Würzmittel
c eine Art aromatisierter Weinessig
d eine mediterrane Salatmischung

42 **Welches dieser Lebensmittel ist nicht vegan?**

a Sojamilch
b Kichererbsen
c Honig
d Paprika

43 **Was sind Langusten?**

a mediterrane Meeresfrüchte
b essbare Krebse
c ein Süßwasserfisch
d eine essbare afrikanische Heuschreckenart

44 **Um Fleisch durch Pökeln haltbar zu machen, braucht man viel ...**

a Öl
b Essig
c Zucker
d Salz

45 **Wie heißen essbare Kastanien?**

a Maronen
b Maracujas
c Mascarponen
d Marasken

46 **Wer wurde ursprünglich als „Gourmet" bezeichnet?**

a Sterne-Koch
b Konditor
c Weinkenner
d Chefkoch

47 **Ein gefürchtetes Phänomen bei der Durchführung einer Diät ist …**

a der Jo-Jo-Effekt
b eine Mangelernährung
c eine nicht konstant eingehaltene Ernährungsumstellung
d alle Lösungsvorschläge sind richtig

48 **Demeter steht für …**

a ein Markenproduktzeichen
b eine griechische Fruchtbarkeitsgöttin
c die Tochter von Kronos
d alle Lösungsvorschläge sind richtig

Lösungen und Erläuterungen

1	**c**	Vollmilch hat im Gegensatz zu Rahm- oder Magermilch den natürlichen Fettgehalt von ca. 3,5 %.
2	**d**	Ascorbinsäure ist eine lebenswichtige Säure für den Körper, die vorwiegend in Obst und Gemüse vorkommt.
3	**c**	Jod ist ein lebenswichtiges Spurenelement, das der Körper nicht selbst bilden kann und daher über die Nahrung aufgenommen werden muss. Durch die Jodeinnahme werden die Schilddrüsenhormone gebildet.
4	**b**	Fluoride im Zahnschmelz machen diesen widerstandsfähiger gegen Säure.
5	**d**	Diese Vitamine sind fettlöslich und können somit gespeichert werden. Sie stehen damit im Gegensatz zu den wasserlöslichen Vitaminen, die dem Körper regelmäßig zugeführt werden müssen.
6	**c**	Lycopin gehört zu den Carotinoiden und ist in großen Mengen in Tomaten enthalten. Die rote Farbe entsteht durch die Lichtabsorption, die bei der Fotosynthese stattfindet.
7	**c**	Durch den hohen Brennwert von Fett eignet es sich als Energiespeicher, um Phasen hoher körperlicher Belastung oder geringer Nahrungsaufnahme zu überstehen.
8	**a**	Bei einer sogenannten „Low-Carb-Diät“ verzichtet man weitestgehend auf Kohlenhydrate. Diese werden durch Gemüse, Milchprodukte, Fisch und Fleisch ersetzt.
9	**d**	Omega-3-Fettsäuren sind lebenswichtige Fettsäuren, die vor allem in Fisch, aber auch in einigen Pflanzenölen enthalten sind.
10	**b**	Die frühe Sorte der Aubergine hatte die Form und Farbe eines Eies, was ihr diesen Namen einbrachte.
11	**a**	Unter Tinnitus versteht man eine anhaltende oder wiederkehrende subjektive Wahrnehmung eines Tons oder Geräuschs.
12	**d**	Mit ca. 10 g Eiweiß auf 100 g Joghurt oder Quark enthalten beide ca. fünfmal so viel Eiweiß wie die anderen aufgelisteten Lebensmittel.
13	**b**	Freie Radikale können die Zellen angreifen und funktionsuntüchtig machen. Antioxidantien können helfen, vor freien Radikalen zu schützen.
14	**c**	Im Dünndarm werden Wasser, Mineralstoffe, Vitamine, Fette und Eiweiße aufgenommen. Mithilfe von Enzymen werden die Nahrungsbestandteile, die in Mund und Magen bereits vorverdaut wurden, weiter zerlegt.
15	**a**	Sommelier ist der französische Begriff für Weinkellner/-in.
16	**b**	Das EU-Bio-Logo ist seit dem 1. Juli 2012 verbindlich. Es dient dazu, die biologische Landwirtschaft über klar definierte Regeln zu fördern.
17	**c**	„Al dente“ bedeutet, dass die Pasta noch bissfest ist.
18	**d**	Nur Trauben aus dem Champagne-Gebiet (Frankreich) und eine besondere Weinherstellung geben die Legitimation für Champagner.
19	**c**	Barolo ist ein bekannter italienischer Wein aus dem Piemont.

20	**b**	Ökotrophologie ist die Haushalts- und Ernährungskunde.
21	**d**	Nach dem Goldschmied F. Oechsle (1774–1852) benannte Einheit.
22	**a**	Safran wird aus den getrockneten Narben des Krokus gewonnen.
23	**c**	Um Gemüse oder auch Obst nicht roh und kalt, aber doch noch sehr knackig zubereitet essen zu können, wird es kurz mit heißem Wasser übergossen.
24	**d**	Das Getränk Kir stammt aus der Hauptstadt Burgunds (Dijon) und ist nach seinem Erfinder, dem Bürgermeister Dijons, benannt.
25	**b**	Kaiserschmarrn ist eine traditionelle österreichische Mehlspeise.
26	**c**	Cidre ist eine Art prickelnder Apfelwein und in der Normandie ebenso zu Hause wie in Südengland, wo er „cider" heißt.
27	**b**	Neapel gilt als Geburtsstadt.
28	**b**	Sojaquark ist Ausgangsbasis für Tofu, eine Art Fleischersatz für Vegetarier.
29	**b**	Ein Napfkuchen, eine Art Rührkuchen.
30	**b**	Echte Salami enthält ursprünglich Eselsfleisch.
31	**b**	Die Destillation dient der Trennung von Flüssigkeitsgemischen. Die Siedepunkte der zu trennenden Flüssigkeiten müssen verschieden sein.
32	**c**	Der Gin erhält seinen besonderen Geschmack durch die Wacholderbeere.
33	**c**	Die zuerst in der Gegend von Korinth angebauten Weinbeeren sind die kernlosen, kleinen violettschwarzen Korinthen.
34	**d**	Als Digestif wird der Verdauungsschnaps nach dem Essen bezeichnet.
35	**b**	Der Begriff beschreibt mittlerweile international Gesundheits- und Wellnesseinrichtungen sowie Wellnessleistungen.
36	**c**	Ein Maismehlbrei, beliebte Beilage in Verona.
37	**a**	Eine auflaufartige, leichte Mehlspeise, die größtenteils aus Eiweißschaum besteht.
38	**b**	Ricotta ist ein italienischer Frischweichkäse, der im Gegensatz zum Quark nicht säuerlich, sondern mild und milchig schmeckt.
39	**a**	„Work-out" ist der englische Begriff für Fitnesstraining.
40	**a**	Trüffel sind unterirdisch wachsende Pilze.
41	**c**	Balsamico ist eine Art aromatisierter Weinessig.
42	**c**	Veganer lehnen den Konsum von Honig als Tierprodukt ab.
43	**b**	Langusten sind scherenlose Krebstiere.
44	**d**	Pökeln ist ein Konservierungsverfahren, bei dem Fleisch in eine 15- bis 20 %ige Salzlake eingelegt wird.
45	**a**	Maronen sind Esskastanien.
46	**c**	Heute wird als „Gourmet" ein Feinschmecker bezeichnet.
47	**d**	Die möglichen Gefahren durch eine Diät sind mannigfaltig. Es ist daher wichtig, seine Ernährung nachhaltig umzustellen.
48	**d**	Demeter ist ein Markenzeichen mit besonders strengen Richtlinien zu Haltungsbedingungen. Der Name leitet sich von der Fruchtbarkeitsgöttin ab.

3 Psychologie, Pädagogik, Soziologie

1 **Wer prägte den Begriff „Archetyp“?**

a Sigmund Freud
b Erich Fromm
c Carl Gustav Jung
d Friedrich Nietzsche

2 **Was versteht man unter dem Begriff „Klaustrophobie“?**

a die Angst vor weiten Plätzen
b Angst in engen, geschlossenen Räumen
c die Angst vor Spinnen
d Schulangst

3 **Was versteht man in der Psychoanalyse unter dem Begriff der „Übertragung“?**

a eine spezielle Art, die Couch im Behandlungszimmer aufzustellen
b sexuelle Übergriffe vonseiten des Psychoanalytikers auf seine Patienten
c die Aufforderung an den Patienten zur freien Assoziation
d die unbewusste Wiederholung und Neuinszenierung von Gefühlen aus der Kindheit in der Gegenwart

4 **Was ist der Grundgedanke der Psychosomatik?**

a dass falsche Ernährung körperliche Krankheiten hervorrufen kann
b dass falsche Erziehung psychische Störungen hervorrufen kann

c dass die falsche ärztliche Behandlung bestimmte Krankheiten verschlimmern kann
d dass seelische Konflikte die Ursache für körperliche Krankheiten sein können

5 **Was versteht man unter dem Begriff „soziale Kompetenz“?**

a die Neigung, anderen Menschen zu helfen
b die Weisungsbefugnis innerhalb einer Gruppe
c eine Form der seelischen Resozialisierung Straffälliger
d die Fähigkeit, auf einem hohen („reifen“) psychischen Niveau mit anderen Menschen umgehen zu können

6 **Bei welcher psychischen Störung besteht häufig eine ausgeprägte Antriebsstörung?**

a Angstneurose
b Phobie
c Zwangsneurose
d Depression

7 **Was ist der Unterschied zwischen Neurose und Persönlichkeitsstörung?**

a Bei der Neurose besteht kein Leidensdruck.
b Bei der Persönlichkeitsstörung besteht kein Leidensdruck.
c Bei der Neurose ist man sich einer Störung nicht bewusst.
d Bei der Persönlichkeitsstörung besteht ein Leidensdruck.

8 **Was versteht man unter „Bulimie“?**

a die Pubertätsmagersucht
b Adipositas
c ein neurologisch begründetes Anfallsleiden mit psychischen Symptomen
d seelisch begründete Form der Essstörung mit Heißhungeranfällen und (meist) künstlich hervorgerufenem Erbrechen

9 **Was beschreibt man mit dem Begriff „Hierarchie“?**

a die Abstammungslinie in einem Königshaus
b autoritäre Herrschaftsausübung
c die Rangordnung innerhalb einer Gruppe oder Organisation
d fehlendes Verantwortungsbewusstsein

10 **Was versteht man unter „pädagogischer Psychologie“?**

a ein Teilgebiet der Psychologie, das sich mit Fragen des Managements beschäftigt
b ein Teilgebiet der Psychologie, das sich mit Fragen des Militärs beschäftigt
c ein Teilgebiet der Psychologie, das sich mit Fragen der Seelsorge befasst
d ein Teilgebiet der Psychologie, das sich mit Fragen des Unterrichts und der Erziehung befasst

11 **Womit beschäftigt sich die Sexualpädagogik?**

a mit Fragen der Behandlung von sexuellen Störungen
b mit Fragen der Empfängnisverhütung
c mit der Theorie der Sexualerziehung und der Entwicklung geeigneter Unterrichtsmethoden für dieses Gebiet
d mit der Vermittlung sexueller Themen im Fernsehen

12 **Was war das Hauptanliegen der sogenannten antiautoritären Erziehung in den 60er-Jahren?**

a die Liebe von Kindern und Jugendlichen zu Haustieren zu fördern
b Kinder und Jugendliche frühzeitig auf die Anforderungen der Arbeitswelt vorzubereiten
c Kinder und Jugendliche möglichst frühzeitig an Sport heranzuführen
d Kinder und Jugendliche nach ihren Bedürfnissen und Wünschen aufwachsen zu lassen, bei weitgehendem Verzicht auf autoritäre Einschränkung

13 **Wie hat sich in den letzten zehn Jahren die Kriminalität in New York entwickelt?**

a stark gestiegen
b gleich geblieben
c stark zurückgegangen
d Es liegen keine Forschungen vor.

14 **Welche Psychotherapieform verwendet die berühmte Couch, auf die sich die Patienten in den Therapiestunden legen?**

a Gesprächspsychotherapie
b Psychoanalyse
c Verhaltenstherapie
d Elektroschocktherapie

15 **Was versteht man unter dem Begriff „Initiationsritus"?**

a den durch ein Ritual geregelten Übergang von einem Status (z. B. Jugendlicher) in einen anderen (z. B. Erwachsener)
b den Beginn einer psychischen Krise
c den Beginn des Klimakteriums
d den soziologischen Begriff für den Übergang in die Arbeitslosigkeit

16 **Wer war Max Weber?**

a ein bedeutender Soziologe
b ein bedeutender Pädagoge
c ein bedeutender Psychotherapeut
d ein bedeutender Anthropologe

17 **Was versteht man unter dem Begriff „Transsexualität“?**

a starkes Gefühl, eigentlich homosexuell zu sein
b starkes Gefühl der Zugehörigkeit zum anderen Geschlecht
c starkes Gefühl der Abneigung gegen Sexualität allgemein
d psychisch bedingte Zeugungsunfähigkeit bei Männern

18 **Was versteht man unter dem Begriff „Philanthropismus“?**

a moderne Abspaltung der Philosophie
b von J. B. Basedow begründete Richtung des Aufklärungsdenkens
c eine moderne Kommunikationstheorie bei der Konfliktbewältigung
d Lehre der Menschenfeinde

19 **Was versteht man unter „Midlifecrisis“?**

a die Krise einer Ehe nach mehreren Ehejahren
b einen Wunsch nach Arbeitsplatzwechsel
c die Pubertätskrise
d eine krisenhafte Phase des Infragestellens des bisherigen Lebens etwa in der Lebensmitte

20 **Wie heißt das Hauptwerk von Karl Marx?**

a „Die Kapitalisten“
b „Die Kapitulation“
c „Das Kapital“
d „Die Arbeiterklasse“

21 **Was ist die Grundidee der Verhaltenstherapie?**

a dass psychische Störungen auf einem falsch erlernten Verhalten basieren
b dass psychische Störungen auf angeborenen seelischen Strukturen und Konflikten beruhen
c dass vor allem die Eltern an psychischen Störungen schuld sind
d dass psychische Störungen am effektivsten mit Medikamenten zu behandeln sind

22 **Welche drei Phasen kennzeichnen nach Sigmund Freud die seelische Entwicklung des kleinen Kindes?**

a freie, gebundene, antiautoritäre Phase
b anlehnende, liebevolle, rücksichtslose Phase
c Saugephase, Ausstoßungsphase, Rivalitätsphase
d orale, anale, phallische (ödipale) Phase

23 **Was ist ein Transvestit?**

a ein Anhänger einer indischen Meditationstechnik
b ein Mensch mit der Vorliebe, die Kleidung des anderen Geschlechts zu tragen
c ein Liebhaber pornografischer Schriften und Filme
d jemand mit der Vorliebe für sadomasochistische Beziehungen

24 **Was ist ein Placebo?**

a ein Mensch mit der Begabung übersinnlicher Wahrnehmung
b eine Methode der Psychodiagnostik
c ein Medikament in Tablettenform, das jedoch keine Wirkstoffe enthält
d ein Medikament zur Behandlung von Psychosen

25 **Bei welchem Krankheitsbild verliert man die Entscheidungsgewalt über einen Teil seiner Handlungsmöglichkeiten?**

a Zwangsneurose
b Schizophrenie
c Borderline-Persönlichkeitsstörung
d posttraumatische Belastungsstörung

26 **Was ist in der Psychologie der Unterschied zwischen Angst und Furcht?**

a Angst bezieht sich auf ein konkretes Objekt, Furcht ist eher diffus.
b Furcht stammt aus der Kindheit, Angst aus einer als belastend erlebten Gegenwart.
c Angst ist biologisch-organisch bedingt, Furcht psychisch.
d Furcht bezieht sich auf ein konkretes Objekt, Angst ist eher diffus.

27 **Was versteht man unter einem „Waschzwang"?**

a das unaufschiebbare Bedürfnis nach einem Haushalts- und Waschtag
b die krankhafte Fixierung auf ein stets gewaschenes Auto
c das krankhafte Bedürfnis, sich in übertriebener Häufigkeit z. B. die Hände waschen zu müssen
d eine psychosomatische Hauterkrankung

28 **Welches war das Hauptarbeitsfeld von Anna Freud (der Tochter von Sigmund Freud)?**

a die Psychosomatik
b die Psychotherapie bei Kindern
c die Psychotherapie bei Erwachsenen
d die Psychotherapie bei Psychosen

29 **Was versteht man unter einem „Psychopathen"?**

a einen psychotherapeutisch tätigen Arzt
b eine abnorme Persönlichkeit
c einen speziellen Typus des Angstneurotikers
d einen psychisch leidenden Menschen

30 Was versteht man unter einem „Ödipuskomplex"?

a Untreue in der Ehe
b eine Form der Bisexualität
c die Liebesgefühle des Kindes gegenüber dem gegengeschlechtlichen Elternteil und die gleichzeitigen Hassgefühle gegenüber dem gleichgeschlechtlichen
d die Liebesgefühle des kleinen Mädchens gegenüber ihrer Mutter

31 Was ist ein Hypochonder?

a jemand, der sich vor Tieren fürchtet
b jemand, der sich vor nahen Beziehungen fürchtet
c jemand, der sich ständig vor Erkrankungen fürchtet
d jemand, der sich vor Flugreisen fürchtet

32 Was ist eine Amnesie?

a die krankhafte Angst vor Ameisen
b eine Störung der sexuellen Erlebnisfähigkeit
c eine auf einen bestimmten Zeitraum begrenzte Erinnerungslücke
d die Unfähigkeit, Freude zu empfinden

33 Welche drei Adjektive beschreiben am besten eine Persönlichkeit mit deutlich hysterischen Zügen?

a zwanghaft, zurückhaltend, ängstlich
b theatralisch, ichbezogen, verführerisch
c kindlich, aufdringlich, intellektuell
d sanftmütig, hilfsbereit, unkonventionell

34 Welche drei Adjektive beschreiben am besten eine Persönlichkeit mit deutlich schizoiden Zügen?

a angepasst, freundlich, zugewandt
b ruhelos, rücksichtslos, arrogant
c selbstsicher, ehrgeizig, treu
d kühl, distanziert, verschlossen

35 **Welche drei Adjektive beschreiben am besten eine Persönlichkeit mit deutlich depressiven Zügen?**

a hoffnungslos, eingebildet, freundlich
b antriebsarm, niedergeschlagen, aggressionsgehemmt
c arbeitsscheu, klammernd, wenig selbstsicher
d gemütvoll, romantisch, ruhelos

36 **Welche drei Adjektive beschreiben am besten eine Persönlichkeit mit deutlich paranoiden Zügen?**

a empfindsam, selbstsicher, künstlerisch
b misstrauisch, überempfindlich, nachtragend
c wählerisch, extravagant, sinnlich
d hemmungslos, laut, intrigant

37 **Wodurch wurden die Pawlowschen Hunde berühmt?**

a durch ihre Rolle als Begleittiere für verhaltensgestörte Kinder
b durch ihre Mitwirkung an der Erforschung der Lerngesetze als Versuchstiere
c durch ihre Rolle als Begleiter für resozialisierte Kriminelle
d durch ihre Rolle als besonders einfühlsame Blindenhunde

38 **Mit welchen der folgenden Themen beschäftigt sich die Parapsychologie?**

a mit der Traumforschung
b mit außersinnlichen Wahrnehmungen (Telepathie usw.)
c mit der Psychologie von Taubstummen
d mit der Erforschung des psychologischen Erlebens im Mutterleib

39 **Was ist eine Kaste?**

a ein anderer Begriff für „Mafia“
b eine spezielle, von anderen abgegrenzt lebende soziale Gruppe
c die Bezeichnung für eine hierarchische Ordnung in einer modernen Bürokratie
d eine spezielle Gesellschaftsordnung in Kuba

40 **Was war ein wichtiges pädagogisches Anliegen von Maria Montessori?**

a in der Kleinkindererziehung das „Begreifen“ über manuelle Anreize zu fördern

b bereits im Vorschulalter unter einem gewissen fördernden Leistungsdruck Lesen und Schreiben zu schulen

c bei verhaltensgestörten Kindern Clowns im Schulunterricht einzusetzen

d Kinder bei längeren Krankenhausaufenthalten mit speziellen pädagogischen Programmen zu betreuen

41 **Was versteht man unter dem Begriff „Mobbing“?**

a eine Spätform der Alkoholkrankheit

b fortgesetzte Aggressionen und Psychoterror am Arbeitsplatz

c eine spezielle Störung der Gedächtnisfunktion

d spezielle frühkindliche Verhaltensstörungen

42 **Welche der folgenden Formulierungen beschreibt eine grundlegende Erkenntnis der Psychologie zum Thema Aggression?**

a Aggressionen sind psycho-hormonell begründet.

b Aggressionen beruhen auf einer verwöhnenden Erziehung.

c Aggressionen entstehen aufgrund von Einsamkeit.

d Frustration erzeugt Aggression.

43 **Was versteht man unter „Autismus“?**

a Angst vor dem Autofahren

b eine extreme Form des Insichgekehrtseins und der Selbstbezogenheit

c die Furcht vor selbstständigen Entscheidungen

d die Neigung zu autoritärem Verhalten

44 **Was versteht man unter „Demoskopie"?**

a eine Methode der Verhaltensbeobachtung von Kleingruppen
b die Erforschung von Einstellungen und Meinungen durch Umfragen
c eine Methode der psychologischen Säuglingsbeobachtung
d ein psychologisches Testverfahren

45 **Was beschreibt der Begriff der „Projektion" in der Psychologie?**

a eine Form des Verfolgungswahns im Jugendalter
b einen psychischen Mechanismus, bei dem eigene Gefühle und Wünsche einem anderen Menschen zugeschrieben werden
c eine Form der Angststörung bei älteren Menschen
d eine Technik der psychologischen Gesprächsführung

46 **Welchen Begriff prägte Sigmund Freud für das Gewissen?**

a Ober-Ich
b Über-Ich
c Gewissens-Ich
d Eltern-Ich

47 **Was ist – psychologisch gesehen – die Hauptaufgabe in der Pubertät?**

a Ausleben der Sexualität
b die schrittweise Ablösung von den Eltern
c Lernerfolg in Schule und Ausbildung
d die Erhaltung eines kindlichen Gemüts

48 **Bei der Pisa-Studie handelt es sich um …**

a eine internationale Schulleistungs- und Vergleichsstudie
b eine italienische Entwicklungsstudie, die die kognitive Reife von Pubertierenden misst
c eine klinische Vergleichsstudie über die Wirksamkeit von Antidepressiva
d eine Feldstudie über die motorische Entwicklung bei Frühgeborenen

49 **Die aktuell ganz großen Fragen des Zusammenlebens, der Städteentwicklung sowie der Ökonomie als auch der Ökologie betrachtet vor allem …**

a die Politologie
b die Psychologie
c die Soziologie
d die Pädagogik

50 **B. F. Skinner war ein bekannter …**

a amerikanischer Psychologe und der prominenteste Vertreter des Behaviorismus
b französischer Pädagoge und idealistischer Kämpfer für Chancengleichheit
c schweizerischer Jugend- und Entwicklungsforscher
d kanadischer Soziologie-Professor, der bekannt für seine gesellschaftspolitischen Aufsätze und Artikel war

Lösungen und Erläuterungen

1	**c**	Der Begriff stammt von Carl Gustav Jung und ist ein Grundbegriff seiner Psychologie: Er bezieht sich auf Urbilder, die bei allen Menschen unbewusst vorhanden sind (z. B. Mutter, Kind, Arzt).
2	**b**	Klaustrophobie ist die Neigung zu Angstanfällen in geschlossenen Räumen – oft fälschlicherweise umgangssprachlich als „Platzangst" bezeichnet.
3	**d**	In der psychoanalytischen Behandlung erlebt der Patient seinen Psychoanalytiker z. B. unbewusst wie seinen Vater und „überträgt" gleichartige Gefühle wie früher dem realen Vater gegenüber (z. B. Angst) auf ihn.
4	**d**	Die Psychosomatik und ihre Lehre von der krank machenden Bedeutung von Stress ist eigentlich altes Volkswissen („es schlägt mir etwas auf den Magen", „bereitet mir Kopfzerbrechen", „geht mir an die Nieren" usw.).
5	**d**	Andere gebräuchliche Worte: „emotionale Kompetenz/Intelligenz".
6	**d**	Hauptsymptom einer Depression: Unfähigkeit, Aufgaben in Angriff zu nehmen.
7	**b**	Im Gegensatz zur Neurose (z. B. Angstneurose) leidet bei einer Persönlichkeitsstörung (z. B. zwanghafte Persönlichkeitsstörung) meistens die Mitwelt unter der problematischen Person, nicht aber der Betroffene selbst.
8	**d**	Die Bulimie (griechisch: „Ochsenhunger") ist eine sehr verbreitete Form der Essstörung, bei der aber im Gegensatz zur Pubertätsmagersucht (Anorexia nervosa) meist Normalgewicht besteht.
9	**c**	Das Wort ist griechisch-byzantinischen Ursprungs („heilige Herrschaft") und bezeichnet jede Organisations- und Herrschaftsform, bei der eine Rangordnung zwischen Übergeordneten und Untergeordneten besteht.
10	**d**	Die pädagogische Psychologie behandelt vor allem Fragen der Eltern-Kind- und der Lehrer-Schüler-Beziehung.
11	**c**	Die Sexualpädagogik befasst sich vor allem mit Fragen der altersgemäßen Aufklärung und des pädagogisch richtigen Umgangs zu allen Fragen von Kindern und Jugendlichen zum Thema Sexualität.
12	**d**	Die Erziehungskonzeption der antiautoritären Erziehung basiert auf Theorien der Psychoanalyse, der Reformpädagogik und der Gesellschaftskritik und wurde maßgeblich durch das Werk des britischen Pädagogen A. S. Neill geprägt.
13	**c**	Allein z. B. bei der Gewaltkriminalität hat sich die Anzahl der Delikte seit 1990 mehr als halbiert.
14	**b**	Sigmund Freud hielt auch nach seiner Zeit als Hypnosearzt an der Couch fest, weil es den Patienten im Liegen, und ohne den Therapeuten ansehen zu müssen, besser gelingt, ihren freien Assoziationen nachzugehen.
15	**a**	Auch die Aufnahme in einen Geheimbund wird durch einen Initiationsritus geregelt.

16 a Max Weber (1864–1920) gilt als Begründer der „verstehenden Soziologie". In seinem Hauptwerk „Wirtschaft und Gesellschaft" (1922) spricht er bei der Beschreibung der modernen Industriegesellschaft von der „Entzauberung der Welt".

17 b Transsexuelle stehen wegen des Gefühls, dass ihr psychisches Geschlecht im Gegensatz zum körperlichen Geschlecht steht, oft unter einem erheblichen Leidensdruck.

18 b Griechisch: „philanthropia" = „Menschenliebe", von J. B. Basedow begründete Richtung des Aufklärungsdenkens, die unter dem Einfluss Rousseaus für eine Erneuerung der Erziehung auf der Grundlage einer vernünftigen, naturgemäßen Lebensweise kämpfte.

19 d Die Midlifecrisis geht häufig mit dem Abbruch bestehender Verbindungen und der starken Suche nach einer Neuorientierung im Leben einher.

20 c Der Untertitel dieses berühmten Werkes lautet: „Krisen der politischen Ökonomie", das Werk erschien 1867.

21 a Die Verhaltenstherapie wurde auf der Basis psychologischer Lerntheorien entwickelt und verwendet gezielte Übungen.

22 d Sigmund Freud veröffentlichte seine für die damalige Zeit revolutionären und anstößigen Forschungen zur Entwicklungspsychologie des Kindes in seinen „Drei Abhandlungen zur Sexualtheorie" (1905).

23 b Transvestismus tritt vorwiegend bei Männern, gelegentlich auch bei Frauen, auf. Es wird dabei das Verhalten des anderen Geschlechts nachgeahmt. Zu unterscheiden ist Transvestismus jedoch von Transsexualität.

24 c Placebos wirken interessanterweise allein durch den „Glauben" an die Wirksamkeit der eingenommenen Tablette.

25 a Der Betroffene steht unter dem Zwang, sich beispielsweise ständig die Hände zu waschen, zu kontrollieren, ob auch alles abgeschlossen/ausgestellt ist etc.

26 d Furcht bezeichnet ein konkreteres Gefühl als Angst, die meist sehr diffus und in einem existenziellen Sinn erlebt wird.

27 c Der Waschzwang ist ein Symptom der Zwangsneurose.

28 b Die Tochter Sigmund Freuds war Wegbereiterin der psychoanalytischen Behandlung von Kindern und Jugendlichen.

29 b Der wertende Begriff „Psychopath" wurde durch den der „abnormen" oder „gestörten" Persönlichkeit ersetzt; im Vordergrund steht, dass die Gesellschaft sehr unter den abnormen Persönlichkeiten leidet (seien sie nun fanatisch, extrem geltungssüchtig, asozial oder kriminell).

30 c Sigmund Freud führte den Ausdruck „Ödipuskomplex" in Anlehnung an die bekannte griechische Sage von König Ödipus in die Psychoanalyse ein, als Urbild und Muster für Dreieckskonflikte im Leben.

31 c Passende Lektüre zu dieser Frage: das Theaterstück „Der eingebildete Kranke" von Molière.

32 c Eine Amnesie tritt beispielsweise nach Unfällen auf, für den Zeitraum des Ereignisses besteht dann eine Erinnerungs- und Gedächtnisstörung.

33 b Grundlegende Beschreibungen der Hysterie stammen von Jean Martin Charcot (1895) und Sigmund Freud (ab 1900).

34 d Schizoide (griechisch: „schizein“ = „spalten“) versprühen den „Charme eines frisch geöffneten Kühlschranks“.

35 b Die Nach-Innen-Wendung von aggressiven Impulsen ist ein Haupthintergrund der Depression (Frage: „Auf wen bin ich depressiv ...?“).

36 b Paranoide Persönlichkeiten leben in einem ständigen Gefühl des Bedrohtwerdens.

37 b Der russische Physiologe I. P. Pawlow (1849–1936) erforschte an Hunden den Mechanismus der Konditionierung (bedingter Reflex).

38 b Die Parapsychologie erforscht okkulte Erscheinungen (sogenannte „Psiphänomene“) – es gibt eben mehr zwischen Himmel und Erde, als wir uns in unserer Schulweisheit erträumen (Shakespeare).

39 b Die Ordnung der Gesellschaft in Kasten findet sich im heutigen Indien.

40 a Maria Montessori war eine der bedeutendsten Pädagoginnen.

41 b Das Wort kommt aus dem Englischen „to mob“ (= „über jemanden herfallen“) und bezeichnet über einen längeren Zeitraum von einem Vorgesetzten oder von Kollegen ausgehende feindselige Handlungen (Intrige, Schikane, sexuelle Belästigung) gegen einen Arbeitnehmer.

42 d Aggressionen basieren primär auf unerfüllten, d. h. frustrierten Basisbedürfnissen des Menschen (Liebe, Sicherheit, Anerkennung usw.).

43 b Eine besonders im Kindesalter auftretende tief greifende Kommunikationsstörung, verbunden mit der Entwicklung stereotyper, bizarrer Handlungen.

44 b Eine große Rolle spielt die Demoskopie in der Wählerforschung sowie in der Marktforschung.

45 b Die Projektion (Begriff aus der Psychoanalyse) ist ein Abwehrmechanismus, bei dem eigene verdrängte Bedürfnisse als negativ erlebte Eigenschaften unbewusst einer anderen Person zugeschrieben werden (vergleichbar der Funktionsweise eines Projektionsapparats im Kino).

46 b Das Über-Ich (Gewissen) ist eine der drei seelischen Instanzen in der Psychoanalyse (die anderen beiden sind das Es = Unbewusstes/Triebe und das Ich als steuernde, handelnde Instanz).

47 b Die Pubertät stellt eine sogenannte „normale“ Krise in jedem Menschenleben dar. Die in dieser Zeit typischen „Auseinandersetzungen“ mit den Eltern dienen letztlich der Ichfindung und der zunehmenden Selbstständigkeit.

48 a Eine nicht unumstrittene, im Jahr 2000 erstmals durchgeführte internationale Schulleistungsuntersuchung mit dem damaligen Schwerpunkt Lesekompetenz.

49 c Gehört zu den ganz großen Themen und Herausforderungen, der sich die Soziologie aktuell annimmt.

50 a B. F. Skinner (1904–1990), ein US-amerikanischer Psychologe und der prominenteste Vertreter des Behaviorismus, hat die moderne Psychologie entscheidend mitgeprägt.

4 Geografie, Geologie und interkulturelle Kompetenz

1 Wie heißt die Hauptstadt der Schweiz?

a Schwyz
b Bern
c Zürich
d Genf

2 Welcher Kontinent hat die meisten Bewohner?

a Afrika
b Europa
c Asien
d Amerika

3 Welcher Gebirgszug trennt Asien von Europa?

a der Ural
b die Karpaten
c der Kaukasus
d das Pamir-Gebirge

4 Welcher Staat gehört nicht zur Arabischen Halbinsel?

a Jemen
b Iran
c Oman
d Kuwait

5 **1971 wurde nach einem indisch-pakistanischen Krieg der Ostteil vom Westteil Pakistans politisch getrennt. Unter welchem Namen wurde Ostpakistan ein souveräner Staat?**

a Myanmar
b Sri Lanka
c Bangladesh
d Kaschmir

6 **Wie heißt die Hauptstadt von Lettland?**

a Wilna
b Minsk
c Riga
d Tallin

7 **In welcher Stadt steht dieses Bauwerk?**

Berlin ....

8 **Was ist ein Stalaktit?**

a Zeitabschnitt in der Entstehungsgeschichte der Erde
b ein Tropfstein, der von oben nach unten wächst
c ein schneckenartiges Fossil aus der Kreidezeit
d ein Tropfstein, der von unten nach oben wächst

9 **Wie heißt das Zweistromland zwischen Euphrat und Tigris?**

a Sinai
b Mazedonien
c Katalanien
d Mesopotamien

10 **Wie ist der Name für die Südspitze Südamerikas?**

a Cape Canaveral
b Kap der Guten Hoffnung
c Kap Hoorn
d Südkap

11 **Welcher der folgenden Aspekte wird nicht in der geologischen Wissenschaft untersucht?**

a die Zusammensetzung und der Bau der Erdkruste
b die historische Entwicklung der Erdkruste
c die geografischen Verhältnisse der Vorzeit
d die Eigenschaften, Vorkommen und Verbreitung von stehenden und fließenden oberirdischen und unterirdischen Gewässern

12 **Wie heißt das dunkle Ergussgestein, das aus dünnflüssiger Lava entsteht und oft sechseckig-säulenförmig abgesondert ist?**

a Granit
b Sandstein
c Basalt
d Gabbro

13 **Welcher ist der längste Fluss der Erde?**

a der Nil
b der Amazonas
c der Mississippi
d der Jangtsekiang

14 **Wie heißt die zwischen 1903 und 1914 erbaute Wasserstraße, die den Atlantik und den Pazifik miteinander verbindet?**

a Suezkanal
b Transamerikakanal
c Canal du Midi
d Panamakanal

15 **Welcher der folgenden Staaten grenzt nicht ans Schwarze Meer?**

a Bulgarien
b Russland
c Tschechien
d Türkei

16 **Bei welcher Stadt fließt die Elbe in die Nordsee?**

a Hamburg
b Cuxhaven
c Heiligenhafen
d Bremerhaven

17 **Was ist die Tundra?**

a eine Eiswüstenlandschaft, die ganzjährig von Schnee und Eis bedeckt ist
b eine Hochgebirgslandschaft, die oberhalb der Baumgrenze liegt
c eine baumlose Kältesteppenlandschaft
d eine Sandwüstenlandschaft, die von Wanderdünen durchzogen wird

18 **Was sind die Hauptmerkmale von Tiefdruckwetterlagen?**

a niedrige Schäfchenwolken, trockene Luft, gute Fernsicht
b niedriger Luftdruck, in gemäßigten Regionen mit feuchtkühlem Wetter
c in Mitteleuropa Wetterlagen mit vorherrschender Windrichtung aus Südost
d starker, als drückend empfundener Luftdruck, der sich in psychischen Tiefs bemerkbar machen kann

19 **Welches Stadt-Fluss-Paar ist falsch?**

a Hamburg – Alster
b Regensburg – Isar
c Halle – Saale
d Berlin – Spree

20 **Welches ist die größte Insel der Erde?**

a Kalimantan (Borneo)
b Madagaskar
c Grönland
d Neuguinea

21 **In welcher Stadt steht dieses Bauwerk?**

Paris ....

22 **Von wem wurde der Mount Everest (Chomolungma) erstmalig bestiegen?**

a Heinrich Harrer/Fritz Bechthold, 1941
b Reinhold Messner/Arved Fuchs, 1974
c Maurice Herzog/Louis Lachenal, 1950
d Tensing Norgay/Edmund Hillary, 1953

23 **Wie heißt das Gebirge, das am Rhein dem Taunus gegenüberliegt?**

a Harz
b Eifel
c Teutoburger Wald
d Hunsrück

24 **Von wem wurde die Theorie der Kontinentalverschiebung begründet?**

a Alexander von Humboldt
b Carl Ritter
c Alfred Wegener
d Sven Hedin

25 Wie hoch ist der prozentuale Anteil des Festlandes an der Erdoberfläche?

a 52 %
b 29 %
c 71 %
d 43 %

26 Welcher der folgenden Staaten grenzt nicht an die BR Deutschland?

a Slowenien
b Tschechien
c Belgien
d Luxemburg

27 An welchem See liegt Lausanne?

a am Genfer See
b am Gardasee
c am Comer See
d am Tegernsee

28 Was ist der Golfstrom?

a eine reißende Meeresströmung im Persischen Golf aufgrund der großen Schwankungen des Meeresspiegels durch die Gezeitenunterschiede
b eine starke Luftströmung in Höhen zwischen 8 000 und 12 000 Metern, die im interkontinentalen Flugverkehr von großer Bedeutung ist
c eine warme Meeresströmung, die vor dem Golf von Mexiko entspringt und den Atlantik in nordöstlicher Richtung überquert
d die Elektrizität, die im Golf von Bengalen durch die Energie des hier ins Meer mündenden Ganges in großen Wasserkraftwerken gewonnen wird

29 **Welcher Staat hat nicht die Farbe Rot in seiner Flagge?**

- a Japan
- b Nigeria
- c Kanada
- d Bahrain

30 **Wie heißt die Hauptstadt der USA?**

- a Chicago
- b Los Angeles
- c Washington D.C.
- d New York

31 **Welcher ist Europas längster Fluss?**

- a der Rhein
- b die Rhône
- c die Wolga
- d die Donau

32 **Welcher Staat liegt auf der Apenninen-Halbinsel?**

- a Portugal
- b Italien
- c Griechenland
- d Dänemark

33 **Welche Zwischenstation würde sich auf dem Weg von New Orleans nach Tokio anbieten?**

- a Kuba
- b die Antillen
- c Hawaii
- d Neuseeland

34 **Der lang gestreckte See im Zentralafrikanischen Graben heißt…**

- a Titisee
- b Victoriasee
- c Tanganjikasee
- d Titicacasee

35 **Wie heißt die Hauptstadt Australiens?**

a Canberra
b Melbourne
c Adelaide
d Sydney

36 **Die Stadt Istanbul wird durch eine Meerenge in einen europäischen und einen asiatischen Teil getrennt, wie lautet der Name dieser Meerenge?**

a Dardanellen
b Isthmus von Byzanz
c Kalmar-Sund
d Bosporus

37 **In welchem deutschen Bundesland befindet sich der Wilseder Berg?**

a Bayern
b Niedersachsen
c Baden-Württemberg
d Sachsen

38 **Was sind Tsunamis?**

a sehr regelmäßig wehende trockene Sommerwinde über dem östlichen Mittelmeer
b tropische Wirbelstürme
c eigenartige Verwitterungsformen, die vor allem in den Granitfelsen von Korsika vorkommen
d am Meeresboden ausgelöste, große Wellen, die durch Vulkanausbrüche verursacht werden können

39 **Welche Zuordnung von Stadt und deutschem Bundesland ist falsch?**

a Kassel – Hessen
b Münster – Nordrhein-Westfalen
c Hof – Thüringen
d Stuttgart – Baden-Württemberg

40 **Welche Insel gehört nicht zu den Antillen?**

a Martinique
b St. Vincent und die Grenadinen
c Seychellen
d Barbados

41 **In welcher Stadt steht dieses Bauwerk?**

Pisa ....

42 **Wie heißt der Gebirgszug im Osten der USA?**

a Sierra Madre
b Appalachen
c Sierra Nevada
d Macdonnelkette

43 **Wie nennt man die während der Eiszeit von Gletschern geprägte Küstenform, die aus tief eingeschnittenen, steilen und lang gestreckten Buchten besteht?**

a Schärenküste
b Boddenküste
c Fjordküste
d Fördenküste

44 **Wie heißt der einheitliche Urkontinent, von dem die Kontinentalverschiebungstheorie ausgeht?**

a Gondwanaland
b Pangaea
c Kambrium
d Ruapehu

45 **Welche norddeutsche Stadt hat das Holstentor als Wahrzeichen?**

a Bremen
b Kiel
c Rostock
d Lübeck

46 **Welcher Begriff gehört nicht zur glazialen Serie, d. h. zum gesetzmäßig angeordneten Formenschatz, der beim Abschmelzen eines Gletschers oder einer Inlandeismasse hinterlassen wird?**

a Urstromtal
b Grundmoräne
c Doline
d Sander

47 **Wer besiedelte zuerst Neuseeland?**

a die Berber
b die Maoris
c die Aborigines
d die Mormonen

48 **Welche Zuordnung von Bundesland und Landeshauptstadt ist falsch?**

a Rheinland-Pfalz – Mainz
b Thüringen – Erfurt
c Sachsen-Anhalt – Halle
d Hessen – Wiesbaden

49 **Von wo bis wo führt die Strecke der Transsibirischen Eisenbahn?**

a von Moskau nach Wladiwostok
b von Moskau nach Nowosibirsk
c von Sankt Petersburg nach Nowosibirsk
d von Omsk nach Irkutsk

50 **Welcher Staat grenzt nicht an die südamerikanische Küstenlinie?**

a Chile
b Bolivien
c Uruguay
d Peru

51 **Welche Gemeinsamkeit haben die Flaggen der Staaten Ghana, Kamerun, Guinea und Mali?**

a Längsstreifen
b einen Stern
c die Farben Gelb, Rot und Blau
d die Farben Gelb, Rot und Grün

52 **Was versteht man unter „Podsol"?**

a einen sauren nährstoffarmen Boden
b einen fruchtbaren Lößlehmboden
c eine Gesteinsart, die zu den Tiefengesteinen gehört
d eine Sammelbezeichnung für plastische tropische und subtropische Böden

53 **Welches Gebirge befindet sich im Norden der Türkei?**

a Elburs
b Pontisches Gebirge
c Kaukasus
d Dinarisches Gebirge

54 **Wie heißt die Meerenge zwischen Alaska und Russland?**

a Davisstraße
b Drakestraße
c Beringstraße
d Cabotstraße

55 **Welcher europäische Staat grenzt sowohl an Spanien als auch an Frankreich?**

a San Marino
b Monaco
c Albanien
d Andorra

56 **Wenn es in Mitteleuropa 12.00 Uhr (Mitteleuropäische Zeit) ist, ist es in Toronto …**

a 2.00 Uhr
b 6.00 Uhr
c 16.00 Uhr
d 19.00 Uhr

57 **Wie heißt die Hauptstadt der Vereinigten Arabischen Emirate?**

a Abu Dhabi
b Dubai
c Doha
d Maskat

58 **Bei welchem See vollzieht sich folgende ökologische Katastrophe: erhebliche Schrumpfung seines Volumens und ständig steigender Salzgehalt, sodass statt des Sees eine Salzwüste entstehen könnte?**

a Aralsee
b Baikalsee
c Lop Nur
d Onegasee

59 Wie heißt der höchste Berg Alaskas?

a Mount St. Helens
b Mount McKinley
c Mount Mitchell
d Mount Cook

60 Welche Sehenswürdigkeit befindet sich nicht in München?

a der Englische Garten
b das Deutsche Museum
c Schloß Nymphenburg
d der Zwinger

61 Was verbirgt sich hinter dem Namen „Vatnajökull“?

a ein Gletscher in Norwegen
b ein Gebirge auf Grönland
c ein Gletscher auf Island
d ein Fluss in Norwegen

62 Welches dieser Länder ist flächenmäßig das größte?

a Russland
b China
c Australien
d USA

63 Wo befindet sich die Insel Mauritius?

a im Indischen Ozean
b im Südatlantischen Ozean
c in der Tasmansee
d im Südpazifischen Ozean

64 Welche Insel ist die größte Deutschlands?

a Fehmarn
b Rügen
c Sylt
d Usedom

65 **Am härtesten ist …**

a Diamant
b Granit
c Titan
d Platin

66 **In welcher Stadt steht dieses Bauwerk?**

New York ....

67 **Welcher Staat gehört nicht zu Mittelamerika?**

a Honduras
b Ecuador
c Guatemala
d Costa Rica

68 **Wofür steht das Wort „Geysir“?**

a einen Prozess der Eisen- und Manganumlagerung durch Grundwasser in Böden
b einen Fluss auf Island
c eine Springquelle, die in zum Teil regelmäßigen Abständen Wasserfontänen mit hohem Druck ausstößt
d eine Sammelbezeichnung für alle Ergussgesteine, die über eine dichte und feinkörnige Grundmasse verfügen

69 **Wie nennt man alle Überreste vorzeitlicher Lebewesen?**

a Amphibien
b Ammoniten
c Fossilien
d Aleuten

70 **Ein besonderes Phänomen der Niederlande ist …**

a das reizarme Klima
b dass 25 % seiner Fläche unterhalb des Meeresspiegels liegen
c die landesweit erhobene Umweltsteuer
d alle Antworten sind richtig

71 **Welches der folgenden Länder grenzt an das Schwarze Meer?**

a Türkei
b Griechenland
c Bulgarien
d Tschechien

72 **Die Landeshauptstadt von Hessen ist …**

a Darmstadt
b Frankfurt am Main
c Mainz
d Wiesbaden

73 **Zu welchem europäischen Staat gehört die Halbinsel Peloponnes?**

a Griechenland
b Italien
c Spanien
d Bulgarien

74 **Welcher Staat ist der größte Kakaoproduzent der Erde?**

a Brasilien
b Côte d'Ivoire
c Ghana
d Malaysia

75 **Wo kann man mit dem Schnellzug Shinkansen fahren?**

a in den USA
b in Australien
c in Japan
d in Frankreich

76 **Wie lautet die Hauptstadt Brasiliens?**

a Brasilia
b Rio de Janeiro
c Buenos Aires
d São Paulo

77 **Welches ist der geografische Fachausdruck für Vermessungskunde?**

a Fotogrammetrie
b Geodäsie
c Geophysik
d Paläontologie

78 **Kiew ist Hauptstadt und Regierungssitz von …**

a der Ukraine
b Russland
c Georgien
d Moldawien

79 **Der Bosporus trennt …**

a das italienische Festland von Sizilien
b Nordamerika von Südamerika
c Europa von Asien
d Afrika von Asien

80 **Die Straße von Gibraltar verbindet …**

a das Mittelmeer mit dem Atlantik
b den Atlantik mit dem Pazifik
c das Tote Meer mit dem Mittelmeer
d das Schwarze Meer mit dem Mittelmeer

81 **Die Krim ist eine Halbinsel …**

a im Mittelmeer
b im Schwarzen Meer
c im Roten Meer
d im Toten Meer

82 **Den Landschaftstyp in Norddeutschland, der die wenig fruchtbaren Ablagerungen des Pleistozäns umfasst, nennt man …**

a Börde
b Moor
c Geest
d Marsch

83 **Das „Kreuz des Südens" ist eine Orientierungshilfe …**

a in der Seefahrt
b in der Luftfahrt
c in der Raumfahrt
d alle Lösungsvorschläge sind richtig

84 **Der Panamakanal verbindet …**

a den Indischen Ozean mit dem Atlantik
b den Atlantik mit dem Pazifik
c den Pazifik mit dem Indischen Ozean
d das Rote Meer mit dem Schwarzen Meer

85 **Die Flughäfen Gatwick und Heathrow sind in der Nähe von …**

a London
b Manchester
c Glasgow
d keiner der Lösungsvorschläge ist richtig

86 **An der Seine-Mündung finden wir die französische Stadt …**

a Le Havre
b Bordeaux
c Marseille
d Montpellier

87 Wie heißt die Hauptstadt der Mongolei?

a Mosambik
b Alma-Ata
c Turku
d Ulan Bator

88 Welches Land liegt am Pazifik?

a Chile
b Ecuador
c Peru
d alle Lösungsvorschläge sind richtig

89 Die Schneekoppe ist die höchste Erhebung ...

a im Erzgebirge
b im Riesengebirge
c im Harz
d in den Voralpen

90 Die Insel Korsika gehört politisch zu ...

a Frankreich
b Italien
c Spanien
d Griechenland

91 Libyens Hauptstadt ist ...

a Damaskus
b Tripolis
c Casablanca
d Beirut

92 Welches Bundesland weist die größte Fläche auf?

a Niedersachsen
b Bayern
c Baden-Württemberg
d Nordrhein-Westfalen

93 **Wie heißt die Wüste, die sowohl zur Mongolischen Volksrepublik als auch zur Volksrepublik China gehört?**

a Große Sandsee
b Namib
c Atacama
d Gobi

94 **Der Weltradius beträgt etwa …**

a 2370 km
b 4150 km
c 6370 km
d 9550 km

95 **Die Hauptstadt Neuseelands ist …**

a Melbourne
b Auckland
c Wellington
d Gisborne

96 **In welcher Stadt steht dieses Bauwerk?**

Rom.......................

97 **In welchem Land ist es unhöflich, Fremde anzulächeln?**

a Australien
b Südamerika
c Neuseeland
d Japan

98 **Welche Zuordnung von Sprachen zur Sprachfamilie ist falsch?**

- a Slawische Sprachen: Ukrainisch, Slowakisch, Russisch, Tschechisch
- b Germanische Sprachen: Englisch, Norwegisch, Isländisch, Deutsch
- c Finno-ugrische Sprachen: Karelisch, Estisch, Finnisch, Lappisch
- d Romanische Sprachen: Portugiesisch, Polnisch, Französisch, Italienisch

99 **Die Landschaft der Mark Brandenburg wurde durch welchen deutschen Schriftsteller besonders beeindruckend beschrieben?**

- a Kurt Tucholsky
- b Hermann Löns
- c Theodor Fontane
- d Heinrich von Kleist

100 **Welche Aussage trifft als Definition des Begriffs „Kultur" zu?**

- a Kultur ist die Gesamtheit der geistigen und künstlerischen Lebensäußerungen.
- b Kultur ist jede Form der Lebensumwelt.
- c Kultur ist eine besondere, verfeinerte Lebensweise.
- d Definitionsaspekte von Kultur bestehen in allen Aussagen.

101 **Zu den fünf Säulen des Islam gehört ...**

- a die Heirat
- b die Burka
- c das Almosen
- d der Rosenkranz

102 **Was ist ein Muezzin?**

- a Ausrufer, der die Muslime zum Gebet ruft
- b islamischer Feiertag
- c japanischer Mönch
- d islamische Moschee

103 **Was kann dieses Zeichen/Geste bedeuten?**

a alles okay
b starke sexuelle Beleidigung
c etwas ist bedeutungslos
d alle Antworten sind richtig

104 **Was gilt in der arabischen Welt im Sitzen als besonders unhöflich?**

a Überkreuzen der Beine
b Ausziehen der Schuhe
c Zeigen der Schuhsohlen
d gekrümmter Buckel

105 **Bei der Begrüßung eines chinesischen Geschäftspartners sollte man besser darauf verzichten …**

a ihn zu umarmen und zu küssen
b ihm mit ausgestreckter Hand entgegenzutreten
c den eigenen Kopf beim Nicken deutlich anders zu senken als das Gegenüber
d alle Antworten sind richtig

106 **Was ist der Ramadan?**

a Weihnachtsfeier der Tibeter
b islamischer Fastenmonat
c hinduistisches Wagenfest
d buddhistisches Neujahr

107 **Mit Stereotypen bezüglich anderer Kulturen sind gemeint:**

a Offenheit bezüglich neuer Erfahrungen
b gemeinsame Aktivitäten
c Verallgemeinerungen und Kategorisierungen
d Kampf der Kulturen

108 **Die Segregation bezeichnet die …**

a Entmischung von Kulturen
b Vermischung von Kulturen
c Aufbruch von Kulturen
d Einbruch von Kulturen

109 **Beim Rassismus wird versucht …**

a die freiheitlich-demokratische Grundordnung mit Gewalt zu überwinden.
b die freiheitlich-demokratische Grundordnung ohne Gewalt zu überwinden.
c kulturelle Gemeinsamkeiten besonders zu betonen.
d kulturelle Unterschiede besonders zu betonen.

110 **Was versteht man unter „Ritualen"?**

a Gebetstage im islamischen Glauben
b Beschneidung zwischen dem 6. und 10. Lebensjahr
c ein Bildnis Gottes im buddhistischen Glauben
d feste gelebte Bestandteile in Kulturen

111 **Als Ethnie wird bezeichnet …**

a eine Menschengruppe mit einheitlicher Kultur
b ein thailändischer Glaube
c ein für ein Volk typischer Tanz
d eine Menschengruppe mit einem einheitlichen, sprachlichen Dialekt

112 **In welcher Region ist der hochgereckte Daumen eine Beleidigung?**

a Südamerika
b Westafrika
c Naher Osten
d China

Lösungen und Erläuterungen

1	**b**	Bern ist seit 1848 Bundesstadt der Schweiz und zugleich Hauptstadt des Kantons Bern.
2	**c**	Asien hat über 3,6 Milliarden Einwohner. Die bevölkerungsreichsten Länder sind China, Indien und Indonesien.
3	**a**	Der Ural ist eine Gebirgskette in Russland, die sich über ca. 2 000 km erstreckt.
4	**b**	Der Iran liegt nicht auf der Arabischen Halbinsel.
5	**c**	Myanmar ist die neue Bezeichnung für das ehemalige Birma, ebenso Sri Lanka für das ehemalige Ceylon und Kaschmir ist eine Gebirgslandschaft im nordwestlichen Himalaya und im Karakorum, die überwiegend zu Indien gehört.
6	**c**	Wilna (Vilnius) ist die Hauptstadt von Litauen, Minsk die von Weißrussland und Tallin die von Estland.
7		Das ist das Brandenburger Tor. Es steht in Berlin, der Hauptstadt der BRD.
8	**b**	Ein Tropfstein, der von unten nach oben wächst, wird Stalagmit genannt.
9	**d**	Heute wird Mesopotamien auch nach seinem regionalen Bezug benannt. Mesopotamien heißt auch Unterirak oder irakisches Tiefland.
10	**c**	„Kap der Guten Hoffnung“ bezeichnet die Südspitze Afrikas.
11	**d**	U. a. Aufgabe der Hydrogeografie.
12	**c**	Basalt kommt z. B. im Hessischen Bergland vor. Wegen seiner großen Härte wird er besonders als Schotter für Straßenbau und Gleisfundamente verarbeitet.
13	**a**	Die Länge des Nils beträgt 6 671 km; ausgehend vom Victoriasee fließt er zum Mittelmeer durch Uganda, den Sudan und Ägypten.
14	**d**	Der Panamakanal ist ca. 81 km lang und verkürzt den Seeweg zwischen der West- und Ostküste der USA um 8 000 Seemeilen.
15	**c**	Tschechien liegt, zu Mitteleuropa gehörend, viel zu weit westlich des Schwarzen Meeres.
16	**b**	Von diesem Heilbad und Fischereihafen liefen bis in die 60er-Jahre die Fahrgastschiffe nach Amerika aus.
17	**c**	Diese Vegetationszone kommt besonders in Nordsibirien und in Nordamerika nördlich der polaren Baumgrenze vor und ist mit Flechten, Moosen und Zwergsträuchern bedeckt.
18	**b**	Tiefdruckwetterlagen rufen häufig Wolkenbildung und trübes Wetter mit Niederschlägen hervor.
19	**b**	Regensburg liegt an der Donau. Die Isar fließt durch München.
20	**c**	Grönland umfasst 2 175 600 km^2 und gehört zu Dänemark. Neuguinea ist mit 771 900 km^2 die zweitgrößte, Borneo mit 754 770 km^2 die drittgrößte und Madagaskar mit 587 041 km^2 die viertgrößte Insel der Erde.

21	Das ist der Eiffelturm, das Wahrzeichen von Paris, der Hauptstadt von Frankreich.
22 d	Im Rahmen einer britischen Expedition erreichten der Sherpa Tensing Norgay und der Neuseeländer Edmund Hillary den Gipfel des Mount Everest zuerst, nachdem vorher viele Besteigungsversuche gescheitert waren.
23 d	Der Hunsrück wird im Süden durch die Nahe, im Westen durch die Saar und im Norden durch die Mosel begrenzt.
24 c	Der Geophysiker und Meteorologe Alfred Wegener entwickelte diese Theorie, bei der es um die Lageveränderung der Kontinente durch horizontale Verschiebungen, die Kontinentaldrift, geht.
25 b	Der Hauptanteil der Erdoberfläche (71 %) besteht aus Wassermassen.
26 a	Slowenien grenzt an Italien, Österreich, Ungarn und Kroatien.
27 a	Alle anderen Seen liegen nicht in der Schweiz.
28 c	Der Golfstrom wirkt sich mäßigend auf das Klima in Westeuropa aus. So kann es z. B. an der Nordwestküste Norwegens relativ warm werden.
29 b	Nigerias Flagge besteht aus den Längsstreifen Grün, Weiß, Grün, während sich die Flaggen der anderen Staaten aus den Farben Weiß und Rot zusammensetzen.
30 c	Washington D.C. (D.C. = District of Columbia) wurde seit 1792 nach den Plänen von P. Ch. L'Enfant angelegt.
31 c	Die Wolga entspringt ca. 300 km nördlich von Moskau, fließt mit einer Länge von ca. 3 530 km durch den europäischen Teil Russlands und mündet ins Kaspische Meer.
32 b	Portugal gehört zur Iberischen Halbinsel, Griechenland zur Balkanhalbinsel und Dänemark zu Nordeuropa.
33 c	Dies bietet sich an, da man von New Orleans aus in westlicher Richtung um die Erde fliegt, um am schnellsten Tokio zu erreichen.
34 c	Tanganjikasee. Der Titisee liegt im südlichen Schwarzwald, der Victoriasee im ostafrikanischen Hochland und der Titicacasee im Hochland Südamerikas.
35 a	Canberra wurde nach dem Entwurf von Sir W. Burley Griffin seit 1913 als geplante Regierungsstadt erbaut.
36 d	Eine Hängebrücke über den Bosporus mit dem Namen „Europabrücke" verbindet den europäischen und asiatischen Stadtteil von Istanbul. Sie wurde 1973 eingeweiht und war bis 1998 die größte Hängebrücke Europas.
37 b	Der Wilseder Berg ist mit 169 Metern die höchste Erhebung der Lüneburger Heide.
38 d	Die Tsunamis können eine Höhe von bis zu 30 Meter erreichen. Sie führen an den Küsten zu schweren Überschwemmungen. Das Wort ist japanischen Ursprungs.
39 c	Hof liegt nicht in Thüringen, sondern in Bayern.
40 c	Die Seychellen gehören zu Ostafrika und liegen im Indischen Ozean. Alle anderen Inseln liegen in der Karibik und gehören zu den Antillen.

41		In Pisa (Italien) steht dieser schiefe Turm („Der schiefe Turm von Pisa“).
42	**b**	Die Appalachen erstrecken sich vom Süden der USA bis nach Kanada. Die Sierra Madre liegt in Mexiko, die Sierra Nevada an der Westküste der USA und die Macdonnelkette befindet sich in Australien.
43	**c**	Die Fjordküsten sind in jungvereisten Gebieten verbreitet wie z. B. Norwegen, Kanada, Island, Grönland und Südneuseeland.
44	**b**	Laut Kontinentalverschiebungstheorie bestand ein Urkontinent Pangaea, bevor die Landmassen auseinandergedriftet wurden. Mit „Gondwanaland“ ist der ehemalige Großkontinent auf der Südhalbkugel gemeint. „Kambrium“ ist der Begriff für die untere Periode des Erdmittelalters und Ruapehu ist ein Vulkan auf Neuseeland.
45	**d**	Lübeck war im Mittelalter eine bedeutende Hansestadt. Bekannt ist sie auch wegen der Herstellung des berühmten Lübecker Marzipans.
46	**c**	Eine Doline ist eine charakteristische Oberflächenform in Karstgebieten. Diese rundlichen Vertiefungen entstehen durch Lösungsprozesse im Kalkgestein.
47	**b**	Die Maoris kamen aus Polynesien und wurden durch die englischen Siedler im 19. Jahrhundert stark zurückgedrängt und in ihren Rechten eingeschränkt. Die Berber sind die Ureinwohner Marokkos, die Aborigines die Ureinwohner Australiens. Die Mormonen sind eine Religionsgemeinschaft, die 1848 den Staat Desert (heute: Utah) in den USA gründeten.
48	**c**	Halle gehört zwar zu Sachsen-Anhalt, die Landeshauptstadt ist aber Magdeburg.
49	**a**	Die Transsibirische Eisenbahn wurde am Ende des 19. Jahrhunderts erbaut und ist mit 9 289 km die längste Zugstrecke der Welt.
50	**b**	Bolivien hat keinen Zugang zur Küste und ist von den Staaten Chile, Peru, Brasilien, Paraguay und Argentinien umgeben.
51	**d**	In Anlehnung an die Flagge des ältesten unabhängigen Staates in Afrika (Äthiopien) wählten viele afrikanische Staaten diesen panafrikanischen Farbdreiklang für ihre Flagge.
52	**a**	Podsol, auch als „Bleicherde“ oder „Aschenboden“ bezeichnet, ist ein Bodentyp des kühlgemäßigten, humiden Klimas. Er ist im Allgemeinen sauer, nährstoffarm und durch starke Wasserdurchlässigkeit gekennzeichnet.
53	**b**	Das Pontische Gebirge bildet den Nordrand von Anatolien, der Elburs liegt im Iran, der Kaukasus in Russland und das Dinarische Gebirge in Kroatien.
54	**c**	Die Beringstraße ist nach dem dänischen Seefahrer Vitus Jonassen Bering benannt. Die Davisstraße liegt zwischen Kanada und Grönland, die Drakestraße an der Südspitze Südamerikas und die Cabotstraße trennt Nova Scotia von Neufundland.
55	**d**	San Marino liegt inmitten von Italien, Monaco grenzt nur an Frankreich, und Albanien gehört zur Balkanhalbinsel.

56 b Wenn man sich von Mitteleuropa ausgehend (15º ö. L.) auf der Erde in westliche Richtung bewegt, sind pro Längengrad eine Stunde abzuziehen und in östlicher Richtung entsprechend eine Stunde bis zur Datumsgrenze (ca. beim 180. Längengrad) dazuzurechnen.

57 a Dubai liegt auch in den Vereinigten Arabischen Emiraten, Doha ist die Hauptstadt von Katar und Maskat die von Oman.

58 a Der Aralsee verlor in den letzten 30 Jahren ca. 60 % seines Volumens. Der ständig steigende Salzgehalt entsteht durch die verstärkte Wasserentnahme der angrenzenden Staaten Usbekistan, Tadschikistan und Kasachstan.

59 b Der Mount St. Helens liegt in den Rocky Mountains, der Mount Mitchell in den Appalachen und der Mount Cook in den Südalpen von Neuseeland.

60 d Der berühmte Rokokobau befindet sich in Dresden.

61 c Der Vatnajökull ist der größte Gletscher Europas. Island war während der Eiszeit fast vollkommen von Gletschern bedeckt.

62 a Mit 17 100 00 km^2 ist die Russische Föderation flächenmäßig der größte Staat der Erde und liegt im nordöstlichen Eurasien. Australien liegt auf Platz 6 der Weltrangliste.

63 a Sie liegt im Indischen Ozean östlich von Madagaskar.

64 b Mit 926 km^2 ist Rügen die größte deutsche Insel.

65 a Diamant hat auf der Mohs-Skala (für Härte) einen Wert von 10, wobei die nächsthärteren Granit und Titan bei einem Wert von 6 stehen.

66 In New York steht dieses Wahrzeichen der Vereinigten Staaten von Amerika (Freiheitsstatue).

67 b Der Staat Ecuador liegt an der Westküste Südamerikas und grenzt an Kolumbien und Peru.

68 c Geysire sind typische Erscheinungen jungvulkanischer Gebiete. Sie entstehen durch Erhitzung von unterirdischen Wasservorräten (Vorkommen z. B. auf Island, Neuseeland).

69 c Amphibien sind Lurche, Ammoniten Versteinerungen einer bestimmten Art von schneckenartigen Tintenfischen und Aleuten ist eine Inselgruppe zwischen dem Beringmeer und dem Pazifischen Ozean.

70 b Die Hälfte der Niederlande liegt weniger als einen Meter über dem Meeresspiegel und ein Viertel liegt darunter.

71 c Bulgarien hat eine ca 400 km lange Küste am Schwarzen Meer.

72 d Wiesbaden ist seit 70 Jahren die Hauptstadt von Hessen, nachdem die Amerikaner sie zur Landeshauptstadt erklärt haben.

73 a Der Peloponnes ist nur durch den Isthmus von Korinth mit dem griechischen Festland verbunden. Er ist überwiegend gebirgig. Geschichtsträchtige Hauptorte sind Sparta, Korinth und Olympia.

74 b Die ehemalige französische Kolonie mit dem Namen „Elfenbeinküste" ist einer der führenden Agrarstaaten Afrikas. Neben Kakao werden auch Baumwolle, Kaffee und tropische Früchte angebaut.

75	**c**	Japan hat ein sehr gut ausgebautes Eisenbahnnetz. Der Shinkansen erreicht Geschwindigkeiten bis zu 250 km/h.
76	**a**	Die neue Hauptstadt Brasilia wurde ab 1956 gebaut und löste die alte Hauptstadt Rio de Janeiro im Jahr 1960 ab.
77	**b**	Die Geodäsie ist die Wissenschaft von der Ausmessung und Abbildung der Erdoberfläche. Der Begriff leitet sich vom griechischen Wort für „teilen" ab.
78	**a**	Nach der Unabhängigkeit wurde Kiew 1991 Hauptstadt der Ukraine.
79	**c**	Der Bosporus verbindet das Schwarze Meer von dem Marmarameer und trennt Europa und Asien.
80	**a**	Die Straße von Gibraltar, die sich zwischen Spanien und Marokko befindet, verbindet das Mittelmeer mit dem Atlantik.
81	**b**	Die Krim ist eine ca. 26 Quadratkilometer große Insel im Schwarzen Meer mit ca. 2,5 Millionen Einwohnern.
82	**c**	Die Geest ist wegen des unfruchtbaren Bodens vorwiegend mit Kiefern, Heidekraut, Birken und Wacholder bedeckt.
83	**a**	Das „Kreuz des Südens" ist eine Sternformation, die Seefahrern seit 1501 als Orientierungshilfe dient.
84	**b**	Der Panamakanal verbindet Atlantik und Pazifik und erspart so Schiffen den Umweg über Südamerika, was ihn zu einem der wichtigsten Kanäle der Welt macht.
85	**a**	Beide Flughäfen sind weniger als 60 km voneinander entfernt und sind 2 von 6 Flughäfen Londons.
86	**a**	Le Havre hat den zweitgrößten Hafen Frankreichs an der Seine.
87	**d**	Mit 1,3 Mio. Menschen leben fast die Hälfte der mongolischen Bevölkerung in der Hauptstadt Ulan Bator.
88	**d**	Chile, Ecuador und Peru liegen alle am Westufer von Südamerika und damit am Pazifik.
89	**b**	Die Schneekoppe ist 1 603 m hoch und somit die höchste Erhebung des Riesengebirges.
90	**a**	Seit 1300 unter der Herrschaft von Genua, wurde die Insel 1768 an Frankreich verkauft. Es gibt Bestrebungen zur Autonomie seit den 70er-Jahren des 20. Jahrhunderts.
91	**b**	Nach der Unabhängigkeit Libyens 1963 wurde Tripolis die neue Hauptstadt.
92	**b**	Bayern ist mit einer Fläche von ca. 70 550 km^2 das größte Bundesland der Bundesrepublik Deutschland, Niedersachsen folgt an zweiter, Baden-Württemberg an dritter und Nordrhein-Westfalen an vierter Stelle.
93	**d**	Gobi: diese große Kältewüste ist die drittgrößte Wüste auf der Erde. Die Große Sandsee liegt in Nordafrika, die Namib im südlichen Afrika und die Atacama in Südamerika.
94	**c**	Da die Erde keine genaue Kugelform hat, variiert der Erdradius (6 371 km bis 6 378 km).
95	**c**	Seit 1865 ist Wellington mit 191 000 Einwohnern die Hauptstadt von Neuseeland.

96	Das ist das Kolosseum in Rom, der Hauptstadt von Italien.
97 d	In Japan gilt es als unhöflich, Fremde anzulächeln.
98 d	Polnisch gehört nicht zur Familie der romanischen Sprachen, sondern der slawischen Sprachen.
99 c	Theodor Fontane machte durch seine Romane und seine „Wanderungen durch die Mark Brandenburg“ (1862–1882) geradezu einen Mythos aus dieser Landschaft.
100 d	Alle Definitionen sind gebräuchlich, wobei der Kulturbegriff jeweils unterschiedliche Bedeutungsspektren transportiert.
101 c	Eine der fünf Säulen des Islam ist das sogenannte Pflicht-Almosen. Es ist die Pflicht eines jeden finanziell stabilen Muslim, denjenigen Almosen zu geben, die bedürftig sind.
102 a	Als Muezzin werden die Ausrufer bezeichnet, die islamische Gläubige zum Gebet rufen.
103 d	Es bedeutet: „alles okay“ (Europa, Nordamerika), „eine starke sexuelle Beleidigung" (Griechenland, Türkei), „etwas ist bedeutungslos“ (Belgien, Frankreich, Tunesien) und außerdem „Wovon sprichst du?“ (Italien) und in Japan „Geld“.
104 c	Da die Fußsohlen dreckig sind, sollen sie nicht gezeigt werden.
105 d	Körperkontakt zwischen nicht Verwandten ist in China eher verpönt und wenn Sie durch Kopfnicken begrüßt werden, nicken Sie ebenso wie Ihr Gegenüber. Deutlich mehr (tiefer) wäre ebenso ungeschickt wie deutlich weniger.
106 b	Als Ramadan wird der islamische Fastenmonat bezeichnet, in dem die Gläubigen von Sonnenauf- bis Sonnenuntergang nicht essen und trinken dürfen.
107 c	Mit Stereotypen sind Verallgemeinerungen und Kategorisierungen gemeint, die zumeist ohne Beweis behauptet werden.
108 a	Die Segregation ist die Entmischung von Kulturen. Dies kann z. B. in sozial schwachen Vierteln passieren, wenn es zu einem starken Zuzug einer bestimmten Ethnie kommt.
109 d	Beim Rassismus werden die Unterschiede zwischen den Kulturen besonders betont und hervorgehoben.
110 d	Rituale sind feste Bestandteile des menschlichen Umgangs miteinander, die oftmals aus einer Tradition heraus gelebt und an nachfolgende Generationen weitergereicht werden.
111 a	Ethnien sind Menschengruppen, die eine einheitliche Kultur aufweisen.
112 c	Der hochgereckte Daumen ist für viele im Nahen Osten, Russland oder in Teilen von Afrika eine Beleidigung.

5 Gesellschaft und Staat

1 **Von wem wird der Bundespräsident der Bundesrepublik Deutschland gewählt?**

a vom Bundestag
b vom Bundesrat
c von der Bundesversammlung
d direkt vom Volk

2 **Wofür wurde das Schengener Abkommen geschlossen?**

a ethische Kontrollinstanz bei Genversuchen
b Einführung des Euro
c Abbau der Grenzkontrollen innerhalb der EU
d Koordinierung der Funkfrequenzen im Flugverkehr

3 **Die Staatsform der Bundesrepublik Deutschland nennt man …**

a bundesstaatliche Präsidialdemokratie
b Volksdemokratie
c föderale Präsidialrepublik
d Republik

4 **Wer ist das?**

Angela Merkel

5 **Von wem werden in Deutschland Gesetze verabschiedet?**

a vom Bundespräsidenten
b vom Bundestag
c vom Bundesrat
d vom Bundeskanzler

6 **Welches Land ist noch nicht Vollmitglied der EU?**

a Österreich
b Schweiz
c Italien
d Beneluxstaaten

7 **Wie war die Abkürzung der Vorläuferorganisation der EU?**

a ETA
b EFTA
c EG
d COMECON

8 **Wie lautet die Bezeichnung für das Parlament der USA?**

a Senat
b Kongress
c Oberhaus
d Duma

9 **Wie lange dauert im Normalfall eine Wahlperiode im Deutschen Bundestag?**

a 3 Jahre
b 4 Jahre
c 5 Jahre
d 7 Jahre

10 **Welches Gericht übt keine Strafjustiz aus?**

a Landgericht
b Amtsgericht
c Oberlandesgericht
d Bundesverfassungsgericht

11 **Welcher Staat ist nicht NATO-Mitglied?**

a Schweiz
b Luxemburg
c Türkei
d Portugal

12 **Wer wählt den amerikanischen Präsidenten?**

a das amerikanische Volk direkt
b das Wahlmännergremium
c die Kongressabgeordneten
d die Senatoren

13 **Wer diskutiert und verabschiedet den Haushalt in der BRD?**

a der Bundestag
b das Finanzministerium
c der Bundesrat
d das Bundeskabinett

14 **Wer ist das?**

Frank Walter Steinmeier

15 **Wann trat das Grundgesetz der Bundesrepublik Deutschland in Kraft?**

a Mai 1949
b Mai 1945
c Mai 1948
d Mai 1955

16 **Was ist ein konstruktives Misstrauensvotum?**

a Abwahl des Bundespräsidenten durch Zweidrittelmehrheit der Bundesversammlung
b Abbruch der diplomatischen Beziehungen zu einem Staat
c Abwahl des Bundeskanzlers bei gleichzeitiger Neuwahl seines Nachfolgers durch den Bundestag
d Verweigerung der Zustimmung zu einer Gesetzesvorlage durch ein Regierungsmitglied

17 **Was ist die ILO?**

a ein internationaler Ölkonzern
b ein Militärbündnis
c eine Wirtschaftsorganisation
d eine internationale Arbeitsorganisation

18 **Wo ist der Sitz des Bundesverfassungsgerichts?**

a in Bonn
b in Karlsruhe
c in Heidelberg
d in Berlin

19 **Welches Ministerium ist in Deutschland nicht auf Bundesebene vertreten?**

a Wirtschaft
b Verkehr
c Kultur
d Verteidigung

20 **Wer eröffnet die erste Bundestagssitzung einer Legislaturperiode?**

a Bundespräsident
b Fraktionsvorsitzender der größten Partei
c das Los entscheidet
d Alterspräsident

21 **Wie lautet der Name des Parlaments Israels?**

a Talmut
b Sanhedrin
c Medinat
d Knesset

22 **Wie viele Bundesländer hat die Bundesrepublik Deutschland?**

a 10
b 12
c 16
d 18

23 **Wie bezeichnet man den Zusammenschluss von Abgeordneten einer im Parlament vertretenen Partei?**

a Koalition
b Fraktion
c Opposition
d Kabinett

24 **Wofür steht die Abkürzung „KSZE“?**

a Kommunistisch-Sozialistisches Zentralorgan/Einheitspresse
b Kinderschutzzentrum in Europa
c Konferenz für Sicherheit und Zusammenarbeit in Europa
d Kommission zur Sicherstellung von Zielen der Ethik

25 **Bei welchem Amt wird ein neugeborenes Kind angemeldet?**

a Standesamt
b Ordnungsamt
c Einwohnermeldeamt
d Regierungspräsidium

26 **In welchem Jahr wurde der Euro eingeführt?**

a 1989
b 2000
c 2002
d keiner der Lösungsvorschläge ist richtig

27 Was sind die Taliban?

a Meeresfreibeuter oder Piraten um Kap Hoorn
b Einwohner des Schat
c politische Flüchtlinge aus Syrien
d radikal-fundamentalistische Rebellen, die Afghanistan beherrschen

28 Wie heißt das höchste Organ der Rechtsprechung in Deutschland?

a Bundesverwaltungsgericht
b Bundesgerichtshof
c Bundesverfassungsgericht
d Generalstaatsanwaltschaft

29 Was versteht man unter „Gewaltenteilung"?

a Trennung der Funktionen von Gesetzgebung, Rechtsprechung und Verwaltung in einem Staat
b Einteilung einer Armee in verschiedene Waffengattungen
c einen Begriff aus dem Eherecht
d die Prozedur bei Tarifverhandlungen

30 Was versteht man unter einem „Hammelsprung"?

a Aufkündigung einer Koalition
b Übergabe der Entlassungsurkunde für einen Minister durch den Bundespräsidenten
c parlamentarisches Abstimmungsverfahren mithilfe von drei gekennzeichneten Türen („Ja"/„Nein"/„Enthaltung")
d Unterbrechung einer Bundestagsrede durch Zwischenruf

31 Welches Merkmal ist mit einer demokratischen Grundordnung unvereinbar?

a Teilung der Staatsgewalt
b unabhängige Gerichtsbarkeit
c Recht auf Notwehr
d Pressezensur

32 **Wer wählt den Bundestagspräsidenten?**

a Bundesrat
b Bundesversammlung
c Bundestag
d Bundesverfassungsgericht

33 **Welcher deutsche Bundeskanzler erhielt den Friedensnobelpreis?**

a Konrad Adenauer
b Helmut Schmidt
c Kurt-Georg Kiesinger
d Willy Brandt

34 **Wo befindet sich der Sitz des Europarats?**

a Brüssel
b Straßburg
c Luxemburg
d Amsterdam

35 **In welchem Jahr wurde die Bundeswehr aufgestellt?**

a 1949
b 1950
c 1955
d 1960

36 **Wie bezeichnet man das Bündnis mehrerer Parteien zur Regierungsbildung?**

a Koalition
b Fraktion
c Lobby
d Sektion

37 **Dresden ist die Landeshauptstadt von …**

a Sachsen
b Thüringen
c Sachsen-Anhalt
d Niedersachsen

38 **Was verbinden Sie mit dem „Schloss Bellevue“ in Berlin?**

a den Amtssitz des Bundeskanzlers
b den Amtssitz des Bundesratspräsidenten
c den Amtssitz des Bundestagspräsidenten
d den Amtssitz des Bundespräsidenten

39 **Wer ist das?**

Donald Trump

40 **Wie nennt man aggressiv übersteigertes nationales Denken?**

a Patriotismus
b Chauvinismus
c Populismus
d Fundamentalismus

41 **Wer war die erste Ministerpräsidentin eines deutschen Bundeslandes?**

a Heide Simonis
b Rita Süssmuth
c Ursula von der Leyen
d Andrea Nahles

42 **Was bedeutet „Föderalismus“?**

a zentrale Regierungsgewalt
b staatliche Eingriffe in einzelne Wirtschaftssektoren
c Zusammenfassung einzelner Staaten zu einem Bundesstaat
d Wirtschaftsbündnis souveräner Staaten

43 **Was versteht man unter dem „passiven Wahlrecht"?**

a die Möglichkeit der Briefwahl
b die Möglichkeit, selbst gewählt zu werden
c die Möglichkeit, im Ausland wählen zu können
d die Wahlausübung durch einen Vormund

44 **Wie heißt die Verpflichtung zur einheitlichen Stimmabgabe innerhalb einer Fraktion?**

a Politkonsens
b Fraktionsprotektionismus
c Parteisolidarität
d Fraktionszwang

45 **Wo liegt das Hauptbetätigungsfeld eines Kommunalpolitikers?**

a in seiner Gemeinde, Stadt oder seinem Kreis
b in seinem Bundesland
c in seinem Regierungsbezirk
d bundesweit

46 **Die Grundrechte der Verfassung Deutschlands sind …**

a mittelbar geltend
b unverbindlich geltend
c sozial geltend
d unmittelbar geltend

47 **Wer hat in den USA die höchste Gerichtsbarkeit inne?**

a der Präsident
b der Kongress
c der Supreme Court
d das Pentagon

48 **Was bedeutet „Jurisdiktion"?**

a Kulturhoheit an Universitäten
b Gesetzgebung
c Verwaltung
d Rechtsprechung

49 **Wie nennt man die drei Kategorien von Bedingungen für die EU-Mitgliedschaft?**

a Genfer Konventionen
b Mailänder Vereinbarung
c Kopenhagener Kriterien
d Brüsseler Edikt

50 **Wer war Kandidat der demokratischen Partei bei der Wahl zum US-Präsidenten im Jahr 2016?**

a Hillary Clinton
b Bernie Sanders
c Barack Obama
d Ted Cruz

51 **Welches Bundesministerium wurde Ende 1997 ersatzlos aufgelöst?**

a Auswärtiges Amt
b Bundesministerium für Gesundheit
c Bundesministerium für Post und Telekommunikation
d Bundesministerium für Verkehr

52 **Was versteht man unter einer „politischen Lobby"?**

a Interessengruppe zur Beeinflussung von Abgeordneten
b ein parteipolitisches Organ
c das höchste Gremium einer Partei
d die turnusmäßige Zusammenkunft der Fraktionsvorsitzenden

53 **Was versteht man unter einer Parlaments-„Sperrklausel" bei Wahlen?**

a Nichtwählbarkeit von vorbestraften Kandidaten
b Mindestprozentzahl von Wahlstimmen, um ins Parlament zu gelangen
c Mindestanteil von Frauen in Wählerlisten von Parteien
d Mindestanteil von Wirtschaftsfachleuten im Parlament

54 **Wo befindet sich der Sitz der Deutschen Bundesbank?**

a Stuttgart
b Dresden
c Frankfurt am Main
d Düsseldorf

55 **Was versteht man unter „Populismus“?**

a hohe Beliebtheit
b opportunistisch-vereinfachender Politikstil
c durch Volksbegehren erzwungene Politik
d Basisdemokratie

56 **Was ist die WHO?**

a Welthandelsorganisation
b Weltgesundheitsorganisation
c Organisation zum Schutz der Wale
d internationale Wohnungsbauorganisation

57 **Wofür dient bei der Bundestagswahl die Zweitstimme?**

a Wahl der Landesliste einer Partei
b Wahlvollmacht für Ehemann/-frau
c Wahl des Kandidaten aus dem Wahlkreis
d Koalitionsvorschlag zur Erststimme

58 **Wofür steht die Bezeichnung „House of Lords“?**

a gesamtbritisches Parlament
b englisches Oberhaus
c Sitz des Premierministers
d gemeinsames Gremium von Krone und Regierung

59 **Wann erlangt man in Deutschland das aktive Wahlrecht?**

a vom vollendeten 18. Lebensjahr an
b vom vollendeten 21. Lebensjahr an
c vom vollendeten 16. Lebensjahr an
d automatisch ab der Geburt

60 **Was ist die Immunität eines Abgeordneten?**

a hohe Widerstandskraft gegen Denunzierungsversuche
b Weisungsunabhängigkeit
c verfassungsrechtlich garantierte Einschränkung der Strafverfolgung
d Nichtteilnahme an einer Vertrauensabstimmung im Parlament aufgrund von Parteiloyalität

61 **Wie lautet die Inschrift über dem Portal des Reichstagsgebäudes in Berlin?**

a „Die Diener des Volkes“
b „Einigkeit und Recht und Freiheit“
c „Dem Deutschen Volke“
d „Auferstanden aus Ruinen“

62 **Die Gegenzeichnung des ... ist für das Inkrafttreten eines Gesetzes unbedingt erforderlich.**

a Fachministers
b Vorsitzenden des Bundesverfassungsgerichtes
c Bundeskanzlers
d Bundespräsidenten

63 **Das Bundeskartellamt arbeitet speziell auf der Grundlage ...**

a des Gesetzes zum Datenschutz
b des Betriebsverfassungsgesetzes
c des Verbraucherschutzgesetzes
d des Gesetzes gegen Wettbewerbsbeschränkungen

64 **Welches Bundesorgan setzt sich ausschließlich aus Vertretern der Länderregierungen zusammen?**

a der Bundestag
b die Bundesversammlung
c der Bundesrat
d die Bundesregierung

65 **Was ist das Pentagon?**

a UN-Gremium zur Erteilung von Militäreinsätzen
b die amerikanische Regierung
c NATO-Oberbefehl
d US-Verteidigungsministerium

66 **Wo befindet sich der Sitz des Internationalen Gerichtshofes?**

a Den Haag
b New York
c Wien
d Rom

67 **Welches Recht gilt als Grundrecht?**

a Recht auf Arbeit
b Recht auf Wohnung
c Bürger- und Menschenrechte
d Recht auf Ehe

68 **Die oberste Befehlsgewalt über die Polizei hat …**

a der Innenminister des jeweiligen Bundeslandes
b der Bundeskanzler
c der Verteidigungsminister
d der Bundesratspräsident

69 **Was sind die Aufgaben des Bundesrates?**

a Verabschiedung des Haushalts
b Wahl der Bundesminister
c Vertretungsgremium Deutschlands bei der UNO
d Mitwirkung der Länder bei Gesetzgebung und Verwaltung des Bundes

70 **Unser/e Bundeskanzler/-in wird gewählt durch …**

a das Volk
b die Bundestagsabgeordneten
c die Bundesminister
d die Bundesversammlung

71 **Die Verbindung mehrerer Gesetzesvorlagen im Parlament, die einander bedingen, nennt man …**

a Fusion
b Junktim
c Courtage
d Consensus

72 **Was versteht man unter „Imperialismus“?**

a Globalisierung der Weltwirtschaft unter der Führung von einzelnen internationalen Konzernen
b Militäraktion eines Staates gegen einen zweiten
c Bestrebung eines Staates, seinen Machtbereich ökonomisch und politisch auszudehnen, ohne dabei auf die Belange anderer Staaten Rücksicht zu nehmen
d Einschränkung der Grundrechte in einem Staat

73 **Wem gegenüber ist in Deutschland laut Gesetz ein Abgeordneter verantwortlich?**

a seiner Partei
b dem Regierungschef
c dem Bundespräsidenten
d seinem Gewissen

74 **Welches Land ist nicht in der Europäischen Union?**

a Dänemark
b Lettland
c Finnland
d Norwegen

75 **Um das Grundgesetz der BRD zu ändern braucht es eine besondere Mehrheit in Bundestag und Bundesrat. Dabei geht es um eine …**

a absolute Mehrheit
b volle Mehrheit
c Zwei-Drittel-Mehrheit
d Drei-Viertel-Mehrheit

76 **Wie hieß das Parlament der DDR?**

a Bundeskammer
b Volksparlament
c Volkskammer
d Deutsches Demokratisches Parlament

77 **Wofür steht die Bezeichnung „GUS"?**

a generelle Unabhängigkeit sozialistischer Staaten
b Gründer unabhängiger Staatsbetriebe
c gemeinsame Unternehmensstrategie
d Gemeinschaft unabhängiger Staaten

78 **Was versteht man unter einem „Referendum"?**

a einen Volksentscheid
b eine Direktwahl
c eine Berichterstattung
d eine Umgestaltung

79 **Wohin fließt die Lohnsteuer?**

a an den Bund
b an die Länder
c an die Gemeinden
d keiner der Lösungsvorschläge ist richtig

80 **Was ist das oberste Bundesorgan in der BRD?**

a der Bundespräsident
b der Bundestag
c die Bundesregierung
d der Bundesverfassungsschutz

81 **Wo leben in Deutschland die Sorben?**

a im Norden an der dänischen Grenze
b in Ostdeutschland an der Ober- und Niederlausitz
c in Süddeutschland an der Grenze zum Elsass
d In Deutschland leben keine Sorben.

82 Was versteht man unter „Totalitarismus“?

a eine Regierungsform, bei der alle Macht vom Volk ausgeht
b eine Regierungsform, bei der allein ein Monarch entscheidet
c eine Regierungsform, in der alle Bereiche des öffentlichen und privaten Lebens durch das Diktat einer Partei- bzw. einer Staatsführung bestimmt werden
d eine Regierungsform, bei der sowohl ein Monarch als auch ein frei gewähltes Parlament die Geschicke eines Landes lenken

83 Welche bundesdeutsche Institution ist vergleichbar mit dem FBI in den USA?

a der Verfassungsschutz
b der Bundesnachrichtendienst
c das Bundeskriminalamt
d die Ausländermeldebehörde

84 Wo befindet sich der Hauptsitz der UNO?

a New York
b Genf
c Wien
d Washington

85 Nach welchem Wahlsystem werden die Bundestagsabgeordneten gewählt?

a nach dem Mehrheitswahlrecht
b nach dem Verhältniswahlrecht
c nach dem Gleichheitswahlrecht
d nach dem Proporzwahlrecht

86 Welches Recht regelt Rechte und Pflichten von Staaten untereinander?

a das Völkerrecht
b das Staatsrecht
c das internationale Recht
d keiner der Lösungsvorschläge ist richtig

87 **In welchem der beiden Parlamente Englands ist der Adel vertreten?**

a in beiden
b in keinem
c im Unterhaus
d im Oberhaus

88 **Was versteht man im Ursprung unter einer „persona non grata"?**

a eine wenig anerkannte und beliebte Person
b einen Diplomaten, der im Gastland unerwünscht ist
c einen Diplomaten, der kriminell wurde
d einen Diplomaten, dem der Auftrag im Gastland entzogen wurde

89 **Als Likud wird bezeichnet …**

a ein Parteienzusammenschluss
b ein Parteiausschlussverfahren
c eine Parteiengründungsinitiative
d keiner der Lösungsvorschläge ist richtig

90 **Die Landeshauptstadt von Mecklenburg-Vorpommern ist …**

a Schwedt
b Rostock
c Schwerin
d Kiel

91 **Welches dieser Länder ist nicht in der Europäischen Union?**

a Malta
b Zypern
c Bulgarien
d Serbien

92 **Wann wurde die Berliner Mauer gebaut?**

a 1950
b 1960
c 1970
d keiner der Lösungsvorschläge ist richtig

93 **Wer ist das?**

Prinz William ....

Lösungen und Erläuterungen

1	**c**	Die Bundesversammlung besteht aus den Mitgliedern des Bundestags und einer gleichen Zahl von Mitgliedern, die nach den Grundsätzen der Verhältniswahl von den Landtagen gewählt werden.
2	**c**	Außerdem wurde das Schengener Abkommen für eine gemeinsame Sicherheits- und Asylpolitik der EU geschlossen.
3	**d**	Dabei sind die Bundesländer Staaten mit eigener Staatsgewalt und eigenem Territorium.
4		Angela Merkel, Bundeskanzlerin der Bundesrepublik Deutschland seit 2005
5	**b**	Artikel 71/73 des Grundgesetzes regelt die Gesetzgebungskompetenz des Bundes.
6	**b**	Die Schweiz ist nicht EU-Mitgliedsland.
7	**c**	Die Abkürzung steht für „Europäische Gemeinschaft“.
8	**b**	Der Kongress besteht aus Senat und Repräsentantenhaus.
9	**b**	Der Bundestag wird für vier Jahre gewählt.
10	**d**	Das Bundesverfassungsgericht, weil es die Vereinbarkeit von Gesetzen mit dem Grundgesetz prüft.
11	**a**	Da die Schweiz als neutrales Land keinem Verteidigungsbündnis angehört.

12 b In indirekter Wahl bestimmen die Wähler direkt die Wahlmänner, die ihrerseits den Präsidenten wählen.

13 a Der Bundestag beschließt laut Grundgesetz den Bundeshaushalt (mit Zustimmung des Bundesrates).

14 Frank-Walter Steinmeier, Bundespräsident der Bundesrepublik Deutschland seit 2017

15 a Das Grundgesetz sollte helfen, in den Westzonen Deutschlands einen demokratischen Rechtsstaat zu errichten.

16 c Beim konstruktiven Misstrauensvotum reicht die absolute Mehrheit des Bundestages.

17 d „International Labour Organisation"

18 b Karlsruhe, laut Bundesverfassungsgerichtsgesetz vom 12. 03. 1951

19 c Weil die Kulturhoheit bei den einzelnen Bundesländern liegt. Das Ressort des Kulturstaatsministers mit übergeordneten kulturellen Aufgaben ist dem Bundeskanzleramt zugeordnet.

20 d 1994 eröffnete der Schriftsteller Stefan Heym von der PDS die erste Bundestagssitzung.

21 d Auf Neuhebräisch bedeutet „Knesset" Versammlung.

22 c Nach der Wiedervereinigung kamen zu den 10 ursprünglichen sogenannten alten Bundesländern 5 sogenannte neue der ehemaligen DDR hinzu, sowie Berlin, das während der Teilung immer einen Sonderstatus hatte.

23 b Das Wort Fraktion leitet sich aus dem frz. „fraction" = „Bruchteil" ab und bezeichnet in den modernen Parlamenten fest organisierte Verbindungen von Abgeordneten der gleichen Partei (Ursprung: das lat. „frangere" = „brechen").

24 c Die KSZE (gegründet am 01. 08. 1975 in Helsinki) hatte großen Anteil an der Öffnung des „Eisernen Vorhangs" (aus der KSZE hervorgegangen ist mit Wirkung zum 01. 01. 1995 die OSZE = Organization for Security and Cooperation in Europe).

25 a Das Standesamt ist die Behörde zur Beurkundung von Geburten, Eheschließungen und Todesfällen.

26 c 2002 wurde der Euro als Währung in Deutschland eingeführt.

27 d Die Taliban sind radikalislamische Rebellen, die seit 1996 große Teile Afghanistans beherrschen.

28 c Das Bundesverfassungsgericht ist ein eigenständiges Verfassungsorgan, das die Vereinbarkeit von Gesetzen mit der Verfassung prüft.

29 a Grund ist die bessere Balance und gegenseitige Kontrolle der einzelnen Staatsgewalten.

30 c Der „Hammelsprung" wird praktiziert im Falle einer Uneinigkeit des Bundestagspräsidiums über das Abstimmungsergebnis.

31 d Die Freiheit der Presse ist im Artikel 5 des Grundgesetzes als Grundrecht festgelegt.

32 c Der Bundestagspräsident wird von den Mitgliedern des Bundestages gewählt.

33 d Für seine Entspannungspolitik mit Osteuropa erhielt Willy Brandt 1971 den Friedensnobelpreis.

34 b Ziel des Europarats ist die Förderung des wirtschaftlichen und sozialen Fortschritts seiner Mitgliedsländer.

35 c Am 12. November 1955 erhalten die ersten freiwilligen Soldaten ihre Ernennungsurkunden.

36 a Die kleine Koalition aus SPD und FDP von 1969–1982 beispielsweise wurde auch als „Sozialliberale Koalition" bezeichnet; viele Jahre hatten wir eine GroKo, eine große Koalition von CDU und SPD.

37 a Als Sitz der Sächsischen Staatsregierung ist die Stadt politisches Zentrum des Landes. Dresden hat etwa 550 000 Einwohner.

38 d Das Schloss Bellevue im Berliner Bezirk Tiergarten ist der Amtssitz des Bundespräsidenten.

39 Donald Trump, US-Präsident seit 2017

40 b Unter „Chauvinismus" wird ein übersteigerter, blinder Nationalismus verstanden, der bis zur Missachtung der Rechte souveräner Staaten geht.

41 a Heide Simonis (SPD) war erste Ministerpräsidentin eines Bundeslandes (Schleswig-Holstein 1993–2005).

42 c Den Einzelstaaten wird dabei ihre Selbstständigkeit weithin garantiert.

43 b Laut Artikel 38 Abs. 2 Grundgesetz (betreffend Wahlen zum Bundestag) gilt das passive wie das aktive Wahlrecht ab Vollendung des 18. Lebensjahres.

44 d Der Fraktionszwang wird begrenzt durch den Grundsatz des freien, unabhängigen Mandats (Artikel 38 Abs. 1 Grundgesetz).

45 a Der Kommunalpolitiker vertritt die Selbstverwaltung seiner Gemeinde, seiner Stadt oder seines Kreises.

46 d Grundrechte sind unantastbare und unveräußerliche Rechte, die jedem Staatsbürger zustehen.

47 c Der Supreme Court wacht über die Einhaltung von Text und Geist der Verfassung.

48 d Der Begriff „Jurisdiktion" ist abgeleitet vom lateinischen „iurisdictio" = „Gerichtsbarkeit".

49 c Voraussetzungen, die Länder erfüllen müssen, um Mitglied in der EU zu werden. Die Kopenhagener Kriterien fordern eine stabile demokratische und rechtsstaatliche Ordnung, Wahrung der Menschenrechte und Minderheitenschutz, funktionierende und wettbewerbsfähige Marktwirtschaft, Übernahme des gesamten EU-Rechts.

50 a Hillary Clinton war die Kandidatin der Demokraten. Bernie Sanders unterlag ihr als Kandidat für die Demokraten. Barack Obama ist der ehemalige US-Präsident. Ted Cruz unterlag Donald Trump als Kandidat für die Republikaner.

51 c Der Bund gewährleistet weiterhin lediglich eine flächendeckend ausreichende Versorgung mit Dienstleistungen.

52 a Ursprünglich bezeichnet der Begriff „Lobby“ die Wandelhalle des Parlaments (im britischen Unterhaus), im heutigen Sprachgebrauch davon abgeleitet dann auch Personen, sogenannte Lobbyisten.

53 b Dies soll eine Zersplitterung des Parlaments erschweren.

54 c Frankfurt ist der bedeutendste Börsen- und Handelsplatz Deutschlands.

55 b Vereinfachende Darstellung von politischen Themen zur Beeinflussung der Wählermeinung.

56 b Die Abkürzung für „World Health Organisation“, eine Unterorganisation der UNO mit Sitz in Genf.

57 a Mit der Erststimme wird der Direktkandidat einer Partei in seinem Wahlkreis gewählt.

58 b Das „House of Lords“ (Oberhaus) geht in Großbritannien im Gegensatz zum Unterhaus („House of Commons“) nicht aus allgemeinen Wahlen hervor.

59 a Seit dem 1. Januar 1975 gilt man mit vollendetem 18. Lebensjahr als volljährig.

60 c Immunität genießt neben den Abgeordneten auch der Bundespräsident.

61 c Das Reichstagsgebäude in Berlin wurde 1884–1894 erbaut, heute ist es Sitz des Deutschen Bundestages. Die Aufschrift wurde erst 1916 angebracht.

62 d Das Gesetz wird nach Gegenzeichnung durch den Bundespräsidenten im Bundesgesetzblatt veröffentlicht und tritt zu dem Zeitpunkt in Kraft, den das beschlossene Gesetz oder Artikel 82 Grundgesetz nennt.

63 d Das Bundeskartellamt ist eine selbstständig arbeitende Bundesoberbehörde. Sie ist dem Bundesministerium für Wirtschaft und Energie zugeordnet.

64 c Im Bundesrat wirken die Länder bei der Bundesgesetzgebung und Verwaltung des Bundes mit.

65 d Das Pentagon (griech. „Fünfeck“), der Gebäudekomplex des amerikanischen Verteidigungsministeriums, wurde 1941 bis 1943 auf einem fünfeckigen Grundriss in Arlington (Virginia) errichtet.

66 a Der Internationale Gerichtshof ist mit 15 auf jeweils 9 Jahre gewählten Richtern mit 15 verschiedenen Staatsangehörigkeiten besetzt.

67 c Die Bürger- und Menschenrechte behandeln die Artikel 1–19 des Grundgesetzes.

68 a Da in Deutschland die Polizeihoheit der Länder herrscht.

69 d Der Bundesrat setzt sich zusammen aus Regierungsvertretern der Bundesländer.

70 b Der/die Bundeskanzler/-in wird von den Abgeordneten der im Bundestag vertretenen Parteien auf Vorschlag des Bundespräsidenten ohne vorherige Aussprache gewählt.

71 b Kommt vom lateinischen Verb „iungere“ (= verknüpfen).

72 c Vor allem auch mit dem Ziel der Rohstoffausbeutung sowie der Schaffung neuer Absatzmärkte.

73 d Weil er frei und unabhängig ist, also an keine Weisung gebunden.

74 d Norwegen ist nicht EU-Mitgliedsland.

75 c Eine Zwei-Drittel-Mehrheit soll die beliebige Änderung des wichtigsten Gesetzes schützen.

76 c Die Volkskammer war das Parlament der DDR. Sie war lediglich ein Ausführungsorgan für die von der SED vorgeschriebene Politik. Mit dem Beitritt der DDR zur Bundesrepublik Deutschland wurde die Volkskammer aufgelöst.

77 d Europäisch-asiatischer Staatenbund von Teilrepubliken der ehemaligen Sowjetunion.

78 a Die unmittelbare Mitwirkung des Volkes an der Gesetzgebung oder sonstigen staatlichen Entscheidungen.

79 d Lohn- und Einkommenssteuer sind Gemeinschaftssteuern, die auf Bund, Länder und Gemeinden aufgeteilt werden.

80 c Artikel 62 Grundgesetz besagt, die Bundesregierung ist das zur allgemeinen Leitung des Bundes berufene Bundesorgan.

81 b Die westslawische Volksgruppe der Sorben genoss als nationale Minderheit auch in der DDR Kulturautonomie.

82 c Ziel totalitärer Herrschaft ist es, ein umfassendes, neues Wertesystem durchzusetzen und einen neuen Menschentypus nach den eigenen Vorstellungen zu schaffen.

83 c Das Bundeskriminalamt (Hauptsitz in Wiesbaden) kommt dem FBI in einem Vergleich am nächsten.

84 a Aufgabe der UNO ist die Sicherung des Weltfriedens sowie die Förderung der internationalen Zusammenarbeit.

85 b Das Verhältniswahlrecht wird als die größtmögliche Annäherung an den Zustand der „Wahlgerechtigkeit“ bezeichnet.

86 a Das Völkerrecht basiert auf der Anerkennung der souveränen Gleichheit der Staaten.

87 d Die Bezeichnung „House of Lords“ erklärt das unmissverständlich. Es besteht aus Erblords, auf Lebenszeit ernannten Mitgliedern, Bischöfen sowie Lordrichtern.

88 b Aus dem Lateinischen; im Gegensatz zur „persona grata“ ein im Empfangsstaat unerwünschter diplomatischer Vertreter.

89 a Hebräisch für „Zusammenschluss“. Der Likud ist das größte konservative Parteienbündnis in Israel.

90 c Obwohl Rostock größer ist, ist die Landeshauptstadt und Regierungssitz Schwerin mit 1,6 Mio. Einwohnern.

91 d Serbien ist derzeitig Beitrittskandidat. Aktuell gibt es neben Serbien vier weitere Beitrittskandidaten: Türkei, Mazedonien, Montenegro und Albanien.

92 d Am 13. August 1961 gab Walter Ulbricht, der DDR-Staatsratsvorsitzende, den Befehl zum Bau der Mauer, die der Abriegelung der Sektorengrenze in Berlin diente.

93 Prinz William (Prinz von Großbritannien und Nordirland)

6 Wirtschaft und Recht

1 **Wie nennt man die Kennziffer für die Entwicklung des Kursdurchschnittes der Aktiengesellschaften?**

a Aktiva
b Skala
c Aktienindex
d Currenta

2 **Was versteht man unter dem Begriff „Hausse"?**

a Steigen der Börsenkurse wegen starker Nachfrage
b starker Kurseinbruch in Asien
c Staatsbankrott wegen Zahlungsunfähigkeit
d hausgemachte Inflation

3 **Wie lautet der Name für das Wirtschaftssystem der BRD?**

a demokratische Volkswirtschaft
b verbrauchsorientierte Staatswirtschaft
c kontrollierter Wirtschaftsliberalismus
d soziale Marktwirtschaft

4 **Was ist ein Pfandbrief?**

a eine festverzinsliche Schuldverschreibung
b Abtretungserklärung von Wertpapieren
c Bankhypothek
d Überlassungsurkunde eines Pfandleihhauses

5 **Was versteht man unter dem „Bruttoinlandsprodukt"?**

a Ausdruck aus der Wirtschaftspsychologie
b Messgröße für das Steueraufkommen
c Etat des Ministeriums für Arbeit
d Messgröße für die Gesamtleistung einer Volkswirtschaft

6 **Wofür steht die Bezeichnung „IWF“?**

a Interessenverband für weltweiten Freihandel
b Industrial Wealth Foundation
c Internationaler Währungsfonds
d Internationale Wirtschaftsföderation

7 **Was ist das Gemeinsame von Mineralöl-, Branntwein- und Versicherungssteuer?**

a Ökoabgaben
b Vergnügungssteuern
c Konsolidierungsabgaben
d reine Bundessteuern

8 **Am teuersten ist …**

a Silber
b Gold
c Platin
d Titan

9 **Kennzeichen für eine Deflation sind …**

a fallende Preise
b steigende Preise
c stabil bleibende Preise
d keiner der Lösungsvorschläge ist richtig

10 **Was sind Subventionen?**

a Schutzzölle
b indirekte Steuern
c staatliche Zuschüsse
d Unternehmenssteuern

11 **Der hauptverantwortliche Leiter/Kopf einer GmbH ist immer …**

a der Vorstandssprecher
b der Aufsichtsratsvorsitzende
c der Geschäftsführer
d der Prokurist

12 **Die umsatzstärkste Börse in Deutschland befindet sich in …**

a Frankfurt am Main
b Berlin
c München
d Düsseldorf

13 **Was ist die OPEC?**

a Organisation Erdöl exportierender Länder
b Gremium zur Festsetzung der Wechselkurse innerhalb des EWS
c Organisation für wirtschaftliche Zusammenarbeit
d lateinamerikanisches Wirtschaftsbündnis

14 **Was versteht man unter „Investition"?**

a staatlichen Eingriff in Wirtschaftsvorgänge
b einen zinsgünstigen Kredit
c starke Geldentwertung
d Überführung von Finanzkapital in Sachkapital

15 **Zur Gründung einer GmbH bedarf es mindestens …**

a eines Gesellschafters und 25 000 Euro Kapital
b eines Gesellschafters und 50 000 Euro Kapital
c zweier Gesellschafter und 50 000 Euro Kapital
d dreier Gesellschafter und 100 000 Euro Kapital

16 **Wofür steht die Bezeichnung „Xetra"?**

a Bonuszuschlag auf die Dividende
b die Tokioter Börse
c ein elektronisches Börsenhandelssystem
d Abschlagszahlung im Devisenhandel

17 **Was versteht man unter der „Liquidität eines Unternehmens"?**

a seine Zahlungsfähigkeit
b seine Auflösung
c seine hohe Flexibilität am Markt
d seine Kreditwürdigkeit

18 **Wenn mehrere Banken eine Gesellschaft bürgerlichen Rechts bilden, bezeichnet man das als ...**

a Kooperation
b Konsortium
c Joint Venture
d Konfusion

19 **Wie nennt man das Gewicht der Verpackung einer Ware?**

a Tara
b Netto
c Brutto
d Kollo

20 **Was versteht man unter „Autarkie“?**

a Echtheit von Wertpapieren
b wirtschaftliche Unabhängigkeit
c Erreichen einer Rekordmarke am Aktienindex
d Börsenkollaps

21 **Der Überschuss auf der Soll- oder Habenseite eines Kontos heißt ...**

a Insolvenz
b Manko
c Profit
d Saldo

22 **Wann wird eine Währung als „frei konvertierbar“ bezeichnet?**

a wenn man weltweit damit bezahlen kann
b wenn sie ohne Beschränkung in andere Währungen überführt werden kann
c wenn sie straffrei außer Landes gebracht werden darf
d wenn die Banknoten leicht zu fälschen sind

23 **Der Eigentümer einer Aktie hat ein Anrecht auf …**

a seine Tantiemen
b seine Provision
c seine Zinsen
d seine Dividende

24 **Wer ist das?**

Steve Jobs ....

25 **Was versteht man unter „Rendite"?**

a die Relation von Gewinn zu Einsatz in der Wirtschaft
b den Gewinn im Devisenhandel
c den tatsächlichen, auf das Jahr bezogenen Ertrag einer Anlage
d ein risikofreies Bankgeschäft

26 **Die Einziehung fälliger Finanzforderungen nennt man …**

a Inkasso
b Injunktion
c Income
d Effektivität

27 **Wie bezeichnet man den grafisch dargestellten Kursverlauf einer Aktie?**

a Analyse
b Trend
c Chart
d Kurve

28 **Bei der Gründung einer ... haftet jeder Gesellschafter uneingeschränkt mit seinem Privat- und Betriebsvermögen.**

a GmbH
b AG
c KG
d OHG

29 **Eine gesetzlich definierte Handlungsvollmacht nennt man ...**

a Validität
b Fiskus
c Omnipotenz
d Prokura

30 **Was sind die Pflichten eines Betriebsrates?**

a den Betrieb nach außen zu repräsentieren
b die Geschäftsleitung vor Wirtschaftsentscheidungen zu beraten
c die Anliegen der Belegschaft zu vertreten
d die Firmenleitung vor dem Arbeitsgericht zu unterstützen

31 **Die gleichberechtigte wirtschaftliche und rechtliche Verschmelzung von Unternehmen nennt man ...**

a Fusion
b Conclusion
c Union
d Konzentration

32 **Wenn in Deutschland marktbeherrschende Großunternehmen fusionieren wollen, bedarf es oftmals der Genehmigung durch ...**

a die Banken
b den Bundestag
c das Bundeskartellamt
d die Justiz

33 **Unter welche Bezeichnung fallen die frei ausgehandelten Lohnabschlüsse zwischen Arbeitgebern und Gewerkschaften?**

a Normativa
b Sozialausgleich
c Karenzverträge
d Tarifautonomie

34 **Wofür steht „ASEAN“?**

a größtes Telekommunikationsunternehmen Asiens
b Bezeichnung für aus Asien importierte Waren
c Verband Südostasiatischer Staaten
d gemeinsame Währung in Indochina

35 **Die Berufsbezeichnung für einen Wertpapierhändler lautet …**

a Aktionär
b Spekulant
c Shareholder
d Broker

36 **Die Erklärung eines ohne Erfolg gepfändeten Schuldners über den Bestand seines Vermögens nennt man …**

a Gütertrennung
b Konkurs
c Vergleich
d eidesstattliche Versicherung

37 **Wie heißt die Interessenvertretung der Wirtschaft gegenüber der Politik?**

a Deutscher Industrie- und Handelstag
b Berliner Wirtschaftsforum
c Deutsche Wirtschafts- und Handelskammer
d Deutsches Unternehmensgremium

38 **Was ist das Nettogewicht einer Ware?**

a das Gewicht zum Zeitpunkt der Verpackung
b das Gesamtgewicht
c das Gewicht ohne Verpackung
d das Gewicht ohne jeglichen Wasseranteil

39 **Der Unterschied zwischen Besitz und Eigentum liegt darin, dass ...**

a Eigentum mehr verpflichtet als Besitz
b Besitz ein Sonderfall des Eigentums an dinglichen Sachen ist
c Besitz das Recht verleiht, nach Belieben mit einer Sache zu verfahren, was bei Eigentum so nicht gegeben ist
d man bei Besitz tatsächlich über eine Sache verfügt, während Eigentum die rechtliche Gewalt über eine Sache bedeutet

40 **Was ist die hauptsächliche Aufgabe des Bundeskartellamts?**

a Vergabe von Frequenzen für TV-Sender
b Verurteilung von Steuersündern
c die Einziehung von Zollgebühren
d die Unterbindung wettbewerbsverzerrender Absprachen oder Zusammenschlüsse von Unternehmen

41 **Wie nennt man das Verhältnis des Wertes einer Währungseinheit zum Goldwert?**

a Wechselkurs
b Diskont
c Goldparität
d Floating

42 **Was versteht man unter „Skonto"?**

a den prozentualen Abschlag vom Preis für eine Dienstleistung oder Ware bei sofortiger (oder in Kürze erfolgender) Zahlung
b den Zinssatz bei einem Bankkredit
c die Zahlungsunfähigkeitserklärung eines Schuldners
d einen Begriff aus dem Börsenwesen

43 **Was versteht man unter einer „Hypothek“?**

a einen Kredit
b ein Grundpfandrecht, mit dem ein Grundstück belastet wird
c die Filiale eines großen deutschen Bankhauses
d eine Aktienoption

44 **Wer schrieb „Das Kapital“?**

a Karl Liebknecht
b Clara Zetkin
c Karl Marx
d Friedrich Engels

45 **Der Name Henry Ford steht in der Automobilindustrie für …**

a die Einführung von Fließbandarbeit
b die Entwicklung eines Autos, das sich fast jeder leisten konnte
c die Gründung eines noch heute existierenden Automobilherstellers
d alle Lösungsvorschläge sind richtig

46 **Was versteht man unter einer „konzertierten Aktion“?**

a die Gründung eines Konzerns
b eine abgestimmte Vorgehensweise unterschiedlicher Gremien in Wirtschaft und Politik
c die Konzentration von Konzernen gleicher Branchen in einer Region
d die Vergabe einer Konzession für ein Gewerbe

47 **Wie nennt man den land- und forstwirtschaftlichen Besitz des Staates?**

a Agrarzone
b Latifundien
c öffentlich-rechtliche Güter
d Domäne

48 **Was ist der Club of Rome?**

a lockere Verbindung von Industriellen und Wissenschaftlern zur Darstellung der Lage der Menschheit
b in Rom gegründete Kommission zur Bekämpfung der Mafia
c das turnusmäßige Treffen der EU-Wirtschaftsminister in Rom
d der Zusammenschluss der größten Medienanstalten Europas mit Sitz in Rom

49 **Wie lautet der Fachbegriff für Zwangsverwaltung?**

a Expropriation
b Formalismus
c Sequestration
d formale Exekutive

50 **Was versteht man unter „Protektionismus“?**

a freiwillige Verpflichtung der Tarifpartner für moderate Lohnsteigerungen
b außenhandelspolitisches Instrumentarium zum Schutz der heimischen Wirtschaft gegen ausländische Konkurrenz
c Schirmherrschaft des Staates über ein Unternehmen
d staatlich angeordneter Einsatz eines Treuhänders

51 **Wofür steht die Bezeichnung „GATT“?**

a Allgemeines Zoll- und Handelsabkommen zum Abbau von Handelsbeschränkungen
b Generelles Abkommen für treuhänderische Tätigkeiten
c Vertrag zur Regulierung der Fangquoten im internationalen Fischfang
d grundsätzliche und allgemeine Testamentsteuer-Taxierung

52 **Wer sind die „Fünf Weisen“?**

a je ein Mitglied der 5 führenden Wirtschaftsinstitute
b die Wirtschaftsrepräsentanten der 5 Kontinente bei der UNO
c die 5 weltweit anerkanntesten Wirtschaftswissenschaftler
d 5 Professoren des Sachverständigenrats in Deutschland zur Begutachtung der gesamtwirtschaftlichen Entwicklung

53 **Wofür steht dieses Symbol?**

Sparkasse ....

54 **Was versteht man unter der „Friedenspflicht"?**

a der Verzicht von Staaten auf einen Handelskrieg bei wirtschaftlichen Differenzen

b das Streikverbot für bestimmte Berufsgruppen

c die Verpflichtung der Tarifparteien, während laufender Tarifverhandlungen keine Arbeitskampfmaßnahmen durchzuführen

d ein Abkommen, das bestimmten Konzernen untersagt, Rüstungsgüter zu produzieren

55 **Bei einer Erkrankung des Arbeitnehmers von mehr als sechs Wochen übernimmt die Lohnfortzahlung ...**

a die Krankenkasse

b die Gewerkschaft

c die Rentenversicherung

d die Sozialversicherung

56 **Wie nennt man den bargeldlosen Zahlungsverkehr von Banken?**

a Rententransfer

b Giroverkehr

c Aktienmarkt

d Wechselverkehr

57 **Wann ist der Eigentumserwerb einer Immobilie rechtswirksam?**

a bei Eintrag ins Grundbuch
b nach Abzahlung der vollen Erwerbssumme
c mit dem Zahlungsbeginn der Grundstückssteuer
d mit der Kaufunterschrift

58 **Wofür steht „Dow Jones“?**

a für einen explosionshaften Kursanstieg des US-Dollars
b für den Namen der Londoner Börse
c für die amerikanische Brokervereinigung
d für den Aktienindex von 30 ausgewählten Wertpapieren an der New Yorker Börse

59 **Die von einem Kreditnehmer zu zahlenden Kosten für einen Kredit nennt man …**

a Dividende
b Zinsen
c Hypothek
d Prämie

60 **Was versteht man unter „Wirtschaftsliberalismus“?**

a den generellen Markt in Freihandelszonen
b einen weltweiten Buchhandel ohne jegliche Zensur
c die Idee, dass sich der Markt vollkommen frei und ohne staatliche Eingriffe entwickeln sollte
d ein Konsumverhalten, das sich ausschließlich an persönlichen Begierden orientiert

61 **Wo befindet sich der Sitz der Weltbank?**

a Paris
b New York
c Rio de Janeiro
d Washington D.C.

62 **Unter einem „Konsortium“ versteht man ...**

a einen temporären Zweckverband von eigenständigen Unternehmen zur Durchführung risikoreicher Geschäfte
b eine staatliche Kommission, die das Abfließen von Kapital in Steueroasen verhindern soll
c die Zusammenarbeit verschiedener Mafiagruppierungen zum Zwecke der globalen Marktbeherrschung
d das Wirtschaftsgremium der Kardinäle unter Vorsitz des Papstes zur Regelung der finanziellen Angelegenheiten des Vatikans

63 **Was bedeutet „Copyright“?**

a britisches und US-amerikanisches Urheberrecht auf Sachen und geistige Produkte
b das Recht, Schriften ohne Konzessionszahlungen kopieren zu dürfen
c die Lizenz, die notwendig ist, um einen Kopierladen zu betreiben
d die Genehmigung der Plattenindustrie zum „Sampeln“ bestimmter Musikstücke

64 **Was versteht man unter „Akkordlohn“?**

a die Entlohnung nach der Netto-Arbeitszeit, also ohne Pausen
b einen Lohn, der sich an Leistung bzw. Stückzahlen orientiert
c eine flexible, an Alter und Berufserfahrung angelehnte Entlohnung
d jede übertariflich bezahlte Arbeit

65 **Was versteht man unter einem Joint Venture?**

a eine wirtschaftliche Kooperation zweier Unternehmen
b eine Übernahme eines maroden Unternehmens
c die Abwicklung eines insolventen Unternehmens
d keiner der Lösungsvorschläge ist richtig

66 **Was ist die paritätische Mitbestimmung?**

a das Mitbestimmungsrecht von Gewerkschaften und Arbeitgeberorganisationen am Finanz- und Sozialhaushalt der Bundesregierung
b die gleiche Anzahl von Mitgliedern der Gewerkschaften und Arbeitgeber in Tarifkommissionen
c das Mitbestimmungsrecht von Eltern- und Lehrervertretungen an Lehrplänen
d die zahlenmäßig gleich starken Vertretungen von Arbeitgebern und Arbeitnehmern in Aufsichtsratsgremien in Kohle und Stahl verarbeitenden Unternehmen

67 **Wer legt die Höhe der Aufwandsentschädigungen (Diäten) der Abgeordneten in deutschen Parlamenten fest?**

a die Bundesbank
b ein gemeinsamer Ausschuss aller Parteivorsitzenden
c die Abgeordneten selbst durch Mehrheitsbeschluss
d das Bundesfinanzministerium

68 **Wofür steht im Finanzbereich der Begriff „Arbitrage“?**

a Kontoführungskosten
b Maklergebühr
c Gratisaktie
d Ausnutzen von Kursdifferenzen

69 **Lediglich … sind festverzinsliche Wertpapiere.**

a Aktien
b Fonds
c Optionen
d Renten

70 **Was bedeutet „Hedging“?**

a unfaires Verhalten gegenüber Kollegen
b Ausnutzen von Insider-Informationen an der Börse
c Absicherung von Devisengeschäften
d rasanter Karriereverlauf

71 **Wofür steht der Begriff „Incentives“?**

a engagierte Mitarbeiter
b illoyales Verhalten gegenüber dem Arbeitgeber
c Abmahnungen
d Anreize für Verkäufer

72 **Als sogenannte Staatsquote bezeichnet man …**

a den Anteil der Staatsausgaben am Bruttoinlandsprodukt
b die staatliche Neukreditaufnahme
c den Zinsanteil am Bruttosozialprodukt
d die Bruttoinlandsverschuldung

73 **Was meint man im Personalmanagement mit „innerer Kündigung“?**

a stille, mentale Arbeitsverweigerung
b Versetzung von Mitarbeitern in eine andere Abteilung
c Betriebsbedingte Entlassungen werden erst sehr spät bekannt gegeben.
d Über bevorstehende Kündigungen wird nur innerhalb des Unternehmens gesprochen.

74 **In welchem dieser Länder heißt die Landeswährung nicht „Dollar“?**

a Australien
b Südafrika
c Kanada
d Neuseeland

75 **Was ist das „Kanban-System“?**

a Verfahren zur Aktienanalyse
b Entlohnungssystem
c System zur Unternehmensbewertung
d System zur flexiblen Produktionssteuerung

76 **Welches der folgenden Merkmale ist nicht charakteristisch für den Kapitalismus?**

a Kapital befindet sich im Wesentlichen in Privathand
b Leistung des Einzelnen wird belohnt
c Gleichheit zwischen allen Menschen soll erhöht werden
d Streben nach Rentabilität

77 **Investmentfonds, die ihre Erträge nicht ausschütten, sondern immer wieder neu anlegen, bezeichnet man auch als …**

a Mehrwertfonds
b Vierjahreszeitenfonds
c stille Fonds
d thesaurierende Fonds

78 **Wodurch zeichnet sich ein Kommanditist aus?**

a Er lebt in einer Kommune.
b Er ist Anhänger der kommunistischen Lehre.
c Er haftet mit seiner Einlage in einer KG.
d Er ist Leiter eines Unternehmens, gibt die Kommandos.

79 **Was versteht man unter „Bonität“?**

a Qualität von Lebensmitteln
b Status eines Angestellten im Unternehmen
c Bezeichnung für Wirtschaftsaufschwung
d Aussage über die Zahlungsfähigkeit einer Person

80 **Was versteht man unter „Kostenremanenz“?**

a In sozialistischen Ländern bleiben die Preise für Grundnahrungsmittel unverändert.
b Verbraucher kaufen bestimmte Produkte, ohne sich an hohen Preisen zu stören.
c Kosten können nicht parallel zum wirtschaftlichen Abschwung reduziert werden.
d Einnahmen eines Unternehmens dürfen einen bestimmten Wert nicht unterschreiten.

81 **Was ist gemeint, wenn Wirtschaftswissenschaftler von „Laissez-faire“ sprechen?**

a In einem Unternehmen gilt die Gleitzeitregelung
b Der Staat greift nicht ins Wirtschaftsgeschehen ein
c Vorgesetzte lassen den Mitarbeitern Freiraum für eigene Ideen
d Gewerkschaften verhalten sich den Arbeitgebern gegenüber moderat

82 **Was bedeutet der Begriff „Shareholder-Value“?**

a dem Aktionär auszuzahlender Anteil vom Gewinn
b Mitspracherecht der Anteilseigner auf Hauptversammlungen
c Kursentwicklung einer Aktie im Laufe eines Jahres
d ausschließliche Orientierung an steigenden Aktienkursen

83 **Von wem stammt das bedeutende volkswirtschaftliche Werk „Allgemeine Theorie der Beschäftigung, des Zinses und des Geldes“?**

a Paul Samuelson
b John Maynard Keynes
c Adam Smith
d Milton Friedman

84 **Was ist ein Mischkonzern?**

a Zementfabrik von internationaler Bedeutung
b Berücksichtigung verschiedener Ideen der Mitarbeiter durch Konzernleitung
c wirtschaftlicher Zusammenschluss von Betrieben aus verschiedenen Branchen
d Zusammenarbeit von Menschen verschiedener Nationalitäten

85 **Eine Gesellschaft bürgerlichen Rechts …**

a ist eine nicht rechtsfähige Personalgesellschaft
b ist eine rechtsfähige Personalgesellschaft
c ist eine unselbstständige Personalgesellschaft
d ist eine nicht selbsttätige Personalgesellschaft

86 **Was sind Me-too-Produkte?**

a Billigprodukte aus Asien
b Imitationen von am Markt bereits vorhandenen Produkten
c In den Supermärkten stehen Produkte verschiedener Hersteller nebeneinander.
d Luxusprodukte, die der Selbstdarstellung bestimmter Verbraucher dienen

87 **Was ist ein „Relaunch“?**

a Wiedereinführung eines modifizierten Produkts
b Eröffnung eines neuen Geschäfts
c Fortbestehen eines Unternehmens unter neuer Leitung
d Rückkehr eines Mitarbeiters in seinen alten Betrieb

88 **Was ist mit „tertiärer Sektor“ gemeint?**

a Schwarzarbeit von Handwerkern
b Non-Profit-Organisationen
c Unternehmen, die ökologische Aspekte in den Mittelpunkt stellen
d das Dienstleistungs- und Handelsgewerbe

89 **Was versteht man in der Wirtschaft unter „Thesaurierung“?**

a zentral gesteuerte Warenwirtschaft
b Rechnungswesen nach den Grundsätzen ordnungsgemäßer Buchführung
c Gestaltung von Werbetexten
d Ansammeln oder Horten von Geld

90 **Was meint der Volkswirt, wenn er vom „Warenkorb“ spricht?**

a für den Preisindex ausgesuchte Waren und Dienstleistungen
b alle in einem Land produzierten Produkte
c die bundesweit meistgekauften Erzeugnisse
d alles, was eine Durchschnittsfamilie im Monat einkauft

91 **Wer ist das?**

....

92 **Was versteht man unter „weißer Ware“?**

- a Milchprodukte
- b weiße Porzellanwaren (Tassen, Teller ...)
- c Produkte ohne Markennamen
- d Sportgeräte für den Wintersport

93 **Was ist ein Hebesatz?**

- a Regelung über zulässiges maximal zu hebendes Gewicht
- b internationale Regelung zur Anhebung von Zöllen
- c Geldansprüche an Dritte
- d Prozentsatz zur Steuerberechnung

94 **Was bedeutet „Franchising“?**

- a Verkauf von Lebensmitteln
- b französische Einflüsse auf das internationale Wirtschaftsgeschehen
- c Kooperationsform im Handel und bei Dienstleistungen
- d Methode der Kostenrechnung

Lösungen und Erläuterungen

1	**c**	Der Aktienindex verdeutlicht die Entwicklung des durchschnittlichen Aktienkurses. Bekannte Aktienindizes sind der DAX für Deutschland, der Dow Jones für die USA und der Nikkei für Japan.
2	**a**	„Hausse" ist die Bezeichnung für den Zeitabschnitt, in dem die Börsenkurse auf breiter Front stark und anhaltend steigen. Die entgegengesetzte Entwicklung nennt man „Baisse".
3	**d**	Das deutsche Wirtschaftssystem ist die soziale Marktwirtschaft. Diese Wirtschaftsordnung steht für das Ideal wirtschaftlicher Leistungsfähigkeit und sozialer Gerechtigkeit bei einem hohen Maß an individueller Freiheit.
4	**a**	Ein Pfandbrief ist eine spezielle Form der Schuldverschreibung. Er wird im Wesentlichen von Hypothekenbanken ausgegeben. Wegen seiner strengen Besicherung ist er bei vorsichtigen Geldanlegern beliebt.
5	**d**	Das Bruttoinlandsprodukt ist das gesamte Einkommen eines Staates über einen bestimmten Zeitraum (meistens ein Jahr). Dazu addiert man das Einkommen aller Arbeitnehmer, plus aller Unternehmen sowie die Einnahmen durch Kapitalerträge. Es dient als Wirtschaftsbarometer.
6	**c**	„IWF" steht für „Internationaler Währungsfonds". Hauptziele sind die Förderung der Zusammenarbeit bei der zwischenstaatlichen Währungspolitik und die Förderung der Währungsstabilität.
7	**d**	Mineralöl-, Branntwein- und Versicherungssteuer stehen als reine Verbrauchssteuer dem Bund zu. Bei Bundessteuern handelt es sich vor allem um Verbrauchssteuern, Zölle und Gemeinschaftssteuern.
8	**c**	Platin ist mit Abstand das teuerste Edelmetall und auch in Krisenzeiten neben Gold sehr gefragt. Titan ist am preisgünstigsten in dieser Abfolge.
9	**a**	In wirtschaftlichen Krisenzeiten und bei hoher Verunsicherung der Konsumenten, wenn zu wenig oder keine Nachfrage herrscht, fallen die Preise.
10	**c**	Subventionen sind Begünstigungen, die der Staat bestimmten Wirtschaftszweigen außerhalb des staatlichen Bereichs zukommen lässt, ohne dafür marktwirtschaftliche Gegenleistungen zu bekommen.
11	**c**	Der Geschäftsführer ist Leiter und Hauptverantwortlicher.
12	**a**	Die wichtigste europäische Börse ist in London zu finden, jedoch könnte der Brexit dies ändern.
13	**a**	Die OPEC ist die Organisation der Erdöl exportierenden Länder. Ihr Ziel ist die Festsetzung von Förderquoten, um den Rohölpreis und somit die Einnahmen zu sichern bzw. zu erhöhen.
14	**d**	Von „Investition" spricht man, wenn Geld in Produktionsmitteln angelegt wird. Investitionen können dazu dienen, die Kapazitäten der Betriebe zu erhalten, zu modernisieren oder zu erweitern.
15	**a**	Die GmbH ist die beliebteste Rechtsform, in der ein Einzelunternehmer oder mehrere Partner unternehmerisch tätig werden. Das Stammkapital der GmbH muss mindestens 25 000 Euro betragen.

16 c „Xetra“ steht für „Exchange Electronic Trading“ und ist die internationale vollelektronische Handelsplattform der Deutsche Börse AG. Über dieses Börsenhandelssystem können weltweit Marktteilnehmer sämtliche an der Frankfurter Börse notierte Aktien handeln.

17 a „Liquidität“ bedeutet betriebswirtschaftlich die Zahlungsbereitschaft und Zahlungsfähigkeit eines Unternehmens. In anderen Worten: der Betrieb kann seinen fälligen Verbindlichkeiten termingerecht und betragsgenau nachkommen.

18 b Ein Konsortium (gelegentlich auch Syndikat genannt) ist ein Unternehmenszusammenschluss mehrerer rechtlich und wirtschaftlich selbstständig bleibender Unternehmen zur zeitlich begrenzten Durchführung eines vereinbarten Geschäftszwecks.

19 a Tara ist die Differenz zwischen Brutto- und Nettogewicht, also das Gewicht der Verpackung. Wenn Preise angegeben werden, müssen sie sich immer auf das Nettogewicht beziehen.

20 b Mit „Autarkie“ meint man die wirtschaftliche Unabhängigkeit eines Landes in Bezug auf Handelsverflechtungen und wirtschaftliche Beziehungen. Allerdings bedeutet diese Selbstversorgung den Verzicht auf die Vorteile der internationalen Arbeitsteilung.

21 d „Saldo“ ist das italienische Wort für Rechnungsabschluss. Dieser Begriff steht für den Unterschiedsbetrag zwischen Soll und Haben auf einem Konto.

22 b Von „Konvertibilität“ spricht man, wenn eine Währung in unbegrenzter Höhe eingetauscht werden kann. Diese freie Austauschbarkeit ermöglicht unbegrenzte internationale Zahlungen. In Ländern mit Devisenknappheit wird die Konvertibilität häufig beschränkt.

23 d Aktienbesitzer haben Anspruch auf ihre Dividende. Die Dividende ist der dem Aktionär auszuzahlende Anteil vom Reingewinn, wobei die Ausschüttungshöhe meist in Prozent vom Nennwert der Aktien angegeben wird.

24 Steve Jobs (1955–2011), ein US-amerikanischer Unternehmer, der 1976 zusammen mit Steve Wozniak und Ron Wayne das „Apple“ gründete.

25 c „Rendite“ ist die Bezeichnung für den jährlichen Gesamtertrag eines angelegten Kapitals. Sie wird meist in Prozent des Kapitals angegeben. Bei ihrer Berechnung werden Laufzeit, Zins und Kurs berücksichtigt.

26 a Die Einziehung fälliger Forderungen, z. B. von Wechseln, Schecks, Akkreditiven oder Rechnungen durch Handelsvertreter und Banken nennt man „Inkasso“.

27 c Unter Chart versteht man die grafische Darstellung (meist mit Zeitkomponente) von Verkaufs- oder Wertangaben wie z. B. Aktien, Buchtitel-Bestsellerlisten etc.).

28 d Für die Verbindlichkeiten einer Offenen Handelsgesellschaft (OHG) haften die Gesellschafter nach § 128 HGB als Gesamtschuldner persönlich.

29 d Prokura ist eine besonders umfangreiche Art der Vertretungsbefugnis für ein Unternehmen. Prokuristen sind zu allen gerichtlichen und außergerichtlichen Geschäften ermächtigt, die ein Handelsunternehmen mit sich bringt. Er hat grundsätzlich unbegrenzte Befugnis.

30 c Aufgabe des Betriebsrates ist es, die Anliegen der Belegschaft zu vertreten. Betriebsräte haben u. a. Mitbestimmungsrechte bei der Gestaltung von Arbeitsplätzen. Auch personelle Maßnahmen wie Einstellungen und Versetzungen bedürfen der Zustimmung des Betriebsrates. Gesetzliche Grundlage ist das Betriebsverfassungsgesetz.

31 a Den Zusammenschluss zweier oder mehrerer Unternehmen zu einer wirtschaftlichen und rechtlichen Einheit nennt man „Fusion". Häufig verschmelzen alle beteiligten Unternehmen zu einem neuen.

32 c Das Bundeskartellamt ist Hüterin des Wettbewerbs mit den drei Aufgaben Missbrauchsaufsicht, Kartellaufsicht und Fusionskontrolle.

33 d Bei frei ausgehandelten Lohnabschlüssen zwischen Arbeitgebern und Gewerkschaften spricht man von „Tarifautonomie". Dieses Recht auf Tarifverträge ohne staatliche Einmischung leitet sich aus dem Grundgesetz ab.

34 c Die Buchstaben „ASEAN" stehen für „Association of Southeast Asian Nations" (deutsch: Verband Südostasiatischer Staaten). Ziel dieser Organisation ist die Festigung des Friedens durch wirtschaftliche, soziale und kulturelle Zusammenarbeit.

35 d Ein Broker ((Börsen-)Makler, Vermittler, Zwischenhändler) ist als Finanzdienstleister für die Durchführung von An- und Verkäufen von Wertpapieren (z. B. Aktien) zuständig.

36 d Bei der eidesstattlichen Versicherung (früher: Offenbarungseid) handelt es sich um die Erklärung eines Schuldners über den Bestand seines Vermögens. Wenn eine Pfändung erfolglos geblieben ist, muss der Schuldner auf Antrag des Gläubigers ein Vermögensverzeichnis vorlegen (geregelt in der Zivilprozessordnung).

37 a Der Deutsche Industrie- und Handelstag (DIHT) ist die Spitzenorganisation aller Industrie- und Handelskammern der Bundesrepublik. Aufgaben sind die Förderung der Zusammenarbeit der Kammern untereinander und die Vertretung der Interessen der gewerblichen Wirtschaft.

38 c Das Nettogewicht einer Ware ist das Gewicht ohne Verpackung. Man spricht in diesem Zusammenhang auch von Reingewicht. Gewichtsangaben beziehen sich normalerweise auf das Nettogewicht.

39 b Zur Erklärung: Ein Auto, in dem ich sitze und fahre, besitze ich zwar in diesem Moment, aber es gehört mir nicht, d. h. es ist nicht mein Eigentum.

40 d Inhaltliche Regelungen hierzu sowie die Befugnisse des Bundeskartellamts sind festgelegt im Kartellgesetz, offiziell „Gesetz gegen Wettbewerbsbeschränkungen" (GWB) genannt.

41 c Das Verhältnis des Wertes einer Währungseinheit zum Goldwert nennt man „Goldparität". Währungen, die in feste Beziehung zum Goldwert gesetzt werden, sind Goldwährungen. Hier entsprechen die Wechselkurse dem gesetzlichen Goldgehalt der Währungseinheiten.

42 a Skonto ist der Preisnachlass durch den Lieferanten, wenn der Kunde innerhalb einer bestimmten Frist zahlt. Durch das Skonto soll der Rechnungsempfänger veranlasst werden, seine Zahlung unmittelbar zu leisten.

43	**b**	Bei einer Hypothek handelt es sich um ein Grundpfandrecht, mit dem ein Grundstück belastet wird. Hypotheken werden zur Sicherung von Forderungen gegeben und erlöschen bei Tilgung der Schuld. Statt einer Hypothek kann auch eine Grundschuld bestellt werden.
44	**c**	„Das Kapital" ist das bekannteste Werk von Karl Marx (1818–1883). Es entstand wie seine anderen Hauptwerke in London und bildet zusammen mit dem Kommunistischen Manifest die Grundlage für den Marxismus.
45	**d**	Henry Ford hat durch neue Produktionsmethoden den Automobilbau und Absatz revolutioniert.
46	**b**	Die konzertierte Aktion ist ein im „Stabilitätsgesetz" vorgesehenes Gremium zur Zusammenarbeit von Arbeitgeberverbänden, Gewerkschaften und weiteren am Wirtschaftsleben beteiligten Gruppen.
47	**d**	Den land- und forstwirtschaftlichen Besitz des Staates nennt man „Domäne". Domänen waren im Mittelalter oft einzige regelmäßige Einnahmequelle des Staates. Heute unterstehen sie den Landwirtschaftsministerien der Länder und sind als Versuchsgüter von besonderer Bedeutung.
48	**a**	Der Club of Rome ist eine Vereinigung von Wissenschaftlern und Industriellen, die 1968 in Rom gegründet wurde. Sie vergibt Forschungsaufträge und beschäftigt sich u. a. mit Umweltproblemen.
49	**c**	Der Fachbegriff für Zwangsverwaltung lautet „Sequestration". Es handelt sich hierbei um die gerichtliche Übergabe einer strittigen Sache an einen Dritten (Sequester) zur einstweiligen Verwaltung, z. B. die Zwangsverwaltung von Grundstücken.
50	**b**	Unter „Protektionismus" versteht man den Schutz der binnenländischen Wirtschaft durch Einfuhrbeschränkungen. Inländische Produktion soll auf diese Weise gegen starke internationale Konkurrenz verteidigt werden. Protektionismus-Instrumente sind z. B. Importzölle oder Einfuhrverbote.
51	**a**	Die Buchstaben „GATT" stehen für „General Agreement on Tariffs and Trade". Ziel dieses 1948 in Kraft getretenen Vertragswerkes ist der Abbau von Zollschranken und anderen Einfuhrbeschränkungen. 1995 wurde GATT durch die Welthandelsorganisation (WTO) abgelöst.
52	**d**	Der Rat der Fünf Weisen wird auch „Sachverständigenrat" genannt. Seit 1953 begutachtet dieses Gremium jährlich die gesamtwirtschaftliche Lage. Die Fünf Weisen werden vom Bundespräsidenten auf Vorschlag der Bundesregierung für 5 Jahre berufen.
53		Sparkassen-Symbol
54	**c**	Unter „Friedenspflicht" versteht man die Verpflichtung der Gewerkschaften und Arbeitgeberverbände, während der Dauer der Tarifverhandlungen auf Arbeitskämpfe über die im Tarifvertrag geregelten Angelegenheiten zu verzichten.
55	**a**	Die Entgeltfortzahlung im Krankheitsfall ist in Deutschland seit 1994 eine Errungenschaft des modernen Sozialstaates.
56	**b**	Den bargeldlosen Zahlungsverkehr von Banken nennt man „Giroverkehr". In Deutschland bilden Bankengruppen eigene Gironetze. Durch das Gironetz der Deutschen Bundesbank werden sie miteinander verknüpft.

57 a Der Erwerb einer Immobilie wird erst beim Eintrag ins Grundbuch rechtswirksam. Im Grundbuch werden die Eigentumsverhältnisse an einem Grundstück offengelegt und jegliche Beschränkung des Eigentümers dokumentiert.

58 d Der Dow-Jones-Aktienindex wird aus den Kursen der 30 führenden US-amerikanischen Unternehmen berechnet. Die Kurse dieser Unternehmen sind an der New Yorker Börse notiert. Der Dow Jones ist der weltweit meist beachtete Aktienindex. Er ist benannt nach den amerikanischen Wirtschaftsjournalisten Charles Henry Dow (1851–1902) und Edward D. Jones (1856–1920).

59 b Die Kosten, die der Kreditnehmer für einen Kredit zu zahlen hat, nennt man „Zinsen". Zins ist generell der Preis für überlassenes Geld oder Kapital. Er wird üblicherweise in Prozent des Kapitals ausgedrückt.

60 c Der Wirtschaftsliberalismus hat seinen Ursprung im 18. Jahrhundert. Man verbindet mit ihm die Vorstellung, dass das Wirtschaftsleben sich ohne störende Eingriffe des Staates frei entfalten sollte. Wichtige Grundlagen sind Wettbewerb auf offenen Märkten und Privateigentum. Er geht zurück auf den Engländer Adam Smith (1723–1790).

61 d Die Weltbank hat ihren Sitz in Washington D.C. Sie wurde 1944 auf der Konferenz von Bretton Woods gegründet und vergibt Mittel für Entwicklungsprojekte und Wiederaufbaumaßnahmen. So finanziert sie z. B. Infrastrukturprojekte.

62 a „Konsortium" ist die Bezeichnung für den Zusammenschluss von Unternehmen zur Durchführung risikoreicher Geschäfte. Meist sind Konsortien von kurzfristiger Dauer. Hauptanwendungsgebiet ist die Übernahme von Wertpapieren, um sie an der Börse einzuführen.

63 a Beim Copyright handelt es sich um Urheberrecht auf Sachen und geistige Produkte. In Deutschland sind für den Copyright-Schutz keine Formalitäten oder Registrierungen notwendig. Anders ist die Handhabe z. B. in den USA. Für dort erstmals erschienene Bücher ist eine Eintragung beim Copyright-Office in Washington erforderlich.

64 b Der Akkordlohn orientiert sich an Leistung oder Stückzahl. Die gebräuchlichere Form ist der Einzelakkord, jedoch gibt es auch den Gruppenakkord. Beim Akkordlohn wird das Mengenergebnis unabhängig von der benötigten Arbeitszeit vergütet.

65 a Unter „Joint Venture" versteht man ein gemeinsames Vorhaben zwischen rechtlich und wirtschaftlich voneinander unabhängigen Unternehmen. Die Partner haben dabei die Führungsverantwortung und tragen das finanzielle Risiko gemeinsam.

66 d Die paritätische Mitbestimmung sieht vor, dass bei Unternehmen der Montanindustrie mit mehr als 1 000 Arbeitnehmern der Aufsichtsrat zahlenmäßig gleich stark zusammengesetzt sein muss, d. h. 4 Arbeitnehmer, 4 Anteilseigner und 1 Neutraler.

67 c Die Abgeordneten, denen laut Grundgesetz eine „angemessene, ihre Unabhängigkeit sichernde Entschädigung“ zusteht, legen die Höhe der Diäten durch Mehrheitsbeschluss selbst fest. Aus diesem Grunde kommt es regelmäßig zu Diskussionen über die „Selbstbedienungsmentalität der Abgeordneten“.

68 d Mit „Arbitrage“ bezeichnet man das Ausnutzen von Kursdifferenzen an verschiedenen Handelsplätzen. Man kauft Aktien, Rohstoffe oder Devisen dort, wo sie am billigsten sind, und verkauft dort, wo der höchste Preis erzielt wird.

69 d Die Bezeichnung festverzinsliche Wertpapiere bezieht sich dabei aber nicht auf die Art der Verzinsung, sondern auf die Rechtsstellung des Finanztitelinhabers.

70 c Mit „Hedging“ sind Absicherungsmaßnahmen gemeint, die das vorhandene Risiko bei Devisen- und Finanztransaktionen durch ein Gegengeschäft ausgleichen.

71 d Mit „Incentives“ meint man Anreize für Händler oder Verkäufer, bestimmte Produkte besonders häufig zu verkaufen. Wird eine bestimmte Umsatzhöhe erreicht, gibt es Incentives in Form von Geld oder materiellen Werten, wie z. B. Reisen.

72 a Die Staatsquote beziffert die Konsum- und Investitions-Ausgaben von Bund, Ländern und Gemeinden im Verhältnis zur Gesamtwirtschaftsleistung, dem Bruttoinlandsprodukt (BIP).

73 a Unter „innerer Kündigung“ versteht man die stille Arbeitsverweigerung eines Mitarbeiters. Da der Angestellte die Gründe für sein Verhalten nicht ausspricht, ist die innere Kündigung für Vorgesetzte nur schwer zu erkennen.

74 b Die südafrikanische Währung ist der „Rand“. Allerdings heißt auch in Südafrika die Untereinheit genau wie in den anderen drei genannten Ländern „Cent“.

75 d Mit „Kanban-System“ ist die flexible Produktionssteuerung nach dem Just-in-time-Prinzip gemeint. Personal und Betriebsmittel werden bedarfsgerecht eingesetzt.

76 c Das Erreichen der Gleichheit zwischen allen Menschen ist eines der Hauptziele des Sozialismus. Diese Gesellschaftsordnung fordert die Überführung der Produktionsmittel in Gemeinschaftseigentum.

77 d Thesaurierende Fonds investieren ihre Erträge erneut.

78 c Der Kommanditist hat in einer Kommanditgesellschaft (KG) eine Einlage geleistet, bis zu deren Höhe er auch haftet. Die Haftungshöhe wird ins Handelsregister eingetragen. Im Gegensatz dazu haftet der persönlich haftende Gesellschafter ohne Beschränkung.

79 d Spricht man von „Bonität“, dann sind damit Aussagen über den Ruf und die Zahlungsfähigkeit einer Person verbunden. Es geht also um die Kreditwürdigkeit eines potenziellen Schuldners.

80 c Kostenremanenz ist ein Erklärungsansatz zur Kostenentwicklung. Auch wenn die Ertragslage eines Unternehmens sich erheblich verschlechtert, können Kosten wie Gehälter oder Mieten nicht im gleichen Maße reduziert werden.

81 b „Laissez-faire" bedeutet, dass der Staat auf die Beeinflussung des Wirtschaftsgeschehens verzichtet. Dahinter steht das Konzept einer sich selbst steuernden Wirtschaft.

82 d Diese Management-Theorie besagt, dass sich ein Unternehmen ausschließlich an den finanzwirtschaftlichen Zielen der Aktionäre orientieren sollte.

83 b Der Engländer John Maynard Keynes (1883–1946) veröffentlichte sein Hauptwerk im Jahr 1936.

84 c Ein Mischkonzern entsteht durch den wirtschaftlichen Zusammenschluss von Betrieben aus verschiedenen Branchen. Hierbei können Umsatzrückgänge einzelner Betriebe durch andere aufgefangen werden.

85 a Die gesetzlichen Grundlagen einer GbR sind in §§705 BGB geregelt. Eine GbR braucht mindestens zwei Gesellschafter sowie einen gemeinsamen legalen Zweck.

86 b Wer Me-too-Produkte herstellt, imitiert bereits vorhandene Erzeugnisse. Auf diese Weise hofft man, wirtschaftliche Erfolge der Konkurrenz wiederholen zu können.

87 a Von „Relaunching" spricht man, wenn ein veraltetes Produkt an die veränderten Bedürfnisse der Verbraucher angepasst wird und anschließend modifiziert auf den Markt kommt.

88 d „Tertiärer Sektor" ist der volkswirtschaftliche Begriff für das Dienstleistungs- und Handelsgewerbe. Man spricht außerdem vom „primären Sektor" (Land- und Forstwirtschaft und Bergbau) und vom „sekundären Sektor" (produzierendes und verarbeitendes Gewerbe).

89 d „Thesaurierung" ist in der Wirtschaft der Begriff für das Ansammeln oder Horten von Geld. Wenn eine Aktiengesellschaft Gewinnthesaurierung ausübt, dann werden die Gewinne nicht an die Aktionäre ausgeschüttet.

90 a Mit dem „Warenkorb" sind in der Volkswirtschaft ausgesuchte Waren und Dienstleistungen gemeint, deren Preisschwankungen alljährlich im Lebenshaltungs-Kostenindex festgehalten werden.

91 John Cryan ist ein britischer Bankmanager. Seit dem 1. Juli 2015 hat er das Amt des Vorstandsvorsitzenden der Deutschen Bank inne.

92 c Mit „weißer Ware", auch „No-Name-Produkte" genannt, sind Erzeugnisse ohne Markennamen gemeint. Die Packungen dieser Produkte sind nicht aufwendig gestaltet, sondern enthalten nur den Aufdruck der Warengattung.

93 d Beim Hebesatz handelt es sich um den Prozentsatz, der als Multiplikator für die Berechnung der Grund- und Gewerbesteuer von den Gemeinden festgesetzt wird.

94 c Der Begriff „Franchising" steht für eine Kooperationsform. Franchise-Nehmer kaufen hierbei eine Lizenz, die ihnen das Recht gibt, Artikel nach Vorgaben des Franchise-Gebers zu produzieren oder zu vertreiben. Franchising findet man jetzt zunehmend auch im Dienstleistungsbereich.

7 Geschichte

1 **Von wann bis wann existierte die DDR?**

a 1945–1989
b 1950–1990
c 1948–1989
d 1949–1990

2 **Welches Geschehen leitete den Niedergang des spanischen Weltreiches ein?**

a die Vernichtung der spanischen Flotte 1588
b die Unabhängigkeitserklärung Kolumbiens
c Erbstreitigkeiten im spanischen Herrscherhaus
d die Schlacht bei Waterloo

3 **Wer war der erste Bundeskanzler der BR Deutschland?**

a Theodor Heuss
b Gustav Stresemann
c Otto Grotewohl
d Konrad Adenauer

4 **Die Ausgrabungsstätte Trojas liegt …**

a in der heutigen Türkei
b in Ägypten
c in Italien
d in Griechenland

5 **Wie hießen die Angehörigen der Oberschicht in der Gründerzeit des Königreichs in Rom?**

a Welfen
b Senatoren
c Patrizier
d Medici

6 **Wer ist das?**

Abraham Lincoln

7 **Was bezeichnet man mit dem Begriff „Suffragetten"?**

a aufständische Bauernverbände im Elsass
b Frauenrechtlerinnen in Großbritannien, die Anfang des 20. Jahrhunderts für die Gleichberechtigung der Frauen kämpften
c ein Frauenbündnis, das das staatliche Verbot der Herstellung und des Verkaufs von Alkohol in den USA erwirkte
d spezielle Segelschiffe, mit denen der britische Seefahrer James Cook seine Weltumsegelungen durchführte

8 **Was waren die Konföderierten Staaten von Amerika?**

a Bund der 11 von den USA abgefallenen Südstaaten
b lockerer Zusammenschluss der USA, Kanadas und Mexikos im 19. Jahrhundert
c Staatenbund der lateinamerikanischen Staaten 1918–1931
d ursprüngliche Bezeichnung Kanadas nach der Unabhängigkeitserklärung

9 **Wie hieß der General, der Spanien von 1939 bis 1975 als Diktator regierte?**

a Benito Mussolini
b Francisco Franco
c Gamal Abd el-Nasser
d Primo de Rivera

10 **Wann fand die offizielle Abkehr vom Stalinismus in der damaligen UdSSR statt?**

a 1956
b 1949
c 1988
d 1961

11 **Welches österreichische Adelsgeschlecht stellte von 1438 bis zum Untergang des Heiligen Römischen Reiches im Jahre 1806 mit einer Ausnahme alle Könige und Kaiser?**

a Wittelsbacher
b Habsburger
c Staufer
d Ottonen

12 **Wie hieß der erste Präsident der USA?**

a Abraham Lincoln
b Theodore Roosevelt
c George Washington
d Thomas Jefferson

13 **Welcher Nationalität war Christoph Kolumbus?**

a Portugiese
b Italiener
c Spanier
d Franzose

14 **Was war der Gang nach Canossa?**

a der Protestmarsch Ciceros mit weiteren Senatoren in Norditalien, um auf die Justizwillkür im römischen Reich aufmerksam zu machen
b die Wanderung Johannes des Täufers durch die Wüste Sinai
c die Alpenüberquerung von Hannibal 217 v. Chr. nach Cannae
d der Bußgang Heinrich IV., bei dem er durch persönliche Erniedrigung 1077 die Lossprechung vom päpstlichen Bann erreichte

15 **Wann endete in Europa der 2. Weltkrieg?**

a Dezember 1945
b August 1945
c Mai 1945
d Januar 1946

16 **Wie hieß die Widerstandsgruppe, deren Mitglieder in München Flugblätter gegen das NS-Regime verbreiteten und zu der die Geschwister Hans und Sophie Scholl gehörten?**

a Stauffenbergfreunde
b Rote Kapelle
c Weiße Rose
d Kraisauer Kreis

17 **Wer zerstörte Karthago 146 v. Chr.?**

a die Araber
b die Römer
c die Phöniker
d die Griechen

18 **Wer ist das?**

Otto von Bismarck ....

19 **Wann fand der 1. Weltkrieg statt?**

a 1911–1917
b 1905–1909
c 1913–1919
d 1914–1918

20 **Wie hieß der mongolische Führer, der im 13. Jahrhundert ein Großreich schuf?**

a Attila
b Alexander der Große
c Iwan, der Schreckliche
d Dschingis Khan

21 **Wer sagte „veni, vidi, vici", was übersetzt heißt „ich kam, ich sah, ich siegte"?**

a Gaius Julius Caesar
b Marcus Iunius Brutus
c Gnaeus Pompeius
d Marcus Antonius

22 **Wie nannte man die Verfolgung von Ketzern durch kirchliche Behörden mit staatlicher Unterstützung, die vor allem im 13.–17. Jahrhundert stattfand?**

a Prohibition
b Säkularisation
c Inkarnation
d Inquisition

23 **Die Cherusker lebten etwa auf dem heutigen Gebiet**

a Deutschlands
b Belgiens
c der Schweiz
d des Kosovo

24 **Wie heißt die Urkunde, mit der 1215 in England dem Königtum zugunsten des Klerus, des Adels und nichtfeudaler Gruppen Vorrechte abgenötigt wurden?**

a Declaration of Human Rights
b Common Order
c Magna Charta
d Bill of Rights

25 **In welchem Jahr erfolgte die Unabhängigkeitserklärung der USA?**

a 1815
b 1798
c 1785
d 1776

26 **Wann endete der Vietnamkrieg?**

a April 1975
b Februar 1974
c September 1978
d Dezember 1977

27 **Wie hieß der skrupellose spanische Konquistador, der 1521 die Aztekenhauptstadt Tenochtitlán (Mexiko) eroberte?**

a Hernando Cortés
b Emiliano Zapata
c Francisco Pizarro
d Simón Bolívar

28 **Die Entente cordiale wurde 1904 geschlossen zwischen …**

a Deutschland und Österreich-Ungarn
b Frankreich und Großbritannien
c Russland und Frankreich
d Großbritannien und Russland

29 **Welche deutschen Politiker wurden 1919 nach dem Spartakusaufstand ermordet?**

a Käthe Niederkirchner und Friedrich Meineke
b Ernst Bebel und Clara Zetkin
c Franz Mehring und Ernst Thälmann
d Rosa Luxemburg und Karl Liebknecht

30 **Wie hieß der letzte russische Zar?**

a Iwan IV.
b Nikolaus II.
c Alexander I.
d Peter der Große

31 **Wann begann der Bau der Mauer in Berlin?**

a 13. 08. 1961
b 04. 04. 1963
c 17. 06. 1953
d 03. 10. 1961

32 **Wie lautete der offizielle Name des 1. Deutschen Reiches?**

a Imperium Germanicum
b Deutsches Kaiserreich
c Heiliges Römisches Reich (Deutscher Nation)
d Großdeutsches Reich

33 **Wer wurde nach dem Mord von John F. Kennedy Präsident?**

a Richard Nixon
b Lyndon B. Johnson
c Jimmy Carter
d Gerald R. Ford

34 **In welchem Jahr entdeckte Kolumbus Amerika?**

a 1503
b 1499
c 1458
d 1492

35 **Der von Friedrich List 1819 gegründete „Deutsche Handels- und Gewerbeverein“ war der Vorläufer für …**

a das deutsche Gewerkschaftswesen
b den Deutschen Zollverein
c das deutsche Kolonialwesen
d den deutschen Sparkassenverein

36 **Was versteht man unter der „Hanse“?**

a eine 1834 gegründete wirtschaftspolitische Vereinigung, der unter der Führung Preußens fast alle deutschen Staaten angehörten
b ein um 1350 entstandener genossenschaftlicher Bund von Kaufleuten und Reedern im Nord- und Ostseeraum
c Genossenschaften der selbstständigen Handwerker, denen alle Meister angehören mussten
d vorindustrielle Gewerbebetriebe mit vorwiegender Handarbeit und innerbetrieblicher Arbeitsteilung

37 **Wofür steht die Bezeichnung „Märzrevolution“?**

a für die mexikanische Revolution, die 1910 ausbrach
b für eine bürgerliche Revolution in Österreich 1918, durch welche die Monarchie beseitigt wurde
c für revolutionäre Vorgänge in deutschen Staaten und in Österreich zur Durchsetzung bürgerlicher Grundrechte und Bauernbefreiung 1848
d für die erste Phase der Französischen Revolution 1789

38 **Welcher deutsche Kaiser erhielt seinen Beinamen wegen seines Bartes?**

a Otto II., der Rote
b Friedrich III., der Schöne
c Ruprecht von der Pfalz
d Friedrich I., Barbarossa

39 **Was war die Reconquista?**

a die Rückeroberung der von den Mauren besetzten Iberischen Halbinsel durch christliche Heere
b die katholische Gegenbewegung auf die Reformation
c die Eroberung Mittel- und Südamerikas durch die Spanier
d die Krönung der deutschen Kaiser im Mittelalter

40 **Welche Infektionskrankheit, die auch als der „Schwarze Tod" bezeichnet wurde, kostete im 14. Jahrhundert vermutlich über 20 Millionen Menschen das Leben?**

a Cholera
b Pest
c Pocken
d Skorbut

41 **Was geschah in der Schlacht am Little Big Horn?**

a vernichtende Niederlage der Engländer gegen das amerikanische Unabhängigkeitsheer 1786
b Vernichtung der US-Kavallerie unter General Custer durch von Crazy Horse und Sitting Bull geführte Indianerarmeen 1876
c Sieg der Engländer gegen die Spanier 1773, was die Abtretung von Texas und Kalifornien an England zur Folge hatte
d letzte Schlacht zwischen Indianern und der US-Armee 1890, die zu einer verheerenden Niederlage der Indianer führte und deren Freiheitskampf beendete

42 **Wann fand in Russland die Oktoberrevolution statt?**

a 1917
b 1914
c 1919
d 1901

43 **Wer war der Initiator zur Gründung des Deutschen Reiches 1871?**

a Bülow
b Hindenburg
c Bismarck
d Stresemann

44 **Was war „der lange Marsch“?**

a Migration der Westgoten von Italien zur Iberischen Halbinsel während der Völkerwanderung im 4. und 5. Jahrhundert
b Auszug der Israeliten aus Ägypten um 1200 v. Chr.
c Zug der chinesischen Roten Armee unter Mao Tse-tung nach Shensi 1934/35
d Deportation der Indianer in den USA in Reservate Ende des 19. Jahrhunderts

45 **Unter welchem Namen ging der Ehemann von Nofretete, Amenophis IV., in die Geschichtsannalen ein?**

a Imhotep
b Echnaton
c Ramses
d Tutanchamun

46 **Wie hieß die von den Phöniziern um 750 v. Chr. im heutigen Tunesien gegründete Stadt, die sich zur wichtigsten Handelsmacht in der Antike entwickelte?**

a Sparta
b Ostia
c Karthago
d Ephesos

47 **Bei welcher Seeschlacht besiegte der englische Admiral Horatio Nelson am 21. Oktober 1805 die vereinigte französisch-spanische Flotte?**

a Seeschlacht am Kap Hoorn
b Seeschlacht von Trafalgar
c Seeschlacht von Malta
d Seeschlacht von Korfu

48 **Von wem ist der Satz überliefert, Politik sei die Kunst des Möglichen?**

a Otto Fürst von Bismarck
b Harry S. Truman
c Konrad Adenauer
d Winston Churchill

49 **Wer ist das?**

Ghandi ....

50 **Welcher Präsident der USA musste 1974 wegen der Watergate-Affäre zurücktreten?**

a Gerald Ford
b Lyndon B. Johnson
c Richard Nixon
d Jimmy Carter

51 **Wie hieß der Kolonialkrieg, den Großbritannien 1982 im Südatlantik führte?**

- a Falklandkrieg
- b Südgeorgienkrieg
- c Patagonienkrieg
- d Feuerlandkrieg

52 **Wer initiierte den gescheiterten Attentatsversuch gegen Hitler am 20. Juli 1944?**

- a Claus Graf Schenk von Stauffenberg
- b Carl Friedrich Goerdeler
- c die Geschwister Sophie und Hans Scholl
- d Phillipp Scheidemann

53 **Wann erfolgte die Proklamation der Menschen- und Bürgerrechte in Frankreich?**

- a 1776
- b 1789
- c 1815
- d 1871

54 **Wann wurde das Attentat auf John F. Kennedy in Dallas verübt?**

- a 22. November 1963
- b 11. Oktober 1965
- c 13. September 1961
- d 30. November 1964

55 **Wie hieß der Führer der Jakobiner, einer radikalen politischen Gruppierung der Französischen Revolution?**

- a Charles de Montesquieu
- b Jean-Jacques Rousseau
- c Maximilien de Robespierre
- d Jean-Baptiste Colbert

56 **Was war der „Prager Frühling“?**

a der Vertrag zur friedlichen Auflösung der Tschechoslowakei am 1. Januar 1993

b Bezeichnung für den Versuch Alexander Dubceks 1968, in der damaligen CSSR einen „menschlichen Sozialismus“ aufzubauen

c die Gründung der Tschechoslowakei im Oktober 1918

d die Ereignisse zum Beginn des Böhmischen Aufstandes 1618

57 **Wie starb Gaius Julius Caesar 44 v. Chr.?**

a Er fiel auf seinem letzten Feldzug gegen die Gallier bei Lutetia.

b Er ertrank im Nil während eines Besuches bei Kleopatra.

c Er fiel einer Verschwörung zum Opfer und wurde im römischen Senat ermordet.

d Er kam beim Ausbruch des Vesuvs in Pompeji ums Leben.

58 **Der amerikanische Marshall-Plan sah nach dem 2. Weltkrieg für Deutschland vor …**

a die Kriegsschulden zu bezahlen

b eine Wiedergutmachung der zu verantwortenden Zerstörungen zu leisten

c ein Wiederaufbauprogramm zu realisieren

d eine umfassende Agrarreform zu ermöglichen

59 **Die Forderungen der Französischen Revolution hießen …**

a Freiheit, Gleichheit, Brüderlichkeit

b Frieden, Freiheit, Gerechtigkeit

c Demokratie, Frieden, Gerechtigkeit

d Einigkeit und Recht und Freiheit

60 **Wie wurden die Abgrenzungsmethoden der Ostblockländer gegenüber dem Westen von Winston Churchill bezeichnet?**

a „Stählerne Brücke“

b „Polnischer Korridor“

c „Kalter Krieg“

d „Eiserner Vorhang“

61 **Wie hieß der 1968 ermordete amerikanische Bürgerrechtler, der mit seiner Vision von einer friedlichen Rassenintegration („I have a dream“) von sich reden machte?**

a Malcolm X
b Sun Ra
c Elija Muhammad
d Martin Luther King

62 **Wann und wo wurde Karl der Große zum Kaiser gekrönt?**

a 814 in Aachen
b 796 in Konstantinopel
c 800 in Rom
d 802 in Ravenna

63 **Was war der „Sechs-Tage-Krieg“?**

a die Invasion der USA auf der Karibikinsel Grenada 1983
b 3. Israelisch-Arabischer Krieg im Juni 1967, den Israel siegreich beendete
c der Überfall deutscher Truppen auf die Benelux-Staaten im 2. Weltkrieg
d die Besetzung Äthiopiens durch die italienische Armee 1936

64 **Wie hieß der indische Freiheitskämpfer, der mit der Methode des gewaltlosen Widerstandes 1947 wesentlich zur Unabhängigkeit Indiens beigetragen hat?**

a Jawaharlal „Pandit“ Nehru
b Roy „Swami“ Shankara
c Mohandas Karamchand „Mahatma“ Gandhi
d Achmed Sukarno

65 **Wann fand der Wiener Kongress zur politischen Neuordnung Europas statt?**

a 1815
b 1945
c 1871
d 1918

66 **Was war die Schlacht bei Waterloo?**

a Niederlage Preußens gegen die Schweden im Dreißigjährigen Krieg 1633

b letzte Schlacht im amerikanischen Bürgerkrieg im April 1865, die mit der Niederlage der Südstaatenarmee unter General Lee endete

c dreijähriger Stellungskampf im 1. Weltkrieg zwischen Frankreich und Deutschland ohne nennenswerte Geländegewinne 1915–1918

d Entscheidungsschlacht der Befreiungskriege am 18. 06. 1815, in der Napoleon von den Koalitionsarmeen endgültig besiegt wurde

67 **Welcher der folgenden Sachverhalte war keine Auswirkung des 1. Weltkriegs?**

a Deutschland musste große Reparationen zahlen

b Österreich-Ungarn zerfiel in mehrere Staaten

c In der Türkei und Russland wurde die Monarchie gestürzt

d Durch das Potsdamer Abkommen wurde die Zwangsaussiedlung der Deutschen aus den osteuropäischen Staaten vereinbart

68 **Welcher europäische Staat hat seit 1815 keinen Krieg geführt?**

a Finnland

b Schweiz

c Österreich

d Dänemark

69 **Wie war die Bezeichnung des obersten Feldherren Japans, der jahrhundertelang anstelle des machtlosen Kaisers die Regierung leitete?**

a Shogun

b Tenno

c Großmogul

d Samurai

70 **Wofür steht die Bezeichnung „Killing Fields"?**

a für die Minenfelder, die nach dem Bürgerkrieg in Angola zurückblieben

b für den Ort am Wounded Knee Creek, an dem 1890 mehr als 400 Sioux-Indianer einem Massaker der US-Armee zum Opfer fielen

c für die Massengräber im Kambodscha, wo während der Schreckensherrschaft Pol Pots 1975–77 ca. 1 Million Menschen durch Hunger und Exekutionen ums Leben kamen

d für die englische Bezeichnung der ehemaligen innerdeutschen Grenzanlagen

71 **Wer ist das?**

Luther.......................

72 **Wann fiel die Berliner Mauer?**

a 3. Oktober 1990

b 9. November 1989

c 1. Juli 1990

d 7. Oktober 1989

73 **Wer krönte sich 1804 selbst zum Kaiser und wurde später auf die Insel Elba verbannt?**

a Napoleon I.

b Ludwig XVI.

c Napoleon III.

d Ludwig XIV.

74 **Einer der Anlässe für den Beginn des Ersten Weltkrieges war ...**

a die Weltwirtschaftskrise
b die Französische Revolution
c das Attentat auf den österreichisch-ungarischen Thronfolger Franz Ferdinand
d keiner der Lösungsvorschläge ist richtig

75 **Als König regierte Friedrich Wilhelm I ...**

a Bayern
b Preußen
c Sachsen
d Brandenburg

76 **Wann wurde in Deutschland erstmalig das Frauenwahlrecht zugelassen?**

a 1870
b 1914
c 1918
d 1933

77 **Der Koreakrieg begann ...**

a 1946 und endete 1951
b 1950 und endete 1953
c 1955 und endete 1960
d 1960 und endete 1963

78 **Zum Ende der DDR fanden in Leipzig und anderen Städten an einem ganz bestimmten Wochentag immer wieder Demonstrationen statt. Dies war immer wieder der ...**

a Montag
b Mittwoch
c Freitag
d Sonntag

79 **Der Dreißigjährige Krieg wurde beendet durch …**

a den Westfälischen Frieden
b den Vertrag von Versailles
c das Edikt von Nantes
d das Vier-Mächte-Abkommen

80 **Wer waren die Etrusker?**

a ein griechisches Volk, das gegen die Einführung römischer Kultur kämpfte
b ein Volk, das vor den Römern Norditalien beherrschte
c ein Stammesverband im antiken Germanien
d der Überlieferung nach die Erbauer des Trojanischen Pferdes

81 **Die russische Oktoberrevolution der Bolschewiki fand statt im Jahr …**

a 1917
b 1914
c 1900
d 1899

82 **Der von Lassalle mitgegründete „Allgemeine Deutsche Arbeiterverein“ ist der Vorgänger welcher heutigen Partei?**

a SPD
b KPD
c NPD
d Die Linke

83 **Wie nennt man die unumschränkte Herrschaftsform, die mit Ludwig XIV. (1638–1715) von Frankreich in Beziehung gebracht werden kann?**

a Absolutismus
b Imperialismus
c Merkantilismus
d Feudalismus

84 Wer ist das?

Goebels ....

85 **Wie hieß die Grenzanlage, die die Römer seit dem 1. Jahrhundert nach Chr. gegen die Germanen errichteten?**

a Hadrianswall
b Arminiuswall
c Gallonides
d Limes

Lösungen und Erläuterungen

1	**d**	Die Deutsche Demokratische Republik (DDR) ist 1949 aus der sowjetischen Besatzungszone hervorgegangen. Sie war bis zum Frühjahr 1990 eine Volksdemokratie unter der Führung der SED. Nach 41-jähriger Teilung bereitete der Einigungsvertrag die Modalitäten für den Beitritt der DDR zur BR Deutschland am 03. 10. 1990 vor.
2	**a**	Seit dem Untergang der spanischen Armada durch die Engländer verlor Spanien zunehmend an Einfluss. Nach dem Tod des Herrschers Philipp II. war der Niedergang der spanischen Macht unaufhaltsam.
3	**d**	Konrad Adenauer war von 1949–1963 Bundeskanzler der BR Deutschland. Er setzte sich z. B. für die europäische Einigung ein, stellte die diplomatischen Beziehungen zur Sowjetunion her und förderte die Freundschaft mit Frankreich.
4	**a**	Die Ausgrabungsstätte des vermeintlichen Trojas liegt im Nordwesten der heutigen Türkei.
5	**c**	Die Patrizier stammten aus den wohlhabenden Familien und berieten die Könige.

6 Abraham Lincoln, US-Präsident von 1861–1865

7 b Suffragetten sind Frauenrechtlerinnen in Großbritannien, die mit Hungerstreiks und Demonstrationen für Wahlrecht und Gleichberechtigung der Frauen im sozialen und politischen Leben kämpften.

8 a Zu diesen gehörten: Alabama, Arkansas, Florida, Georgia, Louisiana, Mississippi, Tennessee, Texas, Virginia sowie North Carolina und South Carolina.

9 b Francisco Franco Bahamonde (1892–1975) errichtete ein diktatorisches Regime und bezeichnete sich als „Caudillo“ (= spanisch „Führer“). Benito Mussolini (1883–1945) war ein italienischer Diktator und Faschistenführer, Gamal Abd el-Nasser (1918–1970) war ein bedeutender ägyptischer Politiker und Primo de Rivera beherrschte Spanien von 1923–1930 als General und Diktator.

10 a Auf dem 20. Parteitag der KPdSU 1956 wurde Stalin von seinem Nachfolger Nikita S. Chruschtschow verurteilt, der im Laufe der weiteren Jahre den Kult um Stalin beendete und mit seiner Politik eine Annäherung an den Westen suchte.

11 b Das nach der Burg Wittelsbach bezeichnete Fürstengeschlecht stellte im Heiligen Römischen Reich Deutscher Nation zwei Kaiser sowie von 1806–1918 die Könige von Bayern. Die Staufer stellten von 1138–1254 die deutschen Kaiser bzw. die römisch-deutschen Kaiser und die Ottonen von 919–1024 die deutschen Kaiser.

12 c George Washington wurde 1789 zum 1. Präsidenten der USA gewählt und 1792 wiedergewählt.

13 b Christoph Kolumbus (1451–1506) stammte aus Genua in Italien.

14 d Auf der Felsenburg Canossa in Oberitalien erreichte Heinrich IV. durch dreitägige Buße von Papst Gregor VII. die Aufhebung des Kirchenbannes.

15 c Der 2. Weltkrieg endete mit der Eroberung Deutschlands durch die Alliierten und der bedingungslosen Kapitulation der Deutschen am 08./09. 05. 1945.

16 c Die Mitglieder der Weißen Rose Hans und Sophie Scholl wurden zum Tode verurteilt und hingerichtet. Mit „Rote Kapelle“ wurde ein Agentenapparat der sowjetischen Spionageorganisation bezeichnet, der im 2. Weltkrieg aktiv wurde. Der Kraisauer Kreis war eine Widerstandsgruppe um Helmuth James Graf von Moltke und a) gibt es nicht.

17 b Karthago wurde in den 3 Punischen Kriegen (264–241, 218–201, 189–146 v. Chr.) besiegt. 146 v. Chr. zerstörten die Römer die Stadt Karthago bis auf den letzten Stein und erklärten das Gebiet der Karthager zur römischen Provinz Africa.

18 Otto von Bismarck, Reichskanzler des Deutschen Reiches von 1871–1890

19 d Der 1. Weltkrieg wurde 1914 durch das Attentat von Sarajevo ausgelöst und endete am 11. 11. 1918 mit der Kapitulation der Mittelmächte (Deutsches Reich, Österreich-Ungarn) gegenüber den Alliierten. Infolge des 1. Weltkrieges wurde der Frieden mit dem Versailler Vertrag vom 28. 06. 1919 besiegelt.

20 d Ab 1215 eroberten die Heere Dschingis Khans ganz Nord- und Zentralasien bis nach Russland. Seine Reiterscharen hinterließen oft ein Feld der Verwüstung.

21 a Gaius Julius Caesar gelangte auch als Schriftsteller zu Ruhm. Von ihm wurden z. B. die Schriften über den Gallischen Krieg („De Bello Gallico") überliefert.

22 d Die meist willkürlichen Urteile wurden grausam vollstreckt, z. B. durch Folter oder Scheiterhaufen. Unter „Prohibition" ist das staatliche Verbot der Herstellung und des Verkaufs von Alkohol zu verstehen. „Säkularisation" bezeichnet die Einziehung oder Nutzung kirchlicher Besitztümer oder Hoheitsrechte durch den Staat. Unter „Inkarnation" ist allgemein die irdische Gestaltwerdung göttlicher Wesen gemeint.

23 a Die Cherusker waren ein Stammesverband im antiken Germanien und lebten beidseitig des oberen Flussgebietes der Weser im heutigen Ostwestfalen und in Niedersachsen bis zur Elbe.

24 c Die „Magna Charta" ist das wichtigste altenglische Staatsgrundgesetz und Grundstein der englischen Parlamentsverfassung.

25 d Am 4. Juli 1776 nahm der Kongress Thomas Jeffersons Entwurf der Unabhängigkeitserklärung an, womit die 13 englischen Kolonien an der Ostküste als eine einzige, unabhängige Nation erklärt wurden. Dieser Tag wird heute noch als Nationalfeiertag in den USA gefeiert.

26 a Obwohl sich die amerikanischen Truppen bis 1972 aus Südvietnam zurückgezogen hatten und der amerikanische Sonderbeauftragte Henry Kissinger mit dem nordvietnamesischen Verhandlungspartner Le Duc Tho im Oktober 1972 einen Waffenstillstand ausgehandelt hatte, wurde der Krieg erst nach einer Offensive der Kommunisten 1975 durch die Kapitulation Südvietnams beendet.

27 a Hernando Cortés eroberte nicht nur die Aztekenhauptstadt für Spanien, sondern das Aztekenreich, das sich über fast ganz Mexiko erstreckte.

28 b Die Entente cordiale zwischen Frankreich und Großbritannien (1904) war – vor dem Hintergrund der jeweiligen Kolonialinteressen in Nordafrika – die Bekundung des gegenseitigen herzlichen Verhältnisses, ein Freundschaftsabkommen ohne Abmachungen und gegenseitige Verpflichtungen. Ständige Besprechungen der beiden Generalstäbe führten dann aber kurz vor dem 1. Weltkrieg zu exakten Vereinbarungen.

29 d Die beiden Gründer des Spartakusbundes, aus dem 1918/19 die Kommunistische Partei Deutschlands hervorgegangen ist, wurden nach dem Scheitern des Spartakusaufstands von Freikorpsoffizieren ermordet.

30 b Nikolaus II. dankte am 15. 03. 1917 ab und wurde mit seiner Familie von bolschewistischen Truppen ermordet. Iwan IV. (1530–1548) wurde wegen seines Jähzorns und Verfolgungswahns auch „Iwan der Schreckliche" genannt. Alexander I. (356–323 v. Chr.) galt als Weltherrscher zu seiner Zeit, denn seine Truppen eroberten Asien bis zum Indus und viele Mittelmeerländer bis Ägypten. Peter der Große (1672–1725) wollte sein Land der westlichen Kultur öffnen, indem er große Reformen in

Verwaltung, Kirche, Gesellschaft und Armee durchsetzte. 1703 gründete er Sankt Petersburg.

31 a Mit dem Bau der Berliner Mauer wollte die DDR-Regierung verhindern, dass immer mehr Menschen aus dem sozialistischen Teil Deutschlands nach West-Berlin übersiedelten.

32 c Dieser Name galt seit ca. 1254. Im 15. Jahrhundert wurde „Deutscher Nation" hinzugesetzt, um den zunehmenden Verlust der Herrschaft über die nicht deutschen Reichsgebiete in Burgund und Italien zu kennzeichnen. Durch Kaiser Franz II. wurde das auch umgangssprachlich oft als „Altes Deutsches Reich" bezeichnete Imperium aufgelöst.

33 b Lyndon B. Johnson war damals amtierender Vizepräsident. Er war dann von 1963–1969 Präsident der USA (36. Präsident) und setzte z. B. mit dem Motto „Krieg gegen die Armut" die Sozialpolitik Kennedys fort. Richard Nixon war der 37. Präsident (1969–1974 im Amt), James Carter der 39. Präsident (1977–1981 im Amt) und Gerald R. Ford der 38. Präsident (1974–1977 im Amt).

34 d Kolumbus' eigentlicher Plan war, den Seeweg von Westen nach Indien zu erforschen. Stattdessen entdeckte er die Neue Welt und die Indianer (Indien) erhielten demzufolge irrtümlicherweise diesen Namen.

35 b 1834 wurde mit dem Deutschen Zollverein für die deutschen Einzelstaaten ein einheitliches Zollgebiet geschaffen.

36 b Auf dem Höhepunkt ihrer Macht kontrollierte die Hanse den gesamten Ostseehandel. Mit a) ist der Deutsche Zollverein gemeint, mit c) die Zünfte und mit d) die Manufakturen.

37 c Die bürgerliche Revolution hatte die Bildung des ersten gesamtdeutschen Parlaments in der Paulskirche in Frankfurt am Main zur Folge.

38 d Barbarossas Regierungszeit (1152–1190) gilt als Höhepunkt der Machtstellung des Heiligen Römischen Reiches.

39 a Bei dieser über mehrere Jahrhunderte andauernden Rückeroberung des Landes waren die Könige von Kastilien und Aragon maßgeblich beteiligt.

40 b Die Pest wurde durch Rattenflöhe übertragen. Diese besonders verheerende Epidemie löschte ganze Landstriche aus. Erst durch fortschreitende Hygiene konnte die Pest ab dem 18. Jahrhundert besiegt werden. Heute ist sie in Europa ausgerottet.

41 b Bei dieser Niederlage der US-Kavallerie unter George Custer am 25./26. 06. 1876 gegen die Sioux und Cheyenne unter Crazy Horse und Sitting Bull wurden alle Soldaten und Offiziere getötet. Auf dem damaligen Schlachtfeld befindet sich heute ein Nationaldenkmal.

42 a Der Sturz der russischen Regierung durch die Bolschewiki unter Lenin erfolgte nach dem damaligen russischen Kalender am 25./26. 10. 1917.

43 c Die Politik Bismarcks zur Stärkung Preußens führte nach dem Deutsch-Französischen Krieg von 1870/71 zur Gründung des Deutschen Reiches.

44 c Durch diesen ca. 12 500 km langen Rückzug der chinesischen Kommunisten vor den Truppen der Nationalregierung festigte Mao Tse-tung seine innerparteiliche Stellung.

45 b Echnaton erhob die „Sonnenscheibe“ (= Aton) zum einzigen Gott, wodurch er seinen Beinamen erhielt.

46 c Durch die drei Punischen Kriege übernahm Rom die ehemalige Vormachtstellung Karthagos. Die Stadt wurde 146 v. Chr. zerstört und sein Gebiet römische Provinz.

47 b Mit dieser Schlacht am gleichnamigen Kap südöstlich von Cádiz sicherte Nelson England die Seeherrschaft und den Seeweg nach Indien. a), c) und d) sind erfunden.

48 d Winston Churchill tat sich auch als Schriftsteller hervor und erhielt 1953 den Nobelpreis für Literatur.

49 Mohandas Karamchand „Mahatma“ Gandhi, geistiger Führer der indischen Unabhängigkeitsbewegung, die 1947 mit dem von ihm entwickelten Konzept des gewaltfreien Widerstandes das Ende der britischen Kolonialherrschaft über Indien herbeiführte.

50 c Die Mitwisserschaft Nixons und sein Versuch, den Einbruch von seinen Anhängern in das Hauptquartier der Demokratischen Partei im sogenannten Watergate-Komplex (Büro- und Hotelgebäude in Washington D.C.) zu verschleiern, führte zu einem Amtsenthebungsverfahren gegen ihn. Unter dem Druck der Öffentlichkeit trat er am 08. 08. 1974 zurück.

51 a Die Falklandinseln, die seit 1833 unter britischer Hoheit stehen, wurden im April 1982 von der argentinischen Militärregierung besetzt. Daraufhin entsandte Großbritannien seine Kriegsflotte und eroberte die Inselgruppe zurück.

52 a Von Stauffenberg legte am 20. 07. 1944 im Hauptquartier Hitlers eine Bombe und löste mit seinen Mitverschwörern einen Putsch gegen das nationalsozialistische Regime aus, der aber scheiterte.

53 b Sie erfolgte 1789 in der Nationalversammlung durch 17 Artikel.

54 a Kennedy wurde am 22. 11. 1963 vermutlich durch Lee Harvey Oswald mit einem Gewehr in Dallas erschossen. Die näheren Umstände des Attentats sind bis heute nicht eindeutig geklärt.

55 c Maximilien de Robespierre (1758–1794) war seit 1793 Mitglied des sog. „Wohlfahrtsausschusses“, sicherte sich dadurch eine beträchtliche Machtstellung und übte schließlich eine Schreckensherrschaft aus. Charles de Montesquieu (1689–1755) schuf die Lehre der Gewaltenteilung und hatte damit großen Einfluss auf die Französische Revolution bis 1791 und auf die Verfassung der USA. Jean-Baptiste Colbert (1619–1683) war Finanzminister unter Ludwig XIV.

56 b Die Reformpolitik Alexander Dubceks wurde von der UdSSR nicht akzeptiert. Sie marschierten im August 1968 zusammen mit Truppen der Warschauer-Pakt-Staaten in die CSSR ein, um einer angeblichen Konterrevolution zuvorzukommen.

57 c Caesar wurde 44 v. Chr. von republikanischen Verschwörern unter Brutus und Cassius ermordet.

58 c Es handelt sich beim Marshall-Plan um ein umfassendes wirtschaftliches Wiederaufbauprogramm von den USA, das 1948 zur wirtschaftlichen Unterstützung ins Leben gerufen wurde.

59 a Freiheit, Gleichheit und Brüderlichkeit waren die Grundgedanken, die sich an die Idee der Menschenrechtsdeklaration der amerikanischen Revolution anlehnten.

60 d a) gibt es nicht. Der „Polnische Korridor" bezeichnet einen im Rahmen des Versailler Vertrags entstandenen Streifen polnischen Territoriums, der Pommern im Westen von Ostpreußen im Osten trennte. Allgemein steht der Kalte Krieg für einen militärischen Konflikt zweier Staaten, ohne dass es zu einem Waffengang kommt. Im Besonderen umschreibt der Begriff die Konfrontation der von den USA und der UdSSR geführten Machtblöcke seit der Nachkriegszeit bis 1962.

61 d Martin Luther King galt als Vorkämpfer für die Bürgerrechte der Schwarzen in den USA. 1964 erhielt er den Friedensnobelpreis und wurde 1968 in Memphis ermordet.

62 c Karl der Große, der als einer der größten europäischen Herrscher gilt, wurde 800 in Rom vom Papst zum Kaiser gekrönt.

63 b Bei diesem Krieg Israels gegen Ägypten, Syrien und Jordanien besetzte Israel die Golanhöhen, die Sinai-Halbinsel, den Gaza-Streifen und das Westjordanland und siegte innerhalb von sechs Tagen.

64 c Gandhi trat ab 1914 für die Unabhängigkeit seines Landes von der Kolonialmacht Englands ein. 1948 fiel er einem Attentat zum Opfer.

65 a In dieser Versammlung einigten sich 1815 die europäischen Fürsten und Staatsmänner nach der militärischen Niederlage Napoleons über die Neuordnung Europas.

66 d In dieser Schlacht erlitt Napoleon die endgültige Niederlage gegen die englischen und preußischen Truppen unter den Feldherren Wellington und Blücher.

67 d Das Potsdamer Abkommen regelte erst nach dem 2. Weltkrieg am 02. 08. 1945 das gemeinsame Vorgehen von Großbritannien, der Sowjetunion und den USA gegenüber dem besiegten Deutschland. Es wurden z. B. die Entmilitarisierung, Entnazifizierung, Einrichtung der Besatzungszonen und Errichtung des alliierten Kontrollrats beschlossen.

68 b In beiden Weltkriegen konnte die Schweiz ihre Neutralität bewahren.

69 a „Tenno" ist die Bezeichnung für den japanischen Kaiser, Großmogule sind die Herrscher Indiens vom 16. bis 19. Jahrhundert und Samurai sind die Angehörigen des Kriegerstandes im alten Japan, die ab dem 16. Jahrhundert die oberste Gesellschaftsschicht bildeten.

70 c Pol Pot versuchte als Führer der Roten Khmer Kambodscha gewaltsam kommunistisch umzugestalten.

71 Martin Luther, theologischer Urheber und Lehrer der Reformation

72 b Nach der u. a. von Leipzig ausgehenden friedlichen Revolution im November wurde die Mauer am 09. 11. 1989 geöffnet und im Laufe der nächsten zwei Jahre abgerissen.

73 a Der aus Korsika stammende Napoleon Bonaparte (1769–1821) stieg wegen großer militärischer Erfolge schnell auf und errichtete bis 1807 eine französische Vorherrschaft in Europa.

74 c Am 28. Juni 1914 wurden der Thronfolger Österreich-Ungarns, Erzherzog Franz Ferdinand, und seine Gemahlin bei ihrem Besuch in Sarajevo (Bosnien) ermordet.

75 b Friedrich Wilhelm I. aus dem Haus der Hohenzollern (der „Soldatenkönig") war von 1713 bis zu seinem Tod 1740 König in Preußen Markgraf von Brandenburg

76 c Am 09. 11. 1918 rief Philipp Scheidemann die deutsche Republik aus. Der Rat der Volksbeauftragten stellte am 12. 11. 1918 das Regierungsprogramm vor und darin enthalten die Proklamation des Frauenwahlrechtes. Dies gilt als die Stunde des Frauenwahlrechts in Deutschland. Im Januar 1919 konnten sie erstmals auf nationaler Ebene ihr Wahlrecht nutzen.

77 b Der Koreakrieg war eine Auseinandersetzung zwischen der Demokratischen Volksrepublik Korea (Nordkorea) zusammen mit der Volksrepublik China auf der einen Seite und der Republik Korea (Südkorea) zusammen mit Truppen der Vereinten Nationen, unter Führung der USA, auf der anderen Seite.

78 a Die Montagsdemonstrationen waren wichtiger Bestandteil der Friedlichen Revolution in der DDR im Herbst 1989.

79 a Die zwischen Mai und Oktober 1648 in Münster und Osnabrück getrennt verhandelten und in Münster unterzeichneten Friedensverträge bezeichnet man als den Westfälischen Frieden. Hierin wurden die verschiedenen Glaubensrichtungen als gleichberechtigt anerkannt und der Dreißigjährige Krieg in Deutschland beendet.

80 b Die Etrusker lebten zwischen 800 und 100 v. Chr. im Raum der heutigen Regionen Toskana, Umbrien und Latium. Nach der Eroberung durch die Römer (300 bis 90 v. Chr.) gingen sie im Römischen Reich auf.

81 a Die Oktoberrevolution fand nach dem für uns gültigen gregorianischen Kalender in der Nacht vom 6. auf den 7. November 1917 statt und war somit eher eine Novemberrevolution.

82 a Der von Ferdinand Lassalle am 23. Mai 1863 in Leipzig/Königreich Sachsen gegründete Allgemeine Deutsche Arbeiterverein (ADAV) war die erste Massenpartei der deutschen Arbeiterbewegung.

83 a „Imperialismus" benennt im weitesten Sinn das Herrschaftsstreben eines Staates, seine Macht auf andere Gebiete auszudehnen.

84 Joseph Goebbels, einer der einflussreichsten und bekanntesten Politiker während des Nationalsozialismus und enger Vertrauter Adolf Hitlers

85 d Dieser ca. 550 km lange Schutz- und Grenzwall sollte den römisch kontrollierten Teil des heutigen Süden und Westen Deutschlands vor Angriffen der Germanen schützen. Der Hadrianswall, der unter Kaiser Hadrian erbaut wurde, verlief von der West- zur Ostküste Britanniens. Er sollte die römische Provinz im Süden gegen die freien Stämme im Norden schützen. b) und c) sind erfunden.

8 Religion

1 „Der Erleuchtete“ steht für die Person …

a Jesus
b Buddha
c Mohammed
d Shiva

2 Welche Weltreligion herrscht in großen Teilen Asiens?

a der Buddhismus
b der Islam
c der Schintoismus
d der Calvinismus

3 Der Talmud ist das Gesetz und Religionswerk der …

a Buddhisten
b Muslime
c Mormonen
d Juden

4 Was ist eine Enzyklika in der römisch-katholischen Kirche?

a eine Art religiöser Aufruf aller Bischöfe
b eine offizielle Stellungnahme des Papstes in Form eines Rundschreibens
c eine besondere Form des Glaubensbekenntnisses
d eine Art Kirchengesetz, von allen Kardinälen unterzeichnet

5 Ulrich Zwingli war ein bedeutender …

a schweizer Reformator
b österreichischer Kantor
c deutscher Bibelforscher
d niederländischer Religionsgründer

6 **Wann begann – nach unserer Zeitrechnung – die islamische Zeitrechnung?**

a 518 v. Chr.
b 333 v. Chr.
c 622 n. Chr.
d 1024 n. Chr.

7 **Mit „Okkultismus“ bezeichnet man …**

a eine Art Befreiungsdenken
b einen Glauben an geheime Mächte
c eine Art religiöser Lebensgemeinschaft
d eine bestimmte Form von Aberglauben

8 **Für die katholische Kirche ist der höchste Feiertag …**

a Weihnachten
b Pfingsten
c Maria Empfängnis
d Ostern

9 **Wer ist das Oberhaupt der römisch-katholischen Kirche?**

a die Dreifaltigkeit
b Gott
c der Papst
d der Heilige Geist

10 **Welcher römische Kaiser trat als Erster zum Christentum über?**

a Marcus Aurelius
b Konstantin
c Diokletian
d Augustinus

11 **Was versteht man unter „Reinkarnation“?**

a Vorstellung der Wiedergeburt
b Sündenerlass
c Fleischverzicht aus religiösen Gründen
d rituelle Reinigung

12 **Was bedeutet „Monotheismus"?**

a der Glaube, dass einzig die Natur die Geschicke der Menschen bestimmt

b der Glaube, dass nur auf der Erde Leben existieren darf

c Sammelbezeichnung für alteuropäische Religionen, bei denen Monolithe als sakrale Kult- und Versammlungsorte dienten

d der Glaube, dass es nur einen Gott gibt, der alle Attribute und Charakteristika des Göttlichen in sich vereinigt

13 **Eine Zusammenkunft mit der Absicht, kirchliche Lehrmeinungen zu diskutieren, sich zu beraten und Entscheidungen zu beschließen, nennt man auch …**

a Konsistorium

b Konvent

c Klausur

d Konzil

14 **An Weihnachten feiern die Christen …**

a das Fest der Versöhnung

b die Ausschüttung des Heiligen Geistes

c die Geburt des Heilands

d keiner der Lösungsvorschläge ist richtig

15 **In welcher Religion sind die Gottheiten Brahma, Shiva und Vishnu von größter Bedeutung?**

a im Hinduismus

b im Taoismus

c im Buddhismus

d im Jainismus

16 **Wer ist das?**

Papst Franziskus

17 **Welche Aussage trifft nicht für alle drei Religionen Judentum, Islam und Christentum zu?**

a Alle sind Schriftreligionen.
b In allen dreien spielt Abraham eine Rolle.
c Alle sind monotheistische Religionen.
d Alle besitzen ein gemeinsames Gesetzeswerk zur Religionsausübung.

18 **Welcher besondere Anlass wurde im Jahr 2017 gefeiert?**

a 200 Jahre Religionsfreiheit
b 500 Jahre Martin Luther
c 1000 Jahre Rom und seine Päpste
d keiner der Lösungsvorschläge ist richtig

19 **Als älteste monotheistische Religion gilt ...**

a der Islam
b das Judentum
c der Buddhismus
d das Christentum

20 **Im Jahr 1054 kam es zu einer großen Religionsspaltung, aus der zwei Kirchen hervorgingen.**

a die römisch-katholische und lutherische Kirche
b die römisch-katholische und anglikanische Kirche
c die römisch-katholische und protestantische Kirche
d die römisch-katholische und griechisch-orthodoxe Kirche

21 **Wie lautete der ursprüngliche Name des Begründers des Buddhismus?**

a Zarathustra
b Laotse
c Siddharta Gautama
d Rama-Chandra

22 **Was ist die Scharia?**

a die Kleidung eines Imams
b das heilige Gesetz des Islam
c die Kopfbedeckung moslemischer Frauen
d islamisches Fest am Ende des Ramadans

23 **Wie nennt man die 114 Abschnitte des Korans?**

a Suren
b Schahadas
c Sunnas
d Schias

24 **Ziel des ersten Kreuzzuges war …**

a Jerusalem
b Bethlehem
c Konstantinopel
d Mekka

25 **Wie lange dauert die Fastenzeit?**

a 17 Tage
b 33 Tage
c 40 Tage
d 50 Tage

26 **Wie lautet der Fachbegriff für die Lehre vom sittlichen Leben?**

a Religion
b Ethik
c Anthropologie
d Theologie

27 **Wie nennt man die Wallfahrt gläubiger Muslime nach Mekka?**

a Hadsch
b Ibada
c Zakat
d Ramadan

28 **Wofür steht im Christentum der Ausdruck „Golgatha"?**

a ursprünglich für „Schädelstätte", für Christen der Ort der Kreuzigung Jesu
b für das Felsengrab, in dem Jesus bestattet wurde
c für den Weg, auf dem Jesus sein Kreuz tragen musste
d für den Namen des Ortes, an dem Jesus zum Himmel emporstieg

29 **Welche Theologie gründet ihre Glaubenslehre auf die Inkarnation (Fleischwerdung) Gottes?**

a der Buddhismus
b der Islam
c der Taoismus
d das Christentum

30 **Die Unfehlbarkeit des Papstes ist in der katholischen Kirche …**

a ein Sakrament
b ein Dogma
c ein Relikt
d ein Katechismus

31 **Pfingsten wird von den christlichen Kirchen gefeiert …**

a als Auferstehung Jesu
b wegen der Kreuzigung Jesu
c zur Erinnerung an das letzte Abendmahl
d als Herabsendung des Heiligen Geistes

32 **Der Koran ist das heilige Buch …**

a der Taoisten
b des Islam
c der Juden
d der Buddhisten

33 **Wie ist die hierarchische Rangfolge in der katholischen Kirche?**

a Papst, Bischof, Kardinal, Priester
b Papst, Kardinal, Bischof, Priester
c Kardinal, Papst, Bischof, Priester
d Bischof, Papst, Kardinal, Priester

34 **Der Dalai Lama ist das religiöse Oberhaupt der …**

a Inder
b Pakistani
c Hindus
d Tibeter

35 **Welches ist für die Katholiken kein heiliges Sakrament?**

a die Taufe
b die Eucharistie
c der Schlusssegen
d die Priesterweihe

36 **Das Konklave ist eine …**

a Vereinbarung zur Aufrechterhaltung religiöser Sitten und Gebräuche
b Versammlung von Kardinälen zur Papstwahl
c Versammlung der Bischöfe unter dem Vorsitz des Papstes
d Vereinbarung zur Benennung der Heiligsprechung

37 **Was versteht man unter einer „Kanonisation"?**

a die Heiligsprechung in der katholischen Kirche
b die Vergebung aller Sünden
c den Bannfluch des Papstes
d keiner der Lösungsvorschläge ist richtig

38 **Was versteht man unter „Agnostizismus"?**

a eine religiöse Haltung, bei der die Existenz eines Gottes oder mehrerer Götter für unmöglich gehalten wird
b einen Teilbereich der anglikanischen Kirche, der sich mit Erkenntnistheorien beschäftigt
c die religiöse Überzeugung, dass die Frage nach der Existenz Gottes von Menschen nicht beantwortet werden kann
d eine Art Teufelsaustreibung mithilfe eines Priesters

39 **Was versteht man unter „Askese"?**

a eine besonders entsagungsvolle Lebensführung
b eine auf Kirchenmusik konzentrierte Tagesgestaltung
c eine sexuell absolut enthaltsame Lebensführung
d eine stark meditative Geistesarbeit

40 **Der Katechismus ist …**

a ein Gesangsbuch der katholischen Kirche
b ein religiöses Lehrbuch
c ein Regelwerk der Heiligsprechung
d keiner der Lösungsvorschläge ist richtig

41 **Was steht im Mittelpunkt der buddhistischen Religionsphilosophie?**

a ein besonders sündenfreies Leben
b eine Art der Vervollkommnung des Menschen
c eine Vorbereitung auf das ewige Leben
d eine Art der Selbstfindung

42 **Wer gilt im 6. Jahrhundert v. Chr. als der Religionsstifter des Buddhismus?**

a Siddharta Gautama
b Dalai Lama
c Hare Krishna
d Mohammed

43 **Franz von Assisi, der heilige Franziskus, war ein …**

a italienischer Philosoph im 15. Jahrhundert
b Mönch, der sich besonders um die Astronomie verdient gemacht hat
c Ordensstifter und Prediger
d Mitgründer des Jesuitenordens

44 **Wer ist das?**

Dalai Lama ……………………

45 **Der Zölibat ist …**

a ein Gelöbnis, in Armut zu leben
b ein Versprechen auf Buße und Besserung
c ein Zustand mystischer Versenkung
d ein Gelöbnis der Ehelosigkeit

46 **Die Kaaba ist ein Heiligtum …**

a der Hindus
b der Muslime
c der Christlich-Orthodoxen
d der Juden

47 **Der Sabbat ist ein besonderer Tag im religiösen Leben …**

a der Moslems
b der Calvinisten
c der Buddhisten
d der Juden

48 Wer gilt als Begründer des Islam?

a Allah
b Buddha
c Mohammed
d Jesus

49 Jan Hus ist ein bedeutender … Reformator gewesen

a deutscher
b niederländischer
c schweizerischer
d tschechischer

50 Wo befindet sich das berühmte Gemälde „Die Erschaffung Adams“ von Michelangelo?

a in der Sixtinischen Kapelle
b im Petersdom
c im Pantheon
d in der Basilika San Giovanni in Laterano

Lösungen und Erläuterungen

1	b	Siddhartha Gautama ist der Begründer des Buddhismus. Er lehrte als Buddha den Dharma (wörtlich: Lehre).
2	a	Der Buddhismus ist die von Buddha im 6. Jahrhundert v. Chr. in Vorderindien begründete Religion. Er ist in Nepal, Burma, Thailand, Laos, Kambodscha, Japan und vielen weiteren Ländern Asiens verbreitet.
3	d	Der Talmud ist nach der jüdischen Bibel das wichtigste Schriftwerk. Im Talmud werden alle Angelegenheiten des jüdischen Lebens, wie z. B. Speisevorschriften und Festtage, geregelt.
4	b	Sehr umstritten war beispielsweise die Enzyklika „humanae vitae" über das vom Papst Johannes Paul II. ausgesprochene Verbot der Antibaby-Pille.
5	a	Beeinflusst von den Lehrern Martin Luthers reformierte Ulrich Zwingli (1484–1531) die Kirche der deutschsprachigen Schweiz.
6	c	Der Prophet Mohammed stiftete den Islam zwischen 622 und 632 n. Chr. Die Glaubensquelle ist der Koran.
7	b	Vom Lateinischen „occultum" („das Verborgene"), wird auch als Sammelbegriff für alle „Geheimwissenschaften" wie Kabbalistik, Magie etc. gebraucht.
8	d	Ostern feiern die katholischen Christen das Fest der Auferstehung Jesu Christi.
9	c	Der Papst gilt als Stellvertreter Christi auf Erden. Als Nachfolger des heiligen Petrus ist er zugleich Bischof von Rom und Träger der gesamtkirchlichen Vollmacht.
10	b	Konstantin II., der Große (280–337), begünstigte das Christentum und bahnte damit die Entwicklung zur Staatsreligion an. Auf dem Sterbebett ließ er sich von Bischof Eusebius taufen.
11	a	„Reinkarnation" (wörtlich: Fleischwerdung) ist mit der Vorstellung verbunden, dass die Seele nach dem Tod in einem anderen Wesen weiterlebt und somit wiedergeboren wird. Dies spielt im Hinduismus und Buddhismus eine wesentliche Rolle.
12	d	Die drei monotheistischen Weltreligionen sind Judentum, Christentum und Islam.
13	d	In der katholischen Kirche spricht man von einem Konzil, wenn sich Bischöfe und hohe Geistliche versammeln, um kirchliche und theologische Fragen zu erörtern sowie Beschlüsse zu fassen.
14	c	An Weihnachten wird die Geburt Jesu Christi gefeiert. Neben Ostern ist Weihnachten einer der wichtigsten christlichen Feiertage im Jahr.
15	a	Grundlage des Hinduismus ist die Kastenordnung und die auf sie gegründete Vormachtstellung der Priesterkaste der Brahmanen.
16		Papst Franziskus (bürgerlich Jorge Mario Bergoglio), Papst seit 2013
17	d	Sie besitzen kein gemeinsames Gesetzeswerk zur Religionsausübung.

18	**b**	Die Reformation begann am 31. 10. 1517 mit Martin Luthers Veröffentlichung seiner 95 Thesen gegen den Ablasshandel.
19	**b**	Das Judentum hat eine mehr als 4 000 Jahre alte Geschichte.
20	**d**	Bis 330 n. Chr. war Rom Hauptstadt des Römischen Reiches und Sitz des Papstes, Oberhaupt der Kirche. Kaiser Konstantin ernannte die Stadt Byzanz (das heutige Istanbul) zur zweiten Hauptstadt. Zu seinen Ehren wurde sie Konstantinopel (auch Ostrom) genannt mit der Folge, dass politisch das Reich in zwei Hälften auseinanderfiel. Am 16. Juli 1054 trennten sich die orthodoxe und die katholische Kirche.
21	**c**	Der ursprüngliche Name Buddhas, des Erleuchteten, ist Siddharta Gautama (altindisch: „der sein Ziel erreicht hat").
22	**b**	Das heilige Gesetz des Islam. Es geht auf Mohammed zurück und erfasst alle Lebensbereiche.
23	**a**	Der Koran, das heilige Buch des Islam, die „seit Ewigkeit bestehende letzte Botschaft Gottes an die Menschheit".
24	**a**	Papst Urban II. rief 1095 zum Ersten Kreuzzug auf. Dieser begann 1096 als bewaffnete Pilgerfahrt von Laien und als Zug mehrerer Ritterheere aus Frankreich, Deutschland und Sizilien. 1099 endete er mit der Einnahme Jerusalems durch ein Kreuzritterheer.
25	**c**	Die 40-tägige Fastenzeit beginnt am Aschermittwoch und endet in der Osternachtsfeier am Ostersamstag.
26	**b**	In der Ethik wird genau definiert, was gutes und böses Handeln ist.
27	**a**	Einmal in seinem Leben sollte ein gläubiger Muslim eine Wallfahrt nach Mekka unternehmen.
28	**a**	In den Evangelien angegeben als Kreuzigungs- und Beerdigungsstätte Jesu.
29	**d**	Dagegen muss im Buddhismus die Seele viele Male in verschiedenen Körpern auf der Erde leben, bevor sie Vollendung erlangen kann.
30	**b**	Diese wurde im 1. Vatikanischen Konzil von 1870 genau festgelegt.
31	**d**	Der 50. Tag nach Ostern (Pentekoste) gilt als Tag der Begründung der Kirche.
32	**b**	Die „seit Ewigkeit bestehende letzte Botschaft Gottes an die Menschheit" wurde dem Propheten Mohammed von Allah offenbart.
33	**b**	Der Kardinal ist der höchste kirchliche Würdenträger nach dem Papst.
34	**d**	Sein Titel bedeutet im tibetischen Lamaismus Ozean der Weisheit.
35	**c**	Die sieben Sakramente sind äußere Zeichen, die als heiligmachende Kraft Gnade verleihen oder sie vermehren.
36	**b**	Der „verschließbare Raum", in dem die Kardinäle zur Papstwahl zusammenkommen.
37	**a**	Nach dem „Kanonischen Recht" die Aufnahme in den Kanon der Heiligen der katholischen Kirche.
38	**c**	Für den nicht religiösen Agnostiker lässt sich die Frage nach dem Sinn von Dasein, Geschichte und einem Fortleben über den Tod hinaus nicht beantworten.

39	**a**	Ziel asketischer Lebensführung ist es, einen Zustand der inneren Sammlung und Vergeistigung herbeizuführen.
40	**b**	In der katholischen Kirche ist der Katechismus ein grundlegendes Handbuch der Glaubens- und Sittenlehre.
41	**b**	Das Karma, eine Bezeichnung aus dem Buddhismus, besagt, dass das Schicksal des Menschen in seiner Wiedergeburt wiederkehrt und zu vollkommenerem Sein verbessert werden kann.
42	**a**	Siddharta Gautama, das ist Buddha. Nachdem er unter dem Bodhi-Baum zur Erleuchtung gekommen war, verbreitete er seine Lehre von der Überwindung des Leidens (Bodhi-Baum: Feigenbaum).
43	**c**	Franz von Assisi (Assisi 1181/82–1226) stellte sein Leben ganz in den Dienst der Nachfolge Christi. Er gründete den nach ihm benannten Franziskaner-Orden. 1939 erklärte Papst Pius XII. ihn zum Schutzheiligen Italiens.
44		Dalai Lama, Oberhaupt des tibetischen Buddhismus
45	**d**	Der Zölibat ist von katholischen Priestern und Nonnen abzulegen.
46	**b**	Jeder gläubige Muslim sollte bei seinem Besuch in Mekka mehrmals die Kaaba umrunden. Die Kaaba in Mekka ist ein Gebäude, in das der schwarze Stein eingelassen ist.
47	**d**	Der 7. Tag der jüdischen Woche gilt vom Freitagabend bis Sonnabend-Abend als strenger Ruhetag. Er wird im Alten Testament auf den Willen Gottes zurückgeführt.
48	**c**	Dem Propheten Mohammed wurden von Gott (Allah) die heiligen Gesetze des Islam offenbart.
49	**d**	Jan Hus (geb. um 1369 bis 1414 verbrannt) christlicher Theologe, Prediger und Reformator, zeitweise auch Rektor der Karls-Universität Prag. Er wollte Reformen und stellte sich damit gegen das Papsttum.
50	**a**	„Die Erschaffung Adams" gehört zu einem Zyklus von neun Einzelfresken, die Gen 1–9 bildlich umsetzen. Es wurde von Michelangelo an die Decke der Sixtinischen Kapelle gemalt.

9 Philosophie und Mythen

1 **Der Satz „Wissen ist Macht“ wurde geprägt durch …**

a Karl Marx
b Francis Bacon
c Platon
d Albert Camus

2 **Das Wort „Philosophie“ setzt sich in der Übersetzung zusammen aus …**

a Moral und Erkenntnis
b Freund und Weisheit
c Freund und Leben
d Existenz und Moral

3 **Mit welcher Geisteshaltung setzte sich Friedrich Nietzsche eingehend auseinander?**

a Klassizismus
b Positivismus
c Puritanismus
d Nihilismus

4 **Unter „Nihilismus“ versteht man eine philosophische Haltung, die …**

a an die Unschuld der Menschen glaubt
b von der Sinnlosigkeit der Welt und des menschlichen Lebens überzeugt ist
c an die Gleichheit und Freiheit der Menschen appelliert
d an die Existenz mehrerer Gottheiten glaubt

5 **Der französische Philosoph Jean-Paul Sartre (1905–1980) gilt als Vertreter ...**

a der Postmoderne
b des Positivismus
c des Romantizismus
d des Existentialismus

6 **Ein Schamane ist eine Art ...**

a Zauberer
b Priester und Heiler
c Medium
d alle Lösungsvorschläge sind richtig

7 **Als ein wichtiger französischer Vertreter der Aufklärung (18. Jahrhundert) gilt ...**

a Jean Paul
b Jean-Jacques Rousseau
c Jean-Paul Sartre
d Jean Paul Belmondo

8 **Welche philosophische Richtung vertrat Albert Camus (1913–1960)?**

a Naturalismus
b Existentialismus
c Kommunismus
d Nihilismus

9 **Wie hieß der Baumeister des Labyrinths für König Minos auf Kreta?**

a da Vinci
b Dädalus
c Herakles
d Odysseus

10 Warum stürzte Ikarus ins Meer?

a weil er schwimmen wollte
b weil er fischen wollte
c weil er fliehen wollte
d weil er den Rat seines Vaters Dädalus nicht befolgte

11 Wer prägte die Aussage: „Jeder gegen jeden“?

a Hobbes
b Hume
c Hesse
d Heidegger

12 Welcher griechische Philosoph war mit Xanthippe verheiratet?

a Platon
b Aristoteles
c Sokrates
d Sophokles

13 Wer gilt als Begründer der Anthroposophie?

a Kläre Waldorf
b Hermann Hesse
c Rudolf Steiner
d Theodor Adorno

14 Konfuzius war ein …

a indischer Philosoph
b japanischer Philosoph
c koreanischer Philosoph
d chinesischer Philosoph

15 Wie muss man sich den Minotaurus vorstellen?

a als ein schönes Pferd
b als ein großes, grün geschupptes Ungeheuer
c als einen Geist
d als Menschen fressendes Menschtier-Ungeheuer

16 **Der deutsche Philosoph Friedrich Nietzsche (1844–1900) beeinflusste besonders …**

a Martin Heidegger
b Rainer Maria Rilke
c Thomas Mann
d alle Lösungsvorschläge sind richtig

17 **Womit beschäftigt sich die Metaphysik?**

a mit höherer Mathematik
b mit Übersinnlichem
c mit Weltraumkunde
d keiner der Lösungsvorschläge ist richtig

18 **Aristoteles (384–322 v. Chr.) war ein bedeutender Philosoph aus …**

a Griechenland
b Persien
c Rom
d Ägypten

19 **Der Begriff „kategorischer Imperativ" ist verbunden mit dem Philosophen …**

a Platon
b Karl Jaspers
c Jürgen Habermas
d Immanuel Kant

20 **Welche Tat zählt nicht zu den Heldentaten des Herkules?**

a Besiegen der neunköpfigen Schlange Hydra
b Bau des Trojanischen Pferdes
c Stehlen der Äpfel der Hesperiden
d Entführen des Höllenhundes Kerberos aus der Unterwelt

21 **Wer oder was gehört nicht zur germanischen Mythologie?**

a Ares
b Hel
c Asgard
d Midgard

22 **Wer sagte: „Homo homini lupus" („Der Mensch ist des Menschen Wolf")?**

a Thomas Hobbes
b Hermann Hesse
c Niccolo Machiavelli
d Immanuel Kant

23 **Mit welchem Jahrhundert wird die Epoche der Aufklärung verbunden?**

a 15. Jahrhundert
b 16. Jahrhundert
c 17. Jahrhundert
d 18. Jahrhundert

24 **Welcher Fluch lastete auf Kassandra?**

a extreme Schlafstörungen
b schwere Depressionen
c Weissagung, die ihr niemand glaubte
d Taubstummheit

25 **Wer galt als Freigeist und als der Aufklärer des 18. Jahrhunderts, schrieb bissige Satiren, saß im Gefängnis, lange im Exil und besuchte Friedrich den Großen?**

a Hegel
b Voltaire
c Rousseau
d Schopenhauer

26 **Worin lag das Geheimnis der Stärke des Samson?**

a in seinen starken Muskeln
b in seinem stechenden Blick
c in seinem Haar
d in seinen riesengroßen Händen

27 **„Ich weiß, dass ich nichts weiß“ ist ein Ausspruch von …**

a Sokrates
b Platon
c Descartes
d Aristoteles

28 **Welcher Philosoph prägte den Satz „Gott ist tot“?**

a Friedrich Nietzsche
b Immanuel Kant
c Sören Kierkegaard
d Albert Camus

29 **Welcher Philosoph gebrauchte den Begriff „Tabula rasa“ zuerst?**

a Platon
b Descartes
c Magnus
d Immanuel Kant

30 **Worin bestanden die Tantalus-Qualen?**

a nicht schlafen zu dürfen
b blind und taubstumm zu sein
c permanenten Hunger und Durst ertragen zu müssen
d verbannt zu sein

31 **Wer schuf nach der griechischen Mythologie den Menschen?**

a Zeus
b Adonis
c Aphrodite
d Prometheus

32 **Wer prägte die Aussage: „Geteiltes Leid ist halbes Leid“?**

a Kant
b Marx
c Heidegger
d Spinoza

33 **Wer gilt als Erfinder der formalen Logik, war Schüler Platons und Lehrer für Alexander den Großen?**

a Sokrates
b Pythagoras
c Diogenes
d Aristoteles

34 **Wer veranlasste den Bau des Trojanischen Pferdes?**

a Odysseus
b Herkules
c Zeus
d Homer

35 **Wofür ist die Sphinx bekannt? Sie …**

a gab Rätsel auf
b trug den Kopf einer Frau, den Körper eines Löwen und Flügel eines Vogels
c tötete ihre Opfer
d Alle Antworten stimmen.

36 **In was verwandelte sich Daphne, um Apollo zu entkommen?**

a Kuh
b Spinne
c Marmor
d Lorbeerbaum

37 **Welcher Philosoph lebte in einer Tonne?**

a Platon
b Diogenes
c Aristoteles
d Sokrates

38 **Pegasus hatte die Gestalt …**

a eines schwimmenden Delphins
b eines stolzen Schwans
c eines Lebewesens, das halb Mensch, halb Tier war
d eines geflügelten Pferdes

39 **Womit beschäftigt sich der Existentialismus?**

a mit einem erfüllten menschlichen Leben
b mit Kummer und Leid im menschlichen Leben
c mit Respekt und Transzendenz im menschlichen Dasein
d mit dem Sinn bzw. der Sinnlehre und der Absurdität des menschlichen Daseins

40 **Wer wurde aus politischen Gründen zum Tode verurteilt?**

a Sokrates
b Platon
c Kant
d Sartre

41 **Wem wird der Satz zugeschrieben: „Ich denke, also bin ich“?**

a Sokrates
b Sartre
c Hume
d Descartes

42 **Wie viele Götter waren im Olymp?**

a 3
b 10
c 12
d 20

43 **Wer beschäftigte sich mit Staatsphilosophie und Machtpolitik und schrieb ein berühmtes Buch darüber?**

a Leonardo daVinci
b Niccolo Machiavelli
c Guiseppe Garibaldi
d David Hume

44 **Welche Auffassung vertreten Stoiker?**

a die Wechselfälle des Lebens gelassen hinzunehmen
b sich der schönen Künste zu erfreuen
c sich der Endlichkeit des Lebens bewusst zu sein
d sich auf ein besseres Leben nach dem Tod vorzubereiten

45 **Auf wen geht die Aussage „Von nichts kommt nichts" zurück?**

a Lukrez
b Spinoza
c Bacon
d Hegel

46 **Welche Rolle spielte die Göttin Athene?**

a Göttin der Schönheit
b Fruchtbarkeitsgöttin
c Göttin der Weisheit
d Kriegsgöttin

47 **Was ist die Grundlage des „Hedonismus"?**

a die Erkenntnis um die wahren Dinge des Lebens
b Lust, Freude und Genuss als Basis menschlichen Handelns
c die Unterscheidung zwischen Sinnlichem und Geistigem
d Vorbereitung auf das Lebensende

48 **Wo wurde die Gottheit Amun verehrt?**

a im alten Rom
b im alten Griechenland
c im alten Ägypten
d in Persien

49 **Welchem römischen Gott entspricht der griechische Gott Hermes?**

a Merkur
b Saturn
c Mars
d Juno

50 **Sören Kierkegaard (1813–1855) war ein … Philosoph und Theologe.**

a dänischer
b schwedischer
c norwegischer
d finnischer

Lösungen und Erläuterungen

1	**b**	Weil der Mensch nach Bacon „so viel vermag, als er weiß". Francis Bacon, englischer Philosoph (1561–1626). Aus den „Essays"1597: „Ipsa scientia potestas est", „knowledge itself is power".
2	**b**	Griechisch: philos = Freund und sophia = Weisheit. Philosophia = „Liebe zur Weisheit"
3	**d**	In seinem Bestreben und Kampf zur „Umwertung aller Werte" setzte er sich mit dem Nihilismus auseinander, dessen „Heraufkunft" er kommen sah.
4	**b**	Standpunkt oder die Lehre der bedingungslosen Verneinung bestehender Anschauungen, Glaubenssätze oder Verhältnisse.
5	**d**	Sartres Grundthema ist der Begriff der Freiheit. Dieser Freiheit entstammt jeder menschliche Wert, da der Mensch für sein Handeln verantwortlich ist.
6	**d**	Der Schamane gilt als Mittler zwischen Mensch und Jenseits, der mit Geistern und Seelen Verstorbener Verbindung aufnimmt.
7	**b**	Der Mensch ist frei geboren, aber „überall liegt er in Ketten". Zur Überwindung der Ungleichheit wollte Rousseau einen „contrat social", einen Gesellschaftsvertrag schließen. Jean-Jaques Rousseau, französisch-schweizerischer Schriftsteller und Philosoph (1712–1778).

8	**b**	Gott und dem Suizid ein Nein, dem Leben ein Ja entgegenzusetzen, trotz der Absurdität menschlichen Daseins, war das Motto seiner illusionslosen Lebenshaltung.
9	**b**	Selbst von Minos im Labyrinth gefangen, fertigte Dädalus nach griechischem Mythos für sich und seinen Sohn Ikarus Flügel und floh nach Sizilien.
10	**d**	Sohn des Dädalus. Auf der Flucht von Kreta nach Sizilien kam er mit seinen durch Wachs zusammengehaltenen Flügeln der Sonne zu nahe und stürzte bei Samos ins Meer.
11	**a**	Thomas Hobbes, englischer Philosoph (1588–1679): Ursprünglich wird die menschliche Natur nur von der Machtgier getrieben. Der Naturzustand des Menschen ist der Krieg aller gegen alle.
12	**c**	Sokrates (427–347 v. Chr.) hielt sich nur selten zu Hause auf. Man vermutete, dass daran seine Frau Xanthippe schuld war. So wurde sie wahrscheinlich zu Unrecht zum Inbegriff des zänkischen und launischen Eheweibs.
13	**c**	Rudolf Steiner (1861–1925) wollte seine Jünger zu geistigem Schauen befähigen. Er suchte den Ausdruck des Spirituellen in der Kunst und durch die Kunst. 1919 begründete er die Waldorfschulen, die auf der anthroposophischen Erziehungslehre fußen, in besonderer Zusammenarbeit zwischen Schule und Elternhaus.
14	**d**	Der Mensch soll im Einklang mit den Gesetzen der Natur leben, gewissenhaft gegen sich und andere. Konfuzius, latinisiert aus chinesisch K'ung-(Fu-) Zzu, chinesischer Philosoph (um 551 v. Chr.–479 v. Chr.), von großem Einfluss auf den Buddhismus.
15	**d**	Minotaurus wurde mit Menschenleib und Stierkopf geboren. Er lebte der Sage nach in einem Labyrinth auf Kreta.
16	**d**	Nietzsche gilt als einer der wichtigsten Zeugen der Suche des modernen Menschen nach einem neuen Selbstverständnis.
17	**b**	Metaphysisch ist die Lehre von den letzten Gründen des Seins, seinem Wesen und Sinn. Sie zerfällt in die Lehre vom Sein (Ontologie), vom Wesen der Welt (Kosmologie), des Menschen (philosophische Anthropologie) und von der Existenz und dem Wesen der Gottheit (Theologie).
18	**a**	Aristoteles war Schüler Platons und Lehrer Alexander des Großen.
19	**d**	Im „kategorischen Imperativ" formulierte Kant (1724–1804) allgemeingültige sittliche Vorschriften.
20	**b**	Das Trojanische Pferd wurde von den Griechen als getarntes „Geschenk" für die Trojaner erbaut, um dadurch unbemerkt im Inneren des Bauches in die Stadt Troja zu gelangen, um diese zu erobern.
21	**a**	Ares, ein griechischer Kriegsgott, gehört nicht dazu. Asgard = Göttersitz, Hel = Unterwelt, Midgard = Menschenwelt getrennt durch die Midgardschlange.
22	**a**	Hobbes, engl. Philosoph (1588–1679), Verteidiger des Absolutismus. Um die Menschen voreinander zu schützen, forderte er: „Alle Macht dem Staat!"

23 d Ende des 18. Jahrhunderts entstand die geistesgeschichtliche Epoche der Aufklärung, die sich von England und Frankreich ausgehend zu einer bestimmenden Denkrichtung des europäischen Geisteslebens entwickelte und bis ins 19. Jahrhundert wirksam war. Kant forderte beispielsweise, dem Menschen mithilfe der Vernunft „aus seiner selbst verschuldeten Unmündigkeit“ zu helfen.

24 c Im griechischen Mythos ist Kassandra die Tochter des Priamos, die trotz ihrer Weissagung vergebens davor warnte, das hölzerne Pferd in die Stadt Troja hineinzubringen.

25 b Voltaire (1694–1778), beeinflusste mit seinen philosophischen und literarischen Werken die gesamte abendländische Geschichte und Kultur. Er gilt als bedeutender Vertreter der Aufklärung.

26 c Samson = Simson (hebr. „Sonnenmann“), Kämpfer des israelischen Stammes Dan. Sein Haar verlieh ihm außergewöhnliche Kraft. Delila verriet das Geheimnis, man schnitt ihm die Haare und überwältigte ihn. Als sie nachwuchsen, rächte er sich an den Philistern.

27 a Sokrates (427–347 v. Chr.), überliefert durch Platon und Xenophon. „Der ist der Weiseste, der wie Sokrates einsieht, dass er wirklich, was Weisheit anbelangt, nichts wert ist“, so sagte Platon in der „Apologie des Sokrates“.

28 a Friedrich Nietzsche (1844–1900). „Gott ist tot! Gott bleibt tot! Und wir haben ihn getötet!“, so ruft der „tolle Mensch“ im 125. Stück von Nietzsches „Fröhliche Wissenschaft“ (1882) aus. Christentum und christlich-jüdisch-abendländische Werte werden dort als Merkmale einer Sklavenmoral angesehen, die es zu überwinden gilt.

29 c Die lateinische Form des bereits in der Antike mehrfach belegten Ausdrucks mit der Bedeutung „unbeschriebenes Blatt“ (wörtlich: glattgeschabte Wachstafel) lässt sich zuerst im Mittelalter nachweisen und zwar bei dem Philosophen, Theologen und Naturforscher Albertus Magnus.

30 c Der Ausdruck geht zurück auf die griechische Mythologie: Tantalus, ein Sohn des Zeus, lud die Götter an seine Tafel. Um ihre Allwissenheit zu prüfen, setzte er ihnen das Fleisch seines getöteten Sohns Pelops als Speise vor. Die Götter straften ihn mit ewig unstillbarem Hunger und Durst.

31 d Prometheus (griechisch: der Vorausdenkende) galt als Schöpfer des Menschen und der Anfänge menschlicher Kultur. Da er gegen den Willen des Zeus den Menschen das Feuer brachte, wurde er zur Strafe an einen Felsen im Kaukasus geschmiedet.

32 d Spinoza vertrat die Position, Gott und die Natur sind eins.

33 d Aristoteles unterschied zwischen den praktischen (Ethik, Politik), den theoretischen (Mathematik, Physik, auch Theologie) und den kreativen Wissenschaften (Kunst, Dichtung).

34 a König Priamos von Troja raubte Helena, die Frau des Menelaos. Mithilfe des Trojanischen Pferdes, in dem sich 30 Griechen versteckt hielten, gelang schließlich die Eroberung Trojas.

35 d Fabelwesen mit dem Körper eines Löwen und dem Kopf eines Königs, seltener einer Königin. Sinnbild des Herrschers bei den Ägyptern.

36 d Io wird in eine Kuh verwandelt, Arachne in eine Spinne und Niobe in Marmor.

37 b Diogenes (412–323 v. Chr.) vertrat als „Kyniker“ die Bedürfnislosigkeit und das asketische Leben als Weg zur Unabhängigkeit.

38 d Pegasus ist ein griechischer Mythos: das geflügelte Ross, das aus dem Rumpf der Medusa entsprang, von Bellerophon eingefangen und gezähmt wurde. Als Bellerophon sich zum Himmel aufschwingen wollte, warf es ihn ab. Zur Strafe wurde es als Sternbild an den Himmel gebannt.

39 d In Frankreich als „Existentialismus“ bezeichnet, fand die Existenzphilosophie besonders in der von J. P. Sartre entwickelten atheistischen, pessimistischen und marxistischen Philosophie große Verbreitung. Ein weithin bekanntes Werk existentialistischer Literatur ist Albert Camus' „Der Mythos von Sisyphos“.

40 a Aus pädagogischer Leidenschaft lehrte Sokrates seine Mitbürger, besonders die vornehme Jugend. Seine Lehre erschütterte die Ordnung der athenischen Polis. Er wurde wegen angeblicher Gottlosigkeit zum Tode verurteilt, lehnte aber die ihm angebotene Flucht aus dem Gefängnis ab und nahm den ihm gereichten Schierlingsbecher (Gift).

41 d René Descartes (1596–1650), Naturforscher, Philosoph und Mathematiker. Die Ergebnisse seines Denkens und Forschens fasste er in der Aussage zusammen: „ego cogito, ergo sum est omnium prima et certissima“ („Ich denke, also bin ich, ist von allen die erste und zuverlässigste Erkenntnis“).

42 c Der höchste Berg Griechenlands, der Olymp (2 918 m), galt als Sitz der Götter.

43 b Machiavelli (Florenz 1469–1527), Republikaner, Stadtherr von Florenz, italienischer, politischer Schriftsteller, Verfasser von „Il Principe“, der „Fürst“.

44 a Nach der Ethik der Stoiker gibt es nur eine einzige, wahrhaftige Glückseligkeit: Das Leben im Einklang mit der Allnatur, den Gehorsam gegen das göttliche Gesetz und das Pflichtgebot der Vernunft.

45 a Die Redensart geht zurück auf die philosophische These „ex nihilo nihil fit“ („aus nichts entsteht nichts“), bei Lukrez, Aristoteles, Thomas von Aquin u. a. Der römische Dichter Lukrez (um 95–55 v. Chr.) behandelt diesen Satz in seinem philosophischen Lehrgedicht „De rerum natura“.

46 c Athene, Tochter des Zeus, war Schutzgöttin Athens und Göttin der Weisheit.

47 b Hedonismus (griechisch „hedone“: Lust, Genuss): Das höchste Gut, das Ziel des Handelns ist die psychische und physische Lust.

48 c Amun wurde als Windgott verehrt. Als Gott der Luft repräsentierte er die Unsichtbarkeit („der Verborgene“).

49 a Hermes hieß bei den Römern Merkur. Saturn = Kronos, Mars = Ares, Juno = Hera.

50 a Kierkegaard sprach vom Paradox des Religiösen, weil es begrifflich nicht erklärbar sei. Von dem dänischen Philosophen gingen zwei geistige Strömungen aus: die dialektische Theologie und die Existenzphilosophie.

10 Alte und neue Medien

1 **Die Abkürzung DVB steht für …**

a den Hauptprozessor eines Computers
b digitales Fernsehen
c eine Software zum Extrahieren von Audiodaten von CDs
d die elektronische Schnittstelle zur Übertragung von Videodaten

2 **Worüber kann man sich im Feuilleton einer Zeitung informieren?**

a über lokale Ereignisse einer Region
b über wirtschaftliche Entwicklungen
c über kulturelle Ereignisse
d über mögliche Reiseziele und touristische Sehenswürdigkeiten

3 **Wie bezeichnet man die Drucktechnik, die 1797 von Alois Senefelder (1771–1834) erfunden wurde und die man besonders für den Plakatdruck anwendet?**

a Lithografie
b Rotationsdruck
c Siebdruck
d Offsetdruck

4 **Welches Kürzel beschreibt ein Protokoll zur Übertragung von Dateien zwischen zwei Computern?**

a www
b RAM
c SPSS
d FTP

5 **Wie wird die gesamte Adresse einer Internetseite genannt?**

a URL
b Link
c Wildcard
d TCP

6 **Wie heißt die von Alice Schwarzer herausgegebene Frauenzeitschrift?**

a Brigitte
b Emma
c Amica
d Lila

7 **Der Code, der jedem Buchstaben auf der Tastatur eine Zahl zuordnet, heißt …**

a ASCII
b Excel
c Java
d Basic

8 **Wozu dient ein Browser?**

a man kann mit ihm Videofilme selbst herstellen
b mithilfe eines Browsers kann man das Internet durchsuchen und an Informationen gelangen
c man kann durch ihn illegal in fremde Computersysteme eindringen
d man kann mit ihm die Festplatte eines Computers auf Viren hin untersuchen

9 **Welche der aufgeführten Zeitungen erscheint nicht täglich?**

a Frankfurter Allgemeine Zeitung
b Rheinische Post
c Die Zeit
d Berliner Morgenpost

10 **Wie heißt das deutsche Hörfunkprogramm, das weltweit ausgestrahlt wird?**

a Deutschlandradio
b Deutschlandfunk
c Deutschlandsender
d Deutsche Welle

11 **Wie viel Megabyte hat ein Gigabyte?**

a 945
b 1 005
c 1 024
d 1 255

12 **Was versteht man unter einer „Artothek"?**

a eine Verleihstelle für Kunstwerke
b eine Bilderausstellung in einem öffentlichen Gebäude
c eine Verleihstelle für Grafiken
d eine Sammlung von Aquarellbildern

13 **Eine parallel geschaltete Datenleitung, die verschiedene Bausteine eines Computers verbindet, bezeichnet man auch als …**

a Taxi
b Bus
c Server
d CPU

14 **Was ist die GEMA?**

a die Gemeinschaft engagierter Medienakteure
b die Gesellschaft für musikalische Aufführungs- und mechanische Vervielfältigungsrechte
c die Gemeinschaft europäischer Medienangestellter
d eine Fachzeitschrift über Geschichte, Erdkunde, Mathematik und Astronomie

15 **Wie heißt das deutschsprachige Satellitenkulturprogramm, das in weiten Teilen Europas und des Nahen Ostens gesehen werden kann und seit Dezember 1984 ausgestrahlt wird?**

a Arte
b 3sat
c Phoenix
d CNN

16 **Was versteht man unter einer „Rezension“?**

a eine kritische Besprechung und Beurteilung eines neu erschienenen Werkes wie z. B. ein Film, eine CD, ein Buch
b eine künstlerisch-journalistische Sendung in Radio und Fernsehen
c eine Bearbeitung von Druckvorlagen von Hand mit Pinsel und Farbe
d eine Neuvorstellung eines Buches im Beisein des Autors

17 **Wofür kann man einen Scanner benutzen?**

a für die Verbindung zwischen zwei Netzwerken zu einem noch größeren Firmennetzwerk
b um im Internet gezielt nach Themen und Begriffen zu suchen
c um Fotos, Schriftstücke oder andere Vorlagen in den Rechner einzulesen
d zur Wiedergabe und Aufzeichnung von Tönen

18 **Das Internet basiert auf einer Entwicklung des ...**

a amerikanischen Microsoft-Konzerns
b US-Verteidigungsministeriums
c berühmten MIT (Massachusetts Institut of Technology)
d keiner der Lösungsvorschläge ist richtig

19 Wie nennt man das Sammeln von Büchern, hauptsächlich nach ästhetischen Gesichtspunkten bezüglich der äußeren Beschaffenheit eines Buches?

a Kalligrafie
b Bibliophilie
c Typografie
d Bibliophobie

20 Aus wie vielen Landesrundfunkanstalten besteht die Arbeitsgemeinschaft der öffentlich-rechtlichen Rundfunkanstalten der Bundesrepublik Deutschland (ARD)?

a 16
b 9
c 10
d 13

21 Der Provider regelt den Zugang zum …

a Intranet
b Internet
c Interdependance
d Server

22 Wie heißen die Zeichenkombinationen, die beim Chatten im Internet verwendet werden, um Gemütszustände darzustellen?

a Icons
b Emoticons
c Feelings
d Gimmix

23 Wie nennt man aus Harz hergestellte Tonträger?

a Schellackplatten
b Vinylplatten
c Langspielplatten
d Singles

24 **Wie bezeichnet man das Aufzeichnungsverfahren bei TV-Produktionen?**

a CUT
b Teleprompter
c Videoclip
d MAZ

25 **Welches soziale Netzwerk verbindet man mit Bloggern?**

a Facebook
b Whats App
c Telegramm
d Tumblr

26 **Welches ist das auf Handys und Tablets meist genutzte Betriebssystem?**

a iOS
b Black Berry OS
c Windows Phone
d Android OS

27 **Wie wird die Hauptsendezeit des Fernsehens auch genannt?**

a Prime-Time
b Happy Hour
c Blaue Stunde
d Jour fixe

28 **Welche Zuordnung von Land und damit verbundenem Ländercode als Teil des Domain-Namens im Internet ist nicht richtig?**

a Japan – .jp
b Schweden – .se
c Südafrika – .za
d Großbritannien – .gb

29 **Welcher der folgenden Verlage ist kein Schulbuchverlag?**

a Schroedel
b De Gruyter
c Klett
d Cornelsen

30 **Wer hat das erste Sprache übermittelnde Telefon entwickelt und ließ es 1876 patentieren?**

a Alexander Graham Bell
b Heinrich Hertz
c Johann Philipp Reis
d Hermann Ludwig von Helmholtz

31 **Auf welchem Betriebssystem basiert Android?**

a DOS
b Google Chrome OS
c Linux
d Android ist ein komplett neues Betriebssystem

32 **Worum handelt es sich bei T9?**

a ein System zur Eingabe von Text über die Tasten eines Telefons
b das erste Smartphone von HTC
c ein sicherer alternativer Browser für Android
d eine Version des Android Betriebssystems

33 **YouTube gehört zu …**

a Google (Alphabet)
b Microsoft
c Facebook
d Amazon

34 **Worum handelt es sich bei „Google Glass“?**

a Sensor-basiertes System für eine permanente, intelligente Gesundheitsüberwachung
b Datenbrille, die den Träger live mit zusätzlichen Informationen füttert
c VR-Brille, die vortäuscht, sich in einer anderen Welt zu befinden
d eine mit Videokamera ausgestattete Drohne

35 **Was erwarb Amazon-Gründer Jeff Bezos 2013 für etwa 250 Mio. Dollar?**

a die „Washington Post“
b Anteile an „Etihad Airways“
c eine Luxus-Villa in Alaska
d ein neues Rechenzentrum

36 **Welchen berühmten politischen Mitherausgeber hatte die deutschlandweit bekannte Wochenzeitschrift „Die Zeit“?**

a Helmut Schmidt
b Helmut Kohl
c Helmut Newton
d keiner der Lösungsvorschläge ist richtig

37 **Die ISBN steht im Zusammenhang mit …**

a Telefonen
b Handys
c Computern
d Büchern

38 **Was haben Snapchat, Whatsapp, Instagram und Tumblr gemeinsam?**

a alle sind beliebte Cybercomputerspiele
b alle gehören zu den bevorzugten Social-Media-Plattformen
c alle sind klassische Bild-Nachrichtendienste
d alle sind neue Blog-Plattformen

39 WLAN …

a ist eine Übertragung von Daten über ein Funknetzwerk
b bezeichnet einen Virus
c dient zur Umwandlung von Programmierprotokollen in eine bildliche Darstellung
d wird in die Standards a, b, g, n, p unterteilt

40 **Was ist Adobe Flash?**

a ein Spielfilm
b eine Grafikkarte
c Abspielgerät für DVD-RW
d Abspielsoftware für animierte Inhalte

41 Java ist …

a eine Programmiersprache
b ein Virus
c ein Hardwarebeschleuniger
d Bauteil eines RAM

42 **Wofür steht der Name Konrad Zuse?**

a für die moderne Computerentwicklung
b für eine Weiterentwicklung der Datenübertragung
c für die Steuerung von Internetseiten
d keiner der Lösungsvorschläge ist richtig

43 **Was ist die Abkürzung für das Binärzeichen in der elektronischen Datenverarbeitung?**

a dig
b code
c log
d bit

44 **Was ist ein Compiler?**

a ein Computer, der als Server eingesetzt wird
b ein Programm, das Programmiercodes für den PC ausführbar macht
c ein Name eines Computervirus
d eine Software, die Texte in alle Sprachen übersetzen kann

45 **Was geschieht beim Booten?**

a ein Rechner wird mit Schadsoftware infiziert
b das Betriebssystem des Rechners wird geladen
c alle Daten einer Festplatte werden gelöscht
d ein angeschlossener USB-Stick wird verfügbar gemacht

46 **Wofür steht die Abkürzung html?**

a ein externes Inhaltsverzeichnis zur Ablage von Files
b eine textbasierte Auszeichnungssprache zur Strukturierung von Inhalten
c eine Datenaufzeichungssoftware
d eine Programmiersprache für Internetdesign

47 **Was versteht man unter den vier Buchstaben http?**

a ein Hypertext-Übertragungsprotokoll
b eine Übertragungsfrequenz
c eine Art Quellcodegenerierung
d einen besonderen Firewall-Schutz

48 **Ende 2016 hatte Facebook deutlich mehr als …**

a 900 000 Mitglieder
b 10 000 000 Mitglieder
c 90 000 000 Mitglieder
d 1 500 000 000 Mitglieder

49 **Welches dieser Dateiformate nutzt keine Komprimierung?**

a JPG
b GIF
c TIF
d BMP

50 **Typo3 ist ...**

a eine Schriftart
b ein Schreibmaschinenprogramm
c ein Hilfsmittel zur Erstellung von Webseiten
d ein Plug-in für Browser

51 **Wenn Sie eine Webseite aufrufen, benutzen Sie das Protokoll ...**

a DSL
b HTTP
c SSL
d URL

52 **Welches Wort benennt kein Betriebssystem?**

a Linux
b Windows
c Apple
d Unix

53 **Was ist ein File?**

a eine Verknüpfung zu einer Internetseite
b das englische Wort für „Datei"
c ein Virus
d eine Firewall

54 **Was ist eine SSD?**

a Einheit, auf die wesentliche Teile in einem PC montiert sind
b Grafikkarte
c USB-Format
d Festplatte

55 **Welches Teil an einem Computer wird auch mit TFT beschrieben?**

a Gehäuse
b Grafikkarte
c Bildschirm
d Festplatte

56 **Das iPhone ist ein Produkt der Firma …**

a Microsoft
b Dell
c Apple
d Nokia

Lösungen und Erläuterungen

1	**b**	Digital Video Broadcasting (= DVB) ist die Bezeichnung für ein standardisiertes Übertragungssystem für digitalen Fernsehrundfunk.
2	**c**	Der Begriff kommt von „feuillet" = „Blättchen" und stand ursprünglich für ein der Zeitung beigelegtes Blatt, in dem Nachrichten und meinungsbildende Beiträge aus dem Kulturleben abgedruckt waren.
3	**a**	Bei diesem Flachdruckverfahren, das auch als „Lithografie" bezeichnet wird, erfolgt der Druck von einem Stein aus. Beim Rotationsdruck, der besonders für Massenauflagen von Zeitungen und Zeitschriften verwendet wird, geschieht der Druck auf endlosen Papierbahnen. Der Siebdruck wird auch als Durchdruck (Serigrafie) bezeichnet. Es ist ein Schablonendruckverfahren. Offsetdruck ist ein Flachdruckverfahren, bei dem der Druck nicht unmittelbar von der Druckform erfolgt.
4	**d**	FTP steht für File Transfer Protocol und bezeichnet ein Netzwerkprotokoll.
5	**a**	„URL" steht für Uniform Resource Locator, übersetzt würde dies „einheitlicher Quellenlokalisator" heißen. Die Adresse besteht aus verschiedenen Einzelteilen: ein Dienstkennzeichen für die Art des Zugangs (z. B. http oder ftp), dem Server-Namen mit seiner Domain und dem Namen des Dokuments.
6	**b**	Emma ist die größte und bekannteste feministische Zeitschrift in Deutschland, gegründet 1977 von der Herausgeberin/Verlegerin Alice Schwarzer.
7	**a**	ASCII ist ein universeller Code, der jedem Symbol eine Ziffer zuordnet, damit diese binär dargestellt und verarbeitet werden kann.
8	**b**	Der Begriff steht für „Stöberer". Beispiele für Webbrowser sind: Netscape Navigator, Microsoft Internet Explorer und Opera.
9	**c**	Die Wochenzeitung „Die Zeit" wurde vom Verleger Gerd Bucerius gegründet. Herausgeber sind derzeit: Dr. Marion Gräfin Dönhoff, Helmut Schmidt und Dr. Josef Joffe.
10	**d**	Die Deutsche Welle besteht aus deutschsprachigen und 37 fremdsprachigen Sendungen, die in verschiedenen ausländischen Zielregionen ausgestrahlt werden. Das Deutschlandradio sendet zwei bundesweite Hörfunkprogramme.
11	**c**	Da der Computer mit Binärzahlen arbeitet, sind die Einteilungen in Byte Zweierpotenzen. 1024 ist die einzige Zweierpotenz (20^10).
12	**a**	Der Begriff leitet sich von dem lateinischen Wort „ars" = „Kunst" ab. Öffentliche Bibliotheken haben manchmal eine Artothek angeschlossen, in der die Bibliothekskunden auch Bilder und Grafiken ausleihen können.
13	**b**	Ein Bus regelt die Datenübertragung zwischen parallelen Bausteinen.
14	**b**	Die GEMA ist eine der Verwertungsgesellschaften, die die Urheberrechte der von ihnen vertretenen Urheber und Verlage wahrnimmt. Während sie für den Bereich Musik zuständig ist, gibt es die Verwertungsgesellschaft Wort für alle gedruckten Werke sowie Bild- und Tonträger und die Verwertungsgesellschaft Bild-Kunst für Kunstwerke.

15 b 3sat wurde ursprünglich vom ZDF, dem österreichischen Fernsehen ORF und dem schweizerischen Fernsehen SRG veranstaltet. Seit November 1993 ist auch die ARD beteiligt. Arte ist der deutsch-französische Kulturkanal, Phoenix ein Ereignis- und Dokumentationskanal von ARD und ZDF und CNN ein amerikanischer Nachrichtenkanal.

16 a Mit b) ist ein Feature umschrieben, mit c) eine Retusche und d) ist ausgedacht.

17 c Der Scanner nimmt punktweise die Farb- und Helligkeitswerte eines Bildes auf. Im Computer wird daraus eine Bilddatei zusammengesetzt. a) ist ein Router, b) eine Suchmaschine und d) eine Soundkarte.

18 b Das ARPANET bezeichnete das von dem US-Verteidigungsministerium entwickelte Netzwerk zur Paketvermittlung und gilt als Vorläufer des Internets.

19 b Der Bücherliebhaber (= Bibliophile) sammelt besonders Erstausgaben, Original- und Luxusausgaben, die er bei Auktionen und im Antiquariatsbuchhandel erwirbt. Unter „Kalligrafie“ versteht man Schönschreibschrift oder Schönschrift und unter „Typografie“ die künstlerische Gestaltung eines Druckwerkes. Bibliophobie ist die krankhafte Abneigung gegen Bücher.

20 b 9 – dies sind abgekürzt: BR, HR, MDR, NDR, RBB, RB, SR, SWR und WDR.

21 b Der Provider stellt die Verbindung zum Internet her und regelt diesen Zugang.

22 b Das bekannteste Emoticon ist der Smiley. Doppelpunkt, Bindestrich und zu schließende Klammer kennzeichnen z. B. Lachen oder Fröhlichkeit.

23 a Unter b) sind dagegen Platten zu verstehen, die aus Kunststoff (Vinyl) hergestellt werden. c) und d) bestehen auch aus Vinyl. Der Unterschied zwischen beiden liegt im Durchmesser und in der Drehzahl. c) hat in der Regel einen Durchmesser von 30 cm und eine Drehzahl von 33 1/3 U/Min. Singles sind kleiner im Durchmesser und werden bei 45 U/Min. abgespielt.

24 d „MAZ“ ist das Kurzwort für magnetische Bildaufzeichnung.

25 d Tumblr ist eine speziell fürs Blogging ausgelegte Plattform, auf der Nutzer Texte, Bilder, Links und Videodateien in einem Blog veröffentlichen können.

26 d Android hat aktuell mehr als 80 % des Marktanteils.

27 a Die Prime-Time umfasst ungefähr den Zeitraum von 19.00 bis 23.00 Uhr, in dem in Deutschland die Fernseher am häufigsten eingeschaltet werden.

28 d Die korrekte Länderkennzeichnung für Großbritannien ist „.uk“ (= United Kingdom; Vereinigtes Königreich).

29 b Der Wissenschaftsverlag Walter De Gruyter & Co. wurde 1923 vom gleichnamigen Verleger in Berlin gegründet und ist aus fünf Verlagen hervorgegangen.

30 a 1861 erfand Johann Philipp Reis zwar ein Gerät, mit dem Töne durch elektromagnetische Wellen übertragen werden konnten. 1876 verbesserte Alexander Graham Bell diese Technik, indem er einen Telefonapparat entwickelte, der auch Sprache verständlich übermitteln konnte, und patentierte diesen. Bell gründete auch 1877 die Bell Telephone Company in den USA.

31 **c** Android baut auf dem Linux Kernel auf.

32 **a** Text on 9 Keys (T9) wird verwendet, um die Texteingabe auf einem Mobiltelefon zu erleichtern.

33 **a** Das Kerngeschäft des Konzerns wurde vor allem getrieben durch Anzeigen, die über die Video-Onlineplattform YouTube und Mobilgeräte wie Smartphones angesteuert werden.

34 **b** E-Mails, Anrufe, Nachrichten oder interessante Orte werden angezeigt, ohne dass man die Hände benutzen muss. Die Informationen erscheinen direkt im Blickfeld.

35 **a** Zum großen Erstaunen der Fachwelt erwarb Jeff Bezos die „Washington Post“ und man fragte sich, was er damit machen will.

36 **a** Der Altbundeskanzler war prominenter und wichtiger Mitherausgeber und Impulsgeber von März 1983 bis zu seinem Tod im November 2015.

37 **d** ISBN, die Internationale Standardbuchnummer (International Standard Book Number), wird zur eindeutigen Kennzeichnung von Büchern verwendet.

38 **b** Die Plattformen können verwendet werden, um Bilder und Nachrichten an private Personen zu schicken oder öffentlich zugänglich zu machen.

39 **a** WLAN bezeichnet Datenübertragungen über ein Funknetzwerk.

40 **d** Adobe Flash wurde von dem Softwareunternehmen Adobe Systems entwickelt. Das Multimedia-Plug-In wird überwiegend bei der Produktion von Webseiten, Webbanner und Browserspielen eingesetzt. Mit Flash lassen sich multimediale und animierte Inhalte auf der Webseite anzeigen.

41 **a** Java Script ist eine klientseitige Programmiersprache, d. h. sie wird im Browser ausgeführt. Mit ihr lassen sich Webseiten dynamisch verändern. Anwendung findet Java u. a. bei Formularen, Drag and Drop und Kalendern.

42 **a** Konrad Zuse schuf 1941 mit dem Z 3 den ersten arbeitsfähigen programmgesteuerten elektromechanischen Digitalrechner der Welt.

43 **d** „Bit“ bedeutet *binary digit* (Binärziffer). Das Byte ist ein Mengenbegriff der Informatik. Je nach Anwendungsgebiet gibt es unterschiedliche Definitionen des Begriffs. 8 Bit sind ein Byte.

44 **b** Programmiercodes für einen PC werden mit einem sogenannten Compiler ausführbar gemacht.

45 **b** Beim Booten startet das Betriebssystem eines PC, von dem sich anschließend auch andere Programme starten lassen.

46 **b** HTML ist eine textbasierte Auszeichnungssprache zur Strukturierung von Inhalten.

47 **a** http ist ein Hypertext-Übertragungsprotokoll und wird für das Internet verwendet. Daher lautet die Adresszeile im Browser zumeist http://www...

48 **d** Facebook hat im Jahr 2017 fast 1,9 Milliarden Mitglieder weltweit.

49 **d** BMP nutzt keine Dateikomprimierung, weswegen die damit bezeichneten Bilder in der bestmöglichen Qualität gespeichert sind.

50 **c** Typo3 ist ein Hilfsmittel zur Erstellung von Webseiten.

51	**b**	Hierzu wird http (= Hypertext Transfer Protocol) verwendet. Dabei werden Webseiten auf einen Webbrowser geladen.
52	**c**	Apple ist eine Computer-, Software- und Handyfirma, allerdings kein Betriebssystem.
53	**b**	File ist das englische Wort für „Datei".
54	**d**	Eine SSD ist eine Solid State Disk, eine Festplatte.
55	**c**	TFT ist eine Bezeichnung für die Ausstattung eines Bildschirmes.
56	**c**	Das iPhone wurde von Steve Jobs erfunden, der Gründer und Denker der Firma Apple war.

11 Fremdwörter, Redewendungen, Sprichwörter

1 „Carpe diem“ bedeutet:

a Nutze jetzt deine Glückssträhne!
b Warte nicht bis morgen!
c Nutze den Tag!
d Du hast nur eine Chance!

2 „Errare humanum est“ bedeutet so viel wie:

a Aller Anfang ist schwer!
b Allem Zweifel zum Trotz!
c Irren ist menschlich!
d Der Mensch ist immer auf der Suche!

3 Unter einem „Delikt“ versteht man …

a eine Art Auszeichnung
b einen Vorwurf
c eine Anklage
d eine Straftat

4 Den Begriff „Altruismus“ kann man übersetzen als …

a Perversion
b Ichbezogenheit
c Vergnügen
d Uneigennützigkeit

5 Ein Routinier ist besonders …

a gewandt
b erfahren
c geschickt
d alle Lösungsvorschläge sind richtig

6 **Ein Dogma ist …**

a eine komplizierte astronomische Berechnung
b eine Art Schutzzoll
c eine Kirchensteuer
d ein Glaubens-, Lehrsatz

7 **Was ist ein Synonym?**

a ein sinnverwandtes Wort
b ein letztes Wort
c eine Tarnbezeichnung
d eine Zusammenfassung

8 **Unter dem Begriff „Konvoi“ versteht man …**

a eine Art Zusammenkunft
b einen Geleitzug
c eine Vereinbarung
d eine Art politisches Abkommen

9 **Was ist ein Sakrileg?**

a etwas Heiliges
b etwas Wertvolles
c ein Vergehen gegen etwas Heiliges
d eine ausgesprochene Verdammung

10 **Was versteht man unter einer „Apokalypse“?**

a eine Wendefeier
b einen Neuanfang
c einen Kriegsbeginn
d eine Art Weltuntergang

11 **Mit „Vandalismus“ kann man … bezeichnen.**

a eine Art Siegesfeier
b einen Ansturm von Zerstörungswut
c einen Lebensüberdruss
d einen kriminellen Akt

12 **Unter „Symbiose“ versteht man auch …**

a eine Art ungleicher Lebensgemeinschaft
b eine Gleichzeitigkeit
c ein Krankheitsbild
d eine Tagung

13 **Ein Symposium ist vom Ursprung her …**

a ein Beerdigungsritual
b ein Trinkgelage
c eine Art Zusammenkunft
d eine Art Suchaktion

14 **Wie muss man sich den „Äskulapstab“ vorstellen?**

a als eine Art spezieller Weinrebe
b als ein von einer Schlange umringelter Stab
c als eine Art Verteidigungs- und Wunderwaffe
d als ein Schutzzeichen für Witwen und Waisen

15 **Was versteht man unter einem „Sabbatjahr“?**

a ein besonders ertragreiches Jahr
b ein Jahr, das mit Völlerei anfängt
c ein spezielles Trauerjahr
d ein Jahr der beruflichen Freistellung

16 **Unter „mimosenhaft“ versteht man …**

a besonders blumig
b besonders intensiv
c besonders empfänglich
d besonders empfindlich

17 **„Ora et labora“ bedeutet:**

a Bete und arbeite!
b Erst die Arbeit, dann das Vergnügen!
c Nach getaner Arbeit ist gut Ruhen!
d Arbeit ist Arbeit und Schnaps ist Schnaps!

18 **Was bedeutet „mit der Wurst nach der Speckseite werfen“?**

a sehr verschwenderisch sein
b etwas Schlechtes hinter etwas Gutem herwerfen
c hoffnungslos danebenliegen
d mit kleinem Einsatz zu versuchen, etwas Großes zu erzielen

19 **Wie heißt diese Redensart richtig?**

a der Weisheit letzter Schuss
b der Weisheit letzter Schluss
c der Weisheit letzter Gruß
d der Feigheit letzter Gruß

20 **„Matthäi am Letzten“ drückt aus, dass jemand …**

a finanziell am Ende ist
b alle Hoffnungen begraben hat
c gesundheitlich schwer angeschlagen ist
d keine Chancen mehr hat

21 **Was versteht man unter „Hermeneutik“?**

a das Wissen über die Seefahrt
b eine Art Textauslegung
c die Lehre des Übersinnlichen
d eine Form der schönen Kunst

22 **„Den Rubikon überschreiten“ drückt aus, dass jemand …**

a einen nicht wiedergutzumachenden Fehler begeht
b sich unwiderruflich auf eine riskante Handlung einlässt
c sich völlig „verrennt“
d alles auf eine Karte setzt, sich nur auf eine Sache verlässt

23 **Unter der Redewendung „Deus ex Machina“ versteht man …**

a eine göttliche Maschine
b eine Art Springkasperle aus der Kiste
c eine Art Wunderwaffe
d einen unerwartet auftauchenden Nothelfer

24 **Unter der Bezeichnung „Alter Ego“ versteht man …**

a etwas Altes
b einen sehr guten, vertrauten Freund
c einen weiteren Egoisten
d nichts von alledem

25 **Etwas wird „nach Adam Riese“ …**

a benannt
b beantwortet
c berechnet
d begutachtet

26 **Eine Person tritt als Advocatus Diaboli auf, …**

a wenn sie einer Sache keinen Glauben schenkt
b um den anderen zu gefallen
c um die anderen zu ärgern
d um den gegenteiligen Standpunkt zu vertreten, ohne davon überzeugt zu sein

27 **Wenn etwas ad absurdum geführt wird, bedeutet das …**

a etwas wird widerlegt
b etwas wird berichtigt
c etwas wird beschönigt
d etwas wird vertuscht

28 **Mit der Aussage „coram publico“ ist gemeint …**

a etwas verheimlichen
b etwas offenbaren
c etwas vor die Öffentlichkeit bringen
d etwas zugeben

29 **Eine Hymne ist …**

a eine Art Vortrag
b ein Versuch der Wertschätzung
c eine Erkrankung
d eine Art Lobgesang

30 **Die Redewendung „böhmische Dörfer“ bringt … zum Ausdruck.**

a eine weite Entfernung
b eine besondere Verbundenheit
c ein zwiespältiges Verhältnis
d nichts von alledem

31 **Ein Quast ist …**

a ein breiter Pinsel
b eine Maßeinheit
c eine Art Schatzmeisterei
d eine Art dummes Gerede

32 **Worauf ist das sprichwörtliche Ei des Kolumbus zurückzuführen?**

a auf seine Neigung, besonders gerne Eier zu essen
b auf die Entdeckung Amerikas
c auf seine Lösung, ein Ei aufrecht hinzustellen
d nichts von alledem

33 **„Tabula rasa machen“ bedeutet …**

a versuchen, etwas in Ordnung zu bringen
b etwas unter den Tisch kehren
c etwas Besonderes auftischen
d nichts von alledem

34 **Ein Ponton ist …**

a eine Art Brückenschiff
b ein italienischer Kuchen
c eine Erkrankung der Nasennebenhöhlen
d eine Einleitung

35 **Wenn etwas prekär ist, dann bedeutet das auch so viel wie …**

a teuer
b selten
c besonders
d heikel

36 **Von wem ist der Ausspruch: „Gelobt sei, was hart macht"?**

a Friedrich Nietzsche
b Johann Wolfgang von Goethe
c Hermann Hesse
d keiner der Lösungsvorschläge ist richtig

37 **„Nun sag, wie hast du's mit der Religion?", lautet eine Frage in Goethes Faust und wird seitdem als … bezeichnet.**

a die Vertrauensfrage
b die Gewissensfrage
c die Intimfrage
d die Gretchenfrage

38 **Mit der Redewendung „Krethi und Plethi" meint man in etwa das Gleiche wie …**

a Hinz und Kunz
b Herrn und Frau Jedermann
c die Müllers und Maiers
d alle Lösungsvorschläge sind richtig

39 **Eine Offerte ist …**

a eine Art Öffnung
b ein Anerbieten
c ein Beweis
d keiner der Lösungsvorschläge ist richtig

40 **„Auf dem Holzweg sein“ bedeutet …**

a einen Umweg zu machen
b nicht ans Ziel zu gelangen
c im Irrtum sein
d nichts von alledem

41 **Wenn etwas universal ist, dann bedeutet das auch so viel wie …**

a genial
b überall
c schwierig
d heftig

42 **Eine Strapaze ist …**

a ein großes Vorhaben
b ein beschwerliches Vorhaben
c ein Spaziergang
d ein Kleidungsstück

43 **Wenn etwas transzendent ist, dann bedeutet das …**

a übernatürlich
b durchsichtig
c unglaubwürdig
d ungeheuerlich

Lösungen und Erläuterungen

1	**c**	Wörtlich „Pflücke den Tag!“ Nutze den Tag, genieße den Augenblick. Lebensregel des römischen Dichters Horaz (65–8 v. Chr.) aus seinen „Oden“.
2	**c**	Wird dem lateinischen Kirchenvater Hieronymus (347–419 n. Chr.) zugeschrieben.
3	**d**	Im Strafrecht bedeutet Delikt eine „tatbestandsmäßige rechtswidrige und schuldhafte Handlung, die eine Bestrafung des Täters nach sich zieht“.

4	**d**	Als das Gegenteil von Egoismus oder Ichbezogenheit.
5	**d**	Jemand, der aus Erfahrung gewandt und/oder geschickt handelt.
6	**d**	Besonders die kirchlichen Dogmen sind unumstößliche Wahrheiten und Festlegungen von bestimmten Tatbeständen (päpstliche Unfehlbarkeit).
7	**a**	Ein sinnverwandtes Wort, das mit dem ursprünglichen Wort bedeutungsähnlich oder bedeutungsgleich ist.
8	**b**	Insbesondere von Autos oder Schiffen.
9	**c**	Vergehen gegen Gegenstände und Stätten religiöser Verehrung (Kirchenraub, Gotteslästerung). Ursprüngliche Bedeutung: tempelräuberisch.
10	**d**	Das letzte Buch der Bibel: Es schildert das Weltende und die Vollendung des Reiches Gottes nach der Überwindung des Satans (Die Offenbarung des Johannes im Neuen Testament).
11	**b**	Im 5. Jahrhundert n. Chr. beherrschten Vandalen das Mittelmeer und plünderten die Küstengebiete. Vandalismus steht für sinnlose Zerstörungswut.
12	**a**	Eine Symbiose ist für beide Partner von Nutzen und führt in der Regel zu einer dauerhaften Lebensgemeinschaft.
13	**b**	Den Griechen ging es beim Symposium neben dem Genuss von Wein um den unterhaltsamen Dialog. Heute bezeichnet man mit dem Begriff Symposium (Symposion) eine Tagung, besonders von Wissenschaftlern, auf der in Vorträgen und Diskussionen bestimmte Themen erörtert werden.
14	**b**	Griechischer Gott der Heilkunde. Sein Stab wurde zum Sinnbild der Heilkunde.
15	**d**	Sabbat (hebräisch: Ruhetag). Sabbatjahr: Dem Ursprung nach ein im alten Judentum in der Landwirtschaft alle sieben Jahre wiederkehrendes Brach- oder Ruhejahr (2. Gen. 23,107).
16	**d**	Die Mimose zieht bei Berührung die Blätter stengelabwärts zusammen. Sinnbild für Empfindlichkeit.
17	**a**	Alte lateinische Maxime. Geht zurück auf die von Benedikt von Nursia (um 480) verfasste sogenannte Benediktinerregel.
18	**d**	Zu versuchen, mit kleinem Einsatz (z. B. kleine Geschenke) etwas Großes zu erzielen.
19	**b**	Bedeutet so viel wie eine unumstößliche Feststellung, ideale Lösung. (Goethe, Faust II, 5. Akt: „Das ist der Weisheit letzter Schluss, nur der verdient sich Freiheit wie das Leben, der täglich sie erobern muss.“)
20	**a**	Jemand hat das Schlimmste zu erwarten, ist (finanziell) am Ende. Aus dem 4. Hauptstück von Luthers Katechismus. In Luthers Text „am Ende des Matthäus-Evangeliums“, „bis ans Ende der Welt“, Weltuntergang, Ende aller Dinge.
21	**b**	Ursprünglich Text- und Bildinterpretation. Heute mehr „Kunstlehre des Verstehens“, „Methodologische Grundlegung der Geisteswissenschaften“, von W. Dilthey so verstanden und ausgebaut.
22	**a**	49 v. Chr. überschritt Caesar den Rubikon und löste damit den Bürgerkrieg zwischen Italien und Gallien (Gallia Cisalpina) aus.

23	**d**	Übersetzung: (Der) Gott aus der Maschine. Gemeint ist eine Theatermaschine, eine kranähnliche Vorrichtung, die Hilfe bringende Götter auf die Bühne schweben ließ. Dieser löste die verworrene Handlung auf.
24	**b**	Lateinisch: „das andere Ich“. Als Urheber wird der griechische Philosoph und Mathematiker Pythagoras (um 570–480 v. Chr.) genannt.
25	**c**	Deutscher Rechenmeister, lebte von 1492–1559.
26	**d**	Advocatus Dei (Anwalt Gottes), Bezeichnung für den Vertreter eines positiven Antrags. Ironisch: Advocatus Diaboli (Anwalt des Teufels).
27	**a**	Weil es widersinnig bzw. absurd ist. Siehe Frage 23.
28	**c**	Vor aller Welt, vor aller Augen; öffentlich.
29	**d**	In der griechischen Antike ein von Musik und Tanz begleitetes, besonders feierliches, religiöses Fest und Opfergesang zu Ehren der Götter. Heute gewöhnlich bekannt aus dem Begriff „Nationalhymne“.
30	**d**	Bedeutet so viel wie „davon habe ich keine Ahnung“, „ist mir unverständlich“.
31	**a**	Mittelhochdeutsch: „Federbüschel, Büschel von einem Baum“.
32	**c**	Auf einem Bankett mit der Behauptung konfrontiert, seine Entdeckung Amerikas sei gar nicht so außergewöhnlich, fragte er die Anwesenden, wer von ihnen ein Ei auf einem seiner beiden Enden zum Stehen bringen könne. Als es niemandem gelang, schlug Kolumbus es auf den Tisch – und es stand.
33	**d**	Heute: „klare Verhältnisse schaffen“. In der griechischen Antike: „unbeschriebenes Blatt“ (wörtlich: „glattgeschabte Wachstafel“).
34	**a**	Breiter, flacher Kahn als Teil einer Brücke.
35	**d**	Schwierig, peinlich, unangenehm, so beschaffen, dass es schwierig ist, richtige Maßnahmen zu treffen. (Prekär: lateinisch-französisch: durch Bitten erlangt, widerruflich.)
36	**a**	Um den „Übermenschen zu verwirklichen“, der über sein bisheriges Wesen hinauswächst. Aus Nietzsches „Zarathustra“. Bei einem beschwerlichen Gipfelaufstieg macht Zarathustra sich Mut: „Wer sich stets viel verschont, kränkelt zuletzt an seiner vielen Schonung. Gelobt sei, was hart macht.“
37	**d**	Die entscheidende Frage, Gewissensfrage, Frage nach der politischen Überzeugung (Gretchen stellt diese Frage an Faust).
38	**d**	Nach den Krethern und Philistern benannt. Schon zu Luthers Zeit war diese Bezeichnung für eine gemischte Gesellschaft bekannt. Heute wird sie abwertend gebraucht für Menschen, die man nicht sehr schätzt.
39	**b**	Kommt von „offerieren“. Eine Offerte ist ein schriftliches (Waren-)Angebot.
40	**c**	Mittelhochdeutsch: Weg, auf dem Holz fortgeschafft wird, der also nicht zur nächsten menschlichen Siedlung führt; irrtümlicher Weg.
41	**b**	Umfassend, allgemein, weltweit, die ganze Welt umfassend.
42	**b**	Aus dem Italienischen: strapazzo, mit großen Anstrengungen verbunden, mühevoll, beschwerlich.
43	**a**	Die Grenzen der kognitiven Erfahrung und der sinnlich wahrnehmbaren Welt überschreiten, übersinnlich.

12 Kunst, Architektur, Design

1 Der spanische Maler und Grafiker Salvador Dalí war ein wichtiger Vertreter des ...

a Dadaismus
b Surrealismus
c Expressionismus
d Kubismus

2 Welche Epoche des Baustils ging der Gotik unmittelbar voraus?

a der Klassizismus
b das Rokoko
c die Renaissance
d die Romanik

3 Die unterschiedlichen griechischen Säulenarten werden u. a. durch die verschiedenen Formen von Basis, Schaft und Kapitell bestimmt; wie bezeichnet man die Säulenart, bei der die Basis ausgeprägt, der Schaft hoch und nach oben wenig verjüngt sowie das Kapitell mit schneckenförmig eingerollten Enden versehen ist?

a ionische Säule
b dorische Säule
c toskanische Säule
d korinthische Säule

4 **Welcher Maler der Frührenaissance („Die Geburt der Venus") schuf eine mehr als 90 Federzeichnungen umfassende Illustration zu „Die göttliche Komödie"?**

a Dante Alighieri
b Fra Filippo Lippi
c William Blake
d Sandro Botticelli

5 **Eines der bekanntesten Werke von Franz Marc (1880–1916) ist …**

a „Frühlingspflügen in Iowa"
b „Der Turm der blauen Pferde"
c „Der Traum des Albatros"
d „Der blaue Reiter"

6 **Von welchem Künstler wurde die „Mona Lisa" (1503–1506) gemalt?**

a Andrea del Verrocchio
b Leonardo da Vinci
c Michelangelo Buonarroti
d Hans Baldung

7 **Wer gehört nicht zu den typischen Vertretern des Expressionismus?**

a Emil Nolde
b Ernst Ludwig Kirchner
c Vincent van Gogh
d Ernst Barlach

8 **Wesentliche Merkmale des gotischen Baustils, insbesondere der Sakralarchitektur, sind u. a. …**

a Rundbögen, kleine Fensterpartien, massive Bauweise
b Spitzbögen, reiche Fassadenverzierung, große Buntglasfensterfronten, hoch aufragende spitze Türme, Betonung der Vertikalrichtung
c regelmäßige strenge Proportionen, auf Symmetrie angelegte Konzeption, durch Säulenformationen geprägte Vorderfronten
d prachtvolle Architektur mit geschwungenen Formen, überreicher Ornamentik und Innenraumgestaltung durch großformatige Gemälde

9 **Welches der folgenden Bauwerke wird nicht zu den sieben Weltwundern gezählt?**

a die ägyptischen Pyramiden
b die hängenden Gärten der Semiramis
c die Zeusstatue in Olympia
d das Taj Mahal

10 **Von welchem Maler ist bekannt, dass er sich im Wahn ein Ohr abschnitt?**

a Joan Miró
b Salvador Dali
c Vincent van Gogh
d Carl Spitzweg

11 **Max Ernst gilt als Vertreter des …**

a Kubismus und der Moderne
b Realismus
c Dadaismus und Surrealismus
d Klassizismus

12 Auguste Renoir (1841–1919) gehörte zu den Malern, die erstmals das moderne Leben in der Großstadt malten, er gilt als Hauptmeister des …

a Impressionismus
b Expressionismus
c Realismus
d Surrealismus

13 Wie heißt der Künstler, der mit Gauguin zusammen gearbeitet hat und zunächst in ziemlich düsteren Farben, in seiner letzten Schaffensperiode aber in hellen „explosiven“ Farben gemalt hat, die nicht die Realität, sondern seine Gefühle und Emotionen widerspiegeln sollten (Beispiele hierfür: Sonnenblumen- und Landschaftsbilder)?

a Vincent van Gogh
b Emil Nolde
c Georges Seurat
d Paul Cézanne

14 Wie ist der Name des französischen Malers und Grafikers, der Ende des 19. Jahrhunderts seine Motive vor allem in den Pariser Vergnügungsetablissements fand?

a Edgar Degas
b Henri de Toulouse-Lautrec
c Honoré Daumier
d Paul Signac

15 Wie heißt die Kunstrichtung der 60er-Jahre, die gewöhnliche Alltagsgegenstände und Aussagen der Unterhaltung, des Massenkonsums und der Werbung in die Kunst integriert und sie dabei entfremdet und parodiert hat?

a Op-Art
b Futurismus
c Pop-Art
d Rayonismus

16 **Joan Miró ist ein Maler …**

a der Landschaftsaquarelle
b von historischen Kriegsereignissen
c abstrakter Kunst
d surrealer Portraits

17 **In welchem Stil wurde der Kölner Dom erbaut?**

a im romanischen Stil
b im klassizistischen Stil
c im gotischen Stil
d im barocken Stil

18 **Wer entwarf den legendären Stuhl „3107“?**

a Eileen Gray
b Arne Jacobsen
c Charles Eames
d Verner Panton

19 **Wie nennt man die Maltechnik, bei der die Farben auf den frischen noch nassen Mörtel oder Putz aufgetragen werden?**

a Fresko
b Frottage
c Fumage
d Grattage

20 **Welches Gebäude in Berlin wurde nicht von Karl Friedrich Schinkel (1781–1841) entworfen?**

a die Neue Wache
b das Alte Museum
c das Schauspielhaus am Gendarmenmarkt
d das Reichstagsgebäude

21 Ein bedeutender Maler der deutschen Romantik war …

a Emil Nolde
b Carl Spitzweg
c Caspar David Friedrich
d Albrecht Dürer

22 Welcher französische Maler des Impressionismus verwendete mit Vorliebe Motive aus der Inselwelt Polynesiens (Südsee)?

a René Magritte
b Paul Gauguin
c Marc Chagall
d Paul Cézanne

23 Walter Gropius, Mies van der Rohe und Henry van de Velde sind Architekten …

a der Klassik
b des Jugendstils
c der Neuzeit
d des Bauhaus-Stils

24 „Die vier Apostel", 1526 ursprünglich als Altarflügel konzipiert, stammen von …

a Lucas Cranach dem Älteren
b Albrecht Dürer
c Thomas Locher
d Matthias Grünewald

25 Welcher Maler des 19. Jahrhunderts befasste sich in seinen Bildern besonders liebe- und humorvoll mit dem Leben von Kleinstädtern und Sonderlingen?

a Max Liebermann
b Otto Dix
c Carl Spitzweg
d Heinrich Zille

26 **Pablo Picasso gilt als wichtiger Maler ...**

a der Moderne
b der modernen Architekturmalerei
c der französischen Romantik
d des Impressionismus

27 **Das Schloss Sanssouci findet man in ...**

a Versailles
b Paris
c Potsdam
d Berlin

28 **Der Innenraum der Sixtinischen Kapelle im Vatikan wurde Anfang des 16. Jahrhunderts hauptsächlich von welchem Künstler gestaltet?**

a Leonardo da Vinci
b Michelangelo Buonarroti
c Tizian Vecellio
d Paolo Uccello

29 **Was war das Bauhaus in Dessau?**

a das weltweit erste Kaufhaus für Bauwaren
b eine Vereinigung deutscher Avantgarde-Literaten
c die von W. Gropius gegründete Hochschule für Baukunst und Gestaltung
d der Dachverband europäischer Bildhauer

30 **Welchem Baustil ist der Kölner Dom zuzuordnen?**

a Klassizismus
b Gotik
c Renaissance
d Barock

31 **Von wem stammt der Entwurf für das Guggenheim-Museum im spanischen Bilbao?**

- a Le Corbusier
- b Frank O. Gehry
- c Giancarlo Piretti
- d Eero Saarinen

32 **Welcher Architekt entwarf die Berliner Philharmonie und die Staatsbibliothek zu Berlin – Preußischer Kulturbesitz, die als Teil des Kulturforums am ehemaligen Kemperplatz konzipiert wurden?**

- a Egon Eiermann
- b Ludwig Mies van der Rohe
- c Werner Düttmann
- d Hans Scharoun

33 **Eine der ältesten Maltechniken ist …**

- a die Aquatinta
- b die Ölmalerei
- c die Temperamalerei
- d die Aquarellmalerei

34 **Welcher Bildhauer bevorzugte Holz als Material für seine Plastiken?**

- a Alberto Giacometti
- b Ernst Barlach
- c Henry Moore
- d Auguste Rodin

35 **In welcher Stilepoche erreichte die Glasmalerei ihren Höhepunkt?**

- a in der Romanik
- b in der Renaissance
- c in der Gotik
- d im Barock

36 Welcher Maler und Grafiker des 20. Jahrhunderts hat in seinen oft traumhaft mystischen Bildern Elemente russischer Volkskunst und jüdischer Kultur verwendet und über 100 Illustrationen zur Bibel angefertigt?

a Eugène Delacroix
b Gustav Klimt
c Marc Chagall
d Henri Matisse

37 „Der Schrei" ist ein bekanntes Bild von …

a van Gogh
b Rembrandt
c Picasso
d keiner der Lösungsvorschläge ist richtig

38 Wie hieß der wohl bedeutendste deutsche Landschaftsmaler der Romantik?

a Albrecht Altdorfer
b Michael Pacher
c Werner Tübke
d Caspar David Friedrich

39 Wie heißt die deutsche Bildhauerin und Grafikerin, die vor allem soziale Themen beeindruckend darstellte?

a Käthe Kollwitz
b Kira Hanusch
c Caroline Schlegel
d Sophie Rois

40 Wo befindet sich die Alhambra (erbaut 12.–14. Jahrhundert), die als eine der bedeutendsten Profanbauten islamischer Baukunst zum Weltkulturerbe der UNESCO zählt?

a in Casablanca
b in Sevilla
c in Fès
d in Granada

41 **Der wichtigste in Russland geborene Vertreter der abstrakten Kunst um 1900 war …**

a Victor de Vasarély
b Wassily Kandinsky
c Edgar Degas
d Ilja I. Kabakow

42 **Das Forum Romanum muss man sich vorstellen …?**

a als eine Art Burg oder Festung
b als einen Heldenfriedhof
c als ein Theater
d als eine Ansammlung von mehreren Gebäuden unterschiedlichster Art

43 **Welcher Vertreter der abstrakt-expressionistischen Malerei entwickelte seit den 40er-Jahren dieses Jahrhunderts das sogenannte „drip-painting"?**

a Victor Vasarély
b Jackson Pollock
c Willem de Kooning
d Richard Hamilton

44 **Wie heißt das weltberühmte Kunstmuseum in Paris?**

a Guggenheim-Museum
b Prado
c L'artifex
d Louvre

45 **Welcher deutsche Künstler schuf trotz Malverbots durch das NS-Regime die „Ungemalten Bilder" und wurde durch diese vor allem als Aquarellmaler bekannt?**

a August Macke
b Paul Klee
c Emil Nolde
d Franz Marc

46 **Was ist das größte hinduistische Bauwerk Südostasiens (Khmer-Baustil)?**

a Taj Mahal
b Angkor Wat
c Borobudur
d Potala

47 **Welcher Maler, Grafiker und Bildhauer hat zusammen mit Georges Braque um 1910 den Kubismus entwickelt?**

a Pablo Picasso
b Robert Delauny
c Piet Mondrian
d Henri Matisse

48 **Welches Bauwerk ist ein Beispiel barocker Architektur?**

a die Kathedrale von Chartres
b der Dom zu Speyer
c die Würzburger Residenz
d der Sankt-Peters-Dom in Rom

49 **Welcher Baumeister, der sich dem Funktionalismus verbunden fühlte und die Wallfahrtskapelle Notre-Dame-du-Haut in Ronchamp entwarf, gehörte seit 1920 zu den einflussreichsten Architekten des 20. Jahrhunderts?**

a Le Corbusier
b Bruno Taut
c Walter Gropius
d Erich Mendelsohn

50 **Der niederländische Maler Rembrandt Harmensz van Rijn (1606–1669) ist vor allem berühmt für …**

a seine farbenfrohe Landschaftsmalerei
b seine Porträtkunst und seine religiösen Werke in Helldunkelmalerei
c seine detailgenaue Blumenmalerei
d seine Stillleben

51 **Welcher dieser Architekten ist kein Vertreter des Dekonstruktivismus?**

a Frank Gehry
b Daniel Libeskind
c Zaha Hadid
d Tadao Andō

52 **Der Designer Luigi Colani ist bekannt für … seiner Produkte**

a die bevorzugte schwarze Farbe
b die Bevorzugung scharfer Kanten und Ecken
c eine Vorliebe für abgerundete Formen
d alle Lösungsvorschläge sind richtig

53 **Welchem Baustil kann das Schloss von Versailles zugeordnet werden?**

a Barock
b Rokoko
c Romantik
d Renaissance

54 **Die Alte Pinakothek findet man in …**

a München
b Berlin
c Leipzig
d Wien

55 **Die Skulptur „Der Denker" ist von …**

a Käthe Kollwitz
b Ernst Barlach
c Henry Moore
d Auguste Rodin

Lösungen und Erläuterungen

1 b Salvador Dalí war seit etwa 1928 einer der Hauptvertreter des Surrealismus. Durch die Psychoanalyse angeregt stellte Dalí mithilfe von ungewöhnlichen räumlichen Perspektiven und Formkombinationen in seinen Bildern meistens fantastische, traumähnliche Visionen dar.

2 d Die Romanik gilt als erster Stil der mittelalterlichen Kunst, der ungefähr die Zeit von etwa 1000–1250 umfasst und seine größte Ausprägung in der kirchlichen Baukunst hat.

3 a Die griechische Baukunst kennt nur die drei Säulenarten, die von den Römern übernommen wurden: dorische, ionische und korinthische Säulen. Die Römer entwickelten zusätzlich die toskanische und die römische, komposite Säule. Die schneckenförmig eingerollten Enden der ionischen Säulen werden als Voluten bezeichnet

4 d Sandro Botticelli (1444–1510) schuf 94 Zeichnungen zu Dantes „göttlicher Komödie“, die zum Teil im Kupferstichkabinett in Berlin zu besichtigen sind.

5 b Franz Marc (1880–1916) gehört zur Künstlergruppe „Der Blaue Reiter“, die, 1911 gegründet, den Aufbruch zu einer neuen, geistigen Kunst symbolisiert. „Der Blaue Reiter“ ist der Name eines Almanachs, den W. Kandinsky und F. Marc 1912 in München herausgaben und der zur bedeutendsten Programmschrift der Kunst des 20. Jahrhunderts wurde. Marcs expressionistische und später abstrakte Bilder zeigen besonders häufig Tiermotive.

6 b Leonardo da Vinci (1452–1519) hat wegen seiner bedeutenden Arbeiten in der Baukunst, Technik, Anatomie und Malerei Geltung als Universalgenie erlangt. Das Porträt der Mona Lisa, das im Louvre besichtigt werden kann, gehört zu den wohl berühmtesten Bildnissen der abendländischen Malerei. Es stellt wahrscheinlich die Frau des reichen Florentiner Kaufmanns Francesco del Giocondo dar und wird deshalb auch „La Gioconda“ genannt.

7 c Van Gogh (1853–1890) hatte zwar den Impressionismus mit seinen glühenden Farben hinter sich gelassen, lebte und malte aber noch deutlicher vor der Zeit der typischen Expressionisten (1880–1920) wie z. B. Nolde und Kirchner. Trotzdem werden hier schon die Übergänge sichtbar.

8 b Als Beispiel für den gotischen Baustil kann das Straßburger Münster genannt werden. Die Merkmale unter a) stehen für einen romanischen, die unter c) für einen klassizistischen und die unter d) für einen barocken Baustil.

9 d Das Taj Mahal wurde 1631–1648 als Grabgebäude der Frau des Schah Dschahan bei Agra gebaut. Es wird als Meisterwerk der indo-islamischen Kunst angesehen, gehört aber nicht zu den sieben Weltwundern der Antike.

10 c Der niederländische Maler und Zeichner Vincent van Gogh (1853–1890) gilt als einer der großen, mutigen Begründer der modernen Malerei.

11 c Max Ernst (1891–1976) gilt als ein wichtiger Vertreter des Dadaismus und Surrealismus.

12 a Diese französische Kunstrichtung des 19. Jahrhunderts begründete eine neue Art der Wirklichkeitswiedergabe. Sie wollte die Gegenstände der Natur nicht in ihrer Körperlichkeit, sondern in der farbigen Auflösung zeigen, die Licht, Luft und Sonne hervorrufen.

13 a Das Leben des niederländischen Malers Vincent van Gogh war durch Krisen, Krankheiten und finanzielle Not geprägt, die 1890 zu seinem Freitod führten. Dennoch zeichnet sich seine künstlerische Schaffenszeit durch große Intensität und Ausdruckskraft aus.

14 b Henri de Toulouse-Lautrec (1864–1901) stellte als gesellschaftlicher und künstlerischer Außenseiter die Theater, Cafés und das Nachtleben von Paris in Gemälden, Zeichnungen und Lithografien dar. Durch seine Plakat-Lithografien für das Nachtlokal „Moulin Rouge" gab er der Plakatkunst wichtige Anregungen.

15 c Zu den bekanntesten Vertretern der amerikanischen Pop-Art gehören Andy Warhol, Roy Lichtenstein und Claes Oldenburg. Motive dieser Strömung waren z. B. überdimensionale Kuchenstücke, Suppendosen, Telefone, Coca-Cola-Flaschen sowie Film- und Rockidole. Als Gestaltungstechniken wurden häufig die Fotomontage und Collage verwendet.

16 c Der spanische Maler, Grafiker, Bildhauer und Keramiker Joan Miró (1893–1983) war ein früher Wegbereiter des Kubismus.

17 c Der Kölner Dom gilt als das bedeutendste Bauwerk der Hochgotik in Deutschland und ist die größte Kirche Deutschlands. Er wurde nach dem Vorbild der gotischen Kathedralen in Frankreich geplant, seit 1248 gebaut und erst 1880 vollendet.

18 b Der Däne Arne Jacobsen schuf 1955 den am häufigsten imitierten Stuhl der Moderne.

19 a Die Bezeichnung leitet sich aus dem Italienischen „al fresco" (= „aufs Frische") ab. Da die Farben auf den frischen noch nassen Kalkbewurf einer Wand aufgetragen werden, sind sie nach dem Trocknen fest mit diesem verbunden und können nicht abblättern. Will man später eine Änderung vornehmen, kann dies nur nach Abkratzen einer Kalkschicht und Auftragen einer neuen erfolgen.

20 d Das Reichstagsgebäude wurde 1884–1894 nach Plänen von Paul Wallot (1841–1912) erbaut. Durch den Reichstagsbrand am 28. 02. 1933 wurde der Plenarsaal und 1945 das gesamte Gebäude durch Kriegseinwirkungen zerstört. Seit 1995 wurde der Reichstag vom britischen Architekten Sir Norman Foster umgebaut und dient seit 1999 als offizieller Sitz des Bundestages.

21 c Der deutsche Maler, Grafiker und Zeichner Caspar David Friedrich (1774–1840) gilt als einer der bedeutendsten Künstler der deutschen Frühromantik.

22 b Gauguin (1848–1903) verabschiedete sich von der westlichen Zivilisation und ließ sich 1895 in Tahiti nieder. Mit seinen Südseebildern, die sich durch eine Großflächigkeit und gesteigerte Farbigkeit auszeichnen, wollte er die traumhafte Welt naiver Schönheit aufzeigen und nicht das realistische Leben wiedergeben.

23 d Alle drei sind namhafte Gründer und Vertreter des Dessauer Bauhaus-Stils (1919).

24 b Albrecht Dürer (1471–1528) schaffte die Grundlage für die Hochrenaissance in Deutschland. Seine Bildidee für die „Vier Apostel" geht auf die beiden Altarflügel zu dem großen Marienbild des Giovanni Bellini von 1488 in der Frari-Kirche in Venedig zurück.

25 c Der Apotheker Carl Spitzweg (1808–1885) bildete sich selbst zum Maler aus. Mit seinen Bildern schildert er humorvoll das kleinbürgerliche Leben der Biedermeierzeit. Zu den bekanntesten gehören: „Der arme Poet", „Der Kaktusfreund" oder „Der Liebesbrief".

26 a Der spanische Maler, Grafiker und Bildhauer Pablo Picasso (1881–1973) gilt als Wegbereiter und bekanntester Vertreter der Moderne.

27 c König Friedrich II. ließ 1745 bis 1747 in Potsdam im östlichen Teil des Parks Sanssouci ein kleines Sommerschloss (Schloss Sanssouci, französisch sans souci ‚ohne Sorge') im Rokoko-Stil erbauen.

28 b In der Sixtinischen Kapelle im Vatikan bemalte Michelangelo (1475–1564) von 1508–1512 die gewölbte Decke mit Szenen aus dem Alten Testament. Von 1534–1541 schuf er sein berühmtes Wandgemälde „Das Jüngste Gericht" auf der Altarwand. Da Michelangelo sich als Maler, Bildhauer, Baumeister und Dichter hervorgetan hat, zählt er neben Leonardo da Vinci zu den vielseitigsten Künstlern überhaupt.

29 c Das Bauhaus wurde 1919 in Weimar von Walter Gropius gegründet, siedelte 1925 nach Dessau und 1932 nach Berlin über und wurde 1933 von den Nationalsozialisten geschlossen. Die Bauhauskünstler gingen überwiegend in die Emigration. 1937 fand das Bauhaus einen neuen Sitz in Chicago. Der Bauhausstil zeichnet sich durch eine zweckgerichtete, technisch-geometrische Bauweise aus.

30 b Der Kölner Dom zählt zu den weltweit größten Kathedralen im gotischen Baustil. Die Gotik wollte die Schwere der romanischen Architektur überwinden und ließ das Mittelschiff der Kathedralen auf langen, schlanken Säulen ruhen. Höher und schöner als alles bisher Dagewesene – so plante der Architekt Meister Gerhard 1248 den Kölner Dom, der erst sechs Jahrhunderte später fertiggestellt war.

31 b 1997 wurde das Guggenheim-Museum des amerikanischen Architekten Gehry in Bilbao eröffnet.

32 d Die Philharmonie entstand von 1960–1963 als neue Form eines Konzertsaales. Der Bau der Staatsbibliothek vollzog sich in mehreren Bauabschnitten von 1967–1978. Seine Fertigstellung konnte Scharoun (*1893) nicht mehr miterleben, da er am 25. 11. 1972 verstarb.

33 c Die Temperamalerei benutzt Farben, deren Bindemittel ölige und wässrige oder harzige Stoffe enthalten. Es gibt verschiedene Techniken: Wachs-, Gummi-, Kasein-, Öl- und gefirnisste Temperamalerei. Bis zur allgemeinen Verbreitung der Ölmalerei im 16. Jahrhundert war die Temperamalerei die gebräuchlichste Maltechnik (besonders die gefirnisste Temperamalerei).

34 b In seinen Holzplastiken zeigt der expressionistische Bildhauer und Dichter Ernst Barlach (1870–1938) den menschlichen Körper oft als eine „bedeutungslose plumpe Masse", der Gesichtsausdruck wird dagegen besonders betont.

35 c Die Glasmalerei erzielte in der Gotik ihren Höhepunkt, da in dieser Zeit die Kirchenwände immer weniger tragende und stützende Funktion hatten und somit durch große lichtdurchlässige Glaswände künstlerisch gestaltet werden konnten. Bedeutende Glasmalereien gibt es in der Kathedrale von Chartres, im Straßburger Münster und in der Notre Dame in Paris.

36 c Der Stil des russisch-französischen Künstlers Marc Chagall (1887–1985) kann keiner der Strömungen des 20. Jahrhunderts fest zugeordnet werden. Neben seinen Gemälden hat er Illustrationen, Bühnenbilder und Entwürfe für Mosaike und Glasfenster geschaffen.

37 d Der norwegische Maler und Grafiker des Symbolismus Edvard Munch (1863–1944) gilt als Wegbereiter der expressionistischen Richtung in der Malerei der Moderne.

38 d Caspar David Friedrich (1774–1840) gilt mit seinen symbolhaltigen, allegorischen und stimmungsvollen Landschaftsbildern wie z. B. „Kreidefelsen auf Rügen“ oder „Zwei Männer in Betrachtung des Mondes“ als der bedeutendste deutsche Landschaftsmaler. Als weiterer deutscher Künstler der Romantik kann Philipp Otto Runge (1777–1810) genannt werden.

39 a Neben den sozialkritischen Themen, wie z. B. Leid und Elend der Arbeiterschicht, wählte die Grafikerin und Bildhauerin Käthe Kollwitz (1867–1945) häufig Mutter-Kind-Motive für ihre Werke.

40 d Die Alhambra (= arabisch „Die rote Burg“) befindet sich in Granada. Die gesamte Anlage besteht aus Pavillons, Säulenhallen und Innenhöfen, von denen der sogenannte Löwenhof der berühmteste ist.

41 b Wassily Kandinsky (1866–1944) schuf die abstrakte Malerei, die sich völlig von der dinglichen Darstellung abhob und sich durch neue künstlerische Ausdrucksweisen mit neuen Symbolgehalten auszeichnete. Er gründete zusammen mit Franz Marc und Alfred Kubin 1911 in München die Künstlergruppe „Der Blaue Reiter“.

42 d Ein seit dem 6. Jahrhundert v. Chr. mit Tempeln, Heiligtümern, Markt- und Amtsgebäuden sowie Ehrenmalen überbauter Versammlungsplatz.

43 b Bei dieser Tröpfchenmalerei wurde die Farbe direkt auf die auf dem Boden liegende Leinwand gespritzt oder getropft, bis die gesamte Bildfläche mit labyrinthisch verschlungenen Farbnetz-Strukturen versehen war. Hierbei trat der malerisch spontane Prozess in den Vordergrund, daher wurde diese Malart von Jackson Pollock auch als „action-painting“ bezeichnet.

44 d Das Gebäude war bis zum 17. Jahrhundert Königssitz. In der Französischen Revolution wurden die königlichen Kunstschätze zum Nationaleigentum erklärt und für das Volk geöffnet. Innerhalb der Reihe der wiederholten baulichen Veränderungen kann der Bau einer Glaspyramide 1988/1989, die heute als Eingang dient, als bedeutender Höhepunkt angesehen werden.

45 c Emil Noldes (1867–1956) Bilder stellen seine norddeutsche Heimat, Groteskes und religiöse Motive dar. Seine religiösen Bilder zeichnen sich durch die Hässlichkeit der dargestellten Figuren, die Verzerrtheit und die ungewöhnliche Farbgebung aus, weswegen er von den Nazis verurteilt wurde und Malverbot erhielt. Trotz Malverbots fertigte Nolde von 1938–1945 auf kleinstem Format die sogenannten „Ungemalten Bilder“ an.

46 b Die hinduistisch-buddhistische Tempelanlage Angkor Wat liegt im Nordwesten Kambodschas (12. Jahrhundert). Sie gilt als das gewaltigste Bauwerk Südostasiens und gehört zum Weltkulturerbe der UNESCO.

47 a Picasso (1881–1973) hat nach seiner „blauen" und „rosa" Phase in seiner dritten Schaffensperiode mit George Braque zusammen den Kubismus begründet, der der modernen Malerei eine ganz neue Dimension eröffnete. Im Kubismus wird versucht, alle Aspekte eines Gegenstandes, die der Künstler in drei Dimensionen wahrnimmt, auf die zweidimensionale Bildfläche zu übertragen.

48 c Die Würzburger Residenz stellt an Umfang und Bedeutung das Hauptwerk der deutschen Schlossbaukunst des Barocks dar. Die Kathedrale von Chartres ist ein Beispiel für die gotische und der Dom zu Speyer für die romanische Baukunst. Der Sankt-Peters-Dom in Rom ist im Stil der Hochrenaissance erbaut worden und gilt als größter Kirchenbau der Erde.

49 a Der französisch-schweizerische Architekt Le Corbusier (eigentlich Charles-Edouard Jeannerel, 1887–1965) schuf dem Funktionalismus entsprechende Gebäude, bei denen sich die Form aus der Funktion ableitet. Sachlich und klar gegliederte Wohnblöcke aus Stahlbeton bestehen aus kubischen Elementen mit flachen Dächern, großen Fenstern und keinerlei Bauornamenten (z. B. große Wohneinheiten in Marseille, 1947–1952, oder in Berlin, 1957). Die Wallfahrtskirche in Ronchamp ist ein Beispiel für seinen Baustil mit skulpturalen Formen unter Verwendung von rohen Materialien wie z. B. Sichtbeton.

50 b Rembrandt gilt als vielseitigster holländischer Maler des 17. Jahrhunderts, da seine Kunst alle Stile und Stoffgebiete der Zeit umfasst. Er ist aber vor allem für seine Porträtkunst und seine religiösen Werke in Helldunkelmalerei berühmt geworden. Bekannte Beispiele seines Schaffens sind „Die Nachtwache" und „Die Staalmeesters".

51 d Tadao Andō ist ein japanischer Architekt, dessen Stil durch einen konsequenten Minimalismus geprägt ist.

52 c Die aerodynamischen und biomorphen Formen des Designers Luigi Colani für Autos, Flugzeuge und Konsumgüter haben ihn bekannt gemacht.

53 a Das Prunkschloss Ludwigs XIV. wurde Vorbild für die prunkhafte Architektur des Barocks (1575 –1770).

54 a Das 1836 eröffnete Kunstmuseum, die Alte Pinakothek, eine der bedeutendsten Gemäldegalerien der Welt, befindet sich in München-Maxvorstadt und stellt unter anderem Gemälde von Malern des Mittelalters bis zur Mitte des 18. Jahrhunderts aus.

55 d Der französische Bildhauer und Zeichner Auguste Rodin (1840 –1917) war ein Wegbereiter. Mit ihm begann das Zeitalter der modernen Plastik und Skulptur. Die Skulptur „Der Denker" entstand zwischen 1880 und 1882 und zählt zu seinen Hauptwerken.

13 Literatur, Theater, Film

1 Wie hieß das erste Drama von Friedrich von Schiller (1759–1805)?

a „Kabale und Liebe“
b „Die Räuber“
c „Romeo und Julia“
d „Demetrius“

2 Welches Werk stammt nicht von Fjodor Dostojewskij (1821–1881)?

a „Der Idiot“
b „Aufzeichnungen aus einem Totenhaus“
c „Die toten Seelen“
d „Schuld und Sühne“

3 Wann wurde die erste deutschsprachige Gesamtausgabe der Bibel in der Übersetzung von Martin Luther veröffentlicht?

a 1517
b 1483
c 1534
d 1546

4 Wer gewann 2016 den Literatur-Nobelpreis?

a Patrick Modiano
b Elfriede Jelinek
c Dave Eggers
d Bob Dylan

5 **„Die Buddenbrooks", die Familiengeschichte einer Lübecker Kaufmannsfamilie, schrieb 1901 …**

a Stefan Zweig
b Hermann Hesse
c Thomas Mann
d Christian Morgenstern

6 **Welches der angegebenen Kinderbücher stammt von der schwedischen Schriftstellerin Astrid Lindgren?**

a „Die wunderbare Reise des kleinen Nils Holgerson mit den Wildgänsen"
b „Meisterdetektiv Kalle Blomquist"
c „Hanni und Nanni"
d „Die kleine Hexe"

7 **Welchen Film hat der Regisseur Fritz Lang gedreht?**

a Metropolis
b Ben Hur
c New York, New York
d alle Lösungsvorschläge sind richtig

8 **Friedrich Dürrenmatt (1921–1990) stellte die Frage nach der Eigenverantwortung und Ethik der Wissenschaftler neu. Sein Werk, das sich kritisch mit der atomaren Aufrüstung auseinandersetzt, heißt**

a „Die Physiker"
b „Der Besuch der alten Dame"
c „Ein Engel"
d „Ende einer Dienstfahrt"

9 **Was sind die drei literarischen Grundformen?**

a Kurzgeschichte, Märchen und Drama
b Epik, Lyrik und Drama
c Ballade, Erzählung und Komödie
d Roman, Ballade und Tragödie

10 **Welcher deutsche Schriftsteller erhielt 1972 den Literaturnobelpreis?**

a Heinrich Böll
b Günter Grass
c Nicolas Born
d Martin Walser

11 **In welcher Stadt befindet sich das Goethe- und Schillerarchiv, das zu einem Zentrum deutscher Literaturforschung wurde?**

a Wismar
b Jena
c Wetzlar
d Weimar

12 **Wer war der Autor der „Odyssee"?**

a Homer
b Ilias
c Sophokles
d Archimedes

13 **Welcher deutsche Autor des 20. Jahrhunderts war u. a. von der indischen Philosophie beeinflusst?**

a Rolf Dieter Brinkmann
b Hermann Hesse
c Jens Sparschuh
d Peter Brinkmann

14 **Welches der folgenden Werke wurde nicht von Franz Kafka (1883–1924) geschrieben?**

a „Berichte für eine Akademie"
b „Nana"
c „Der Prozess"
d „Das Schloss"

15 **Wer schrieb die Tragödie „Romeo und Julia"?**

a Oliver Cromwell
b Marquis de La Fayette
c George B. Shaw
d William Shakespeare

16 **Wann lebte Johann Wolfgang von Goethe?**

a 1700–1788
b 1749–1832
c 1812–1873
d 1698–1754

17 **In welchem Roman wird eine Mordserie vor dem Hintergrund der mittelalterlichen Klosterwelt und der kirchlichen Intoleranz geschildert?**

a „Der Graf von Monte Christo"
b „Ivanhoe"
c „Der Hexer"
d „Der Name der Rose"

18 **Welche philosophische Richtung vertraten Albert Camus und Jean-Paul Sartre?**

a den Idealismus
b die Phänomenologie
c die Ästhetik
d den Existentialismus

19 **Von wem stammt die 431 v. Chr. verfasste Tragödie „Medea“?**

a Homer
b Euripides
c Seneca
d Sokrates

20 **Der italienische Regisseur Luchino Visconti verfilmte 1971 die Novelle „Der Tod in Venedig“. Von wem stammt diese Novelle?**

a Alberto Moravia
b Thomas Mann
c Luigi Pirandello
d Stefan Zweig

21 **Wer schrieb den Roman „Bildnis einer Dame“?**

a Henry James
b Henry Miller
c James Baldwin
d Theodore Dreiser

22 **Welcher Vertreter des absurden Theaters schuf 1948 das Drama „Warten auf Godot“?**

a Guillaume Apollinaire
b Samuel Beckett
c Eugène Ionesco
d Jean Genet

23 Was versteht man unter einem „Sonett“?

a einen „holprigen“ Vers mit freier Verteilung der betonten Silben

b eine dreizeilige Versform in Japan, die aus 5 + 7 + 5 Silben besteht

c eine englische 5-zeilige Gedichtform mit humorvoll-ironischem Inhalt

d ein Gedicht aus 14 Zeilen gegliedert in zwei Vierzeiler und zwei Dreizeiler

24 Wer schrieb den „Hauptmann von Köpenick“?

a Carl Zuckmayer

b Stefan Zweig

c Karl Valentin

d Heinrich Böll

25 Wo liegt Heinrich von Kleist („Der zerbrochene Krug“) begraben?

a in Frankfurt an der Oder

b in Berlin

c in Dresden

d in Potsdam

26 In welchem deutschen Roman steht Franz Biberkopf im Mittelpunkt?

a „Berlin Alexanderplatz“

b „Doppelleben“

c „Der Schlafwandler“

d „Der Untertan“

27 Gerhart Hauptmanns (1862–1946) soziales Drama „Die Weber“ stammt aus der Epoche des …

a Naturalismus

b Symbolismus

c Expressionismus

d Hyperrealismus

28 **Wer war der Autor des „Faust“, eines Dramas über den deutschen Arzt und Alchemisten Georg („Johannes“) Faust, in dessen Mittelpunkt der Teufelspakt steht?**

a Eduard Mörike
b Friedrich von Schiller
c Gotthold Ephraim Lessing
d Johann Wolfgang von Goethe

29 **Eine mittelalterliche Dichtung, die vor allem das Rittertum verherrlichte, war ...**

a „Parzival“
b „Der arme Heinrich“
c „Tristan und Isolde“
d das „Hildebrandslied“

30 **Wer schrieb die „Blechtrommel“?**

a Thomas Mann
b Günter Grass
c Michael Roes
d Heinrich Böll

31 **Die Figur des Kommissars in den Kriminalromanen von Georges Simenon heißt ...**

a Hercule Poirot
b Inspektor Lavardin
c Kommissar Brunetti
d Kommissar Maigret

32 **Welcher Titel gehört nicht zu Erich Kästners Werk?**

a „Emil und die Detektive“
b „Die Konferenz der Tiere“
c „Der Räuber Hotzenplotz“
d „Das doppelte Lottchen“

33 **Wer war der Autor von „Emilia Galotti"?**

a Georg Büchner
b Gotthold Ephraim Lessing
c Gerhart Hauptmann
d Annette von Droste-Hülshoff

34 **Der deutsche Dramatiker Rolf Hochhuth provozierte mit seinem 1963 entstandenen Erstlingswerk politische Spannungen mit dem Vatikan. Wie hieß dieses Werk?**

a „Guerillas"
b „Das obszöne Werk"
c „Soldaten"
d „Der Stellvertreter"

35 **Welcher der angegebenen Romane gehört zur Gattung der Zukunftsromane und wurde von Jules Verne geschrieben?**

a „Die Reise zum Mittelpunkt der Erde"
b „1984"
c „Schöne neue Welt"
d „Utopia"

36 **Von welchem amerikanischen Schriftsteller stammt der Roman „Moby Dick"?**

a Hermann Melville
b Robert Louis Stevenson
c James Fenimore Cooper
d Washington Irving

37 **Was sind die letzten Worte Hamlets in Shakespeares Tragödie?**

a „Ich weiß, dass ich nichts weiß."
b „Zerstört meine Kreise nicht!"
c „Die Würfel sind gefallen."
d „Der Rest ist Schweigen."

38 **Was versteht man unter einem Prolog?**

a die Verlängerung einer Theateraufführung in freier Improvisation bei besonders günstiger Resonanz des Publikums
b einen in freier Form verfassten Text ohne jeden Reim
c den Anhang an ein Buch oder an ein Theaterstück
d einen einführenden Text, der dem eigentlichen Werk vorangestellt ist und dessen Funktion darin besteht, das Publikum oder den Leser einzustimmen

39 **Welches der folgenden vier Werke stammt nicht von Heinrich Böll?**

a „Billard um halb zehn"
b „Stiller"
c „Ansichten eines Clowns"
d „Irisches Tagebuch"

40 **Welcher deutsche Schriftsteller wurde durch einen Kriegsroman bekannt?**

a Alfred Döblin
b Bertolt Brecht
c Erich M. Remarque
d Gottfried Benn

41 **Wie heißt die weibliche Hauptfigur in dem weltberühmten Roman „Vom Winde verweht"?**

a Daisy Miller
b Verena Tarrant
c Scarlett O'Hara
d Vivien Warren

42 **„Die göttliche Komödie" schrieb**

a Boccaccio
b Dante
c Fellini
d Visconti

43 **Was versteht man unter einer Anthologie?**

a Auswahl von Texten, die eine Epoche, ein Gesamtwerk oder ein literarisches Motiv repräsentieren
b Darstellung des Lebenslaufes einer prominenten historischen oder zeitgenössischen Persönlichkeit
c Sammlung verschiedener noch unveröffentlichter Schriften
d literarisches Jahrbuch oder Kalender

44 **Welches der angegebenen Dramen gehört nicht zum Werk Henrik Ibsens (1828–1906)?**

a „Nora oder Ein Puppenheim“
b „Peer Gynt“
c „Die Wildente“
d „Prinz Friedrich von Homburg“

45 **Welches Drama von Johann Wolfgang von Goethe (1749–1832) behandelt vor allem die Themen Ehrfurcht vor Sitte, Sittlichkeit und Ordnung?**

a „Götz von Berlichingen“
b „Iphigenie auf Tauris“
c „Torquato Tasso“
d „Die Leiden des jungen Werthers“

46 **Der Roman „Don Quijote de la Mancha“ beeinflusste in besonderem Maße die Entwicklung der europäischen Prosa und war bis in die jüngste Zeit Gegenstand zahlreicher Bearbeitungen durch andere Kunstgattungen. Wer schrieb Anfang des 17. Jahrhunderts diesen Roman?**

a El Cid
b Lope de Vega
c Pedro Calderón de la Barca
d Miguel de Cervantes y Saavedra

47 **„Auf der Suche nach der verlorenen Zeit“ ist ein Roman von**

a Hermann Hesse
b Günter Grass
c Marcel Proust
d keiner der Lösungsvorschläge ist richtig

48 **Die Ode „An die Freude“ wurde im Schlusschor der 9. Sinfonie von Ludwig van Beethoven vertont. Wer schrieb diese Ode?**

a Friedrich Gottlieb Klopstock
b Friedrich von Schiller
c Pietro Metastasio
d Johann Wolfgang von Goethe

49 **Welches der angegebenen Werke gehört nicht zur Gattung der Abenteuerromane?**

a „Robinson Crusoe“ von Daniel Defoe
b „Die drei Musketiere“ von Alexandre Dumas
c „Der Malteser Falke“ von Samuel Dashiell Hammett
d „Die Lederstrumpfgeschichten“ von James Fenimore Cooper

50 **Wer schrieb den Romanzyklus „Die menschliche Komödie“?**

a Dante Alighieri
b Fjodor Dostojewskij
c Emil Zola
d Honoré de Balzac

51 **Welcher der folgenden Filme ist nicht von und mit Charlie Chaplin?**

a „Lichter der Großstadt“
b „Moderne Zeiten“
c „Der große Diktator“
d „Es war einmal in Amerika“

52 **Wer spielt die Hauptrollen in der Literaturverfilmung „Die Bourne Identität"?**

a Matt Damon und Franka Potente
b Ben Affleck und Franka Potente
c Matt Damon und Diane Kruger
d Ben Affleck und Diane Kruger

53 **Bei welchen Filmfestspielen wird die „Goldene Palme" verliehen?**

a in Berlin
b in Venedig
c in Cannes
d in Oberhausen

54 **Um welches Thema geht es zentral in dem Film „Der Pate"?**

a um internationale Wirtschaftskriminalität
b um Spionage
c um die Mafia
d um Liebe

55 **Wer ist in dem berühmten Film „Casablanca" die Partnerin von Humphrey Bogart?**

a Marlene Dietrich
b Ingrid Bergman
c Greta Garbo
d Vivian Leigh

56 **In welcher deutschen Stadt finden die Internationalen Kurzfilmtage statt?**

a München
b Hagen
c Dortmund
d Oberhausen

57 **Wer führte die Regie in dem Film „2001 – Odyssee im Weltraum“?**

a Stanley Kubrick
b Dennis Hopper
c Martin Scorsese
d Francis Ford Coppola

58 **Welcher der folgenden Filme ist nicht von Woody Allen?**

a „Der Stadtneurotiker“
b „Alice“
c „Die Outsider“
d „Zelig“

59 **Welches bekannte Shakespeare-Stück wurde 1996 erfolgreich verfilmt und in eine US-amerikanische Gegenwartskulisse versetzt?**

a „Ein Sommernachtstraum“
b „Romeo und Julia“
c „Der Kaufmann von Venedig“
d „Julius Cäsar“

60 **Welcher bekannte Dramatiker starb auf der Bühne, während er in einem seiner eigenen Stücke die Titelrolle spielte?**

a Shakespeare
b Molière
c Schiller
d Thomas Bernhard

61 **Das Buch „Robinson Crusoe“ wurde geschrieben von**

a Charles Dickens
b Edgar Wallace
c James Joyce
d Daniel Defoe

62 **Wie lautet die von Peter Jackson geschaffene Trilogie nach dem gleichnamigen Werk von J. R. R. Tolkien?**

a Star Wars
b Spider-Man
c Die Tribute von Panem
d Herr der Ringe

63 **„Der Name der Rose“ ist ein Werk von …**

a Niccolò Macavielli
b Umberto Eco
c Renato Grande
d Giovanni Boccaccio

64 **Welche Rolle spielte der österreichische Schauspieler Christoph Waltz in Quentin Tarantinos Film „Inglourious Basterds“ und wurde dadurch international berühmt?**

a die Rolle des „Bärenjuden“
b die Rolle von Winston Churchill
c die Rolle des SS-Standartenführers „Hans Landa“
d die Rolle des deutschen Kriegshelden „Fredrick Zoller“

65 **„Dr. Schiwago“ ist ein weltberühmter Roman von …**

a Boris Pasternak
b Maxim Gorki
c Leo Tolstoi
d Henry Miller

66 **Durch welche Theaterinszenierung wurde Gustaf Gründgens bis zum heutigen Tag zur Legende?**

a „Hamlet“
b „Faust“
c „Die Weber“
d „Romeo und Julia“

67 **Wer prägte den Begriff „episches Theater“?**

a Carl Zuckmayer
b Bertolt Brecht
c Johann Wolfgang von Goethe
d Gotthold Ephraim Lessing

68 **„Der Untertan“ wurde geschrieben von …**

a Thomas Mann
b Thomas Bernhard
c Heinrich Mann
d Heinrich Böll

Lösungen und Erläuterungen

1 b „Die Räuber“ gilt von der Anlage und der Sprache her als wichtiges Beispiel der Sturm- und Drang-Epoche. Diese literaturhistorische Bewegung rebellierte im aufklärerischen Geist gegen feudal-absolutistische Machtverhältnisse, betrieb einen Geniekult und stritt für die Emanzipation des Bürgertums.

2 c „Die toten Seelen“ ist ein Roman von Nikolai W. Gogol, erschienen 1842. Mit diesem Roman wird das russische Leben zu Beginn des 19. Jahrhunderts in der russischen Provinz beschrieben.

3 c Die erste deutschsprachige Gesamtausgabe der Bibel ist von 1534. Martin Luthers Übersetzung geht auf den griechischen und hebräischen Urtext zurück. Die dialektfreie Sprache und ihre Anschaulichkeit aus Sprichwort, Lied und Schwank verschaffte der Bibelübersetzung eine weite Verbreitung und war von entscheidender Bedeutung für die Reformation.

4 b Bob Dylan erhielt 2016 zur großen Überraschung den Literatur-Nobelpreis.

5 c Mit seinem Familienroman „Die Buddenbrooks“ (1901) wurde Thomas Mann (1875–1955) schon in jungen Jahren berühmt. Der Roman schildert den Verfall einer Lübecker Kaufmannsfamilie über vier Generationen. Für diesen Roman erhielt er den Nobelpreis.

6 b Astrid Lindgren (*1907) hatte ebenso großen Erfolg mit dem Buch „Kinder aus Bullerbü“ wie mit der Serie „Pippi Langstrumpf“. a) ist von Selma Lagerlöf, c) von der englischen Schriftstellerin Enid Blyton und d) vom deutschen Autor Ottfried Preußler.

7 a Fritz Lang (1890 –1976) war ein österreichisch-deutsch-amerikanischer Filmregisseur, Drehbuchautor und Schauspieler. Sein Stummfilm „Metropolis“ den er 1926 drehte, zeigt eine futuristische Großstadt mit ausgeprägter Zweiklassengesellschaft.

8 a „Die Physiker“, eine Komödie in zwei Akten (1962) schrieb Friedrich Dürrenmatt während der Zuspitzung des Kalten Krieges und der öffentlichen Diskussion über die atomare Rüstungspolitik.

9 b Epik, Lyrik und Drama sind die drei literarischen Grundformen. Großformen der Epik sind Roman und Epos und Kleinformen sind z. B. Novelle, Sage, Märchen und Kurzgeschichte. Zur Lyrik gehören z. B. Sonette, Balladen und Elegien. Das Drama lässt sich in die Komödie und Tragödie gliedern.

10 a Heinrich Böll (1917–1985) gehört zu den im In- und Ausland meistgelesenen zeitgenössischen deutschen Autoren. Er galt als kritischer Beobachter und Interpret der deutschen Geschichte und setzte sich für Außenseiter und Minderheiten der deutschen Gesellschaft ein.

11 d Die Nationalen Forschungs- und Gedenkstätten der klassischen deutschen Literatur wurden 1953 in Weimar vom damaligen Ministerrat der DDR gegründet. Sie umfassen mehrere Institutionen.

12 a Da Homers Dichtungen kaum biografisches Material enthalten, weiß man wenig über das Leben dieses großen griechischen Dichters (8. Jahrhundert v. Chr.). Mit seinen beiden Großepen „Odyssee" und „Ilias" gilt er als Begründer des abendländischen Epos.

13 b Das Werk von Hermann Hesse ist u. a. durch die Begegnung des Dichters mit der Welt der Psychoanalyse und der altchinesischen Weisheit bestimmt. Die Beeinflussung durch die indische Philosophie kommt besonders in der indischen Dichtung „Siddharta" zum Ausdruck.

14 b „Nana" ist ein Roman des französischen Schriftstellers Émile Zola, der 1880 erschienen ist.

15 d „Romeo und Julia", eine Tragödie in 5 Akten, die auch in den unterschiedlichsten Adaptionen verfilmt wurde, schrieb Shakespeare 1591 oder 1595. Sie gehört zur sogenannten „tragischen" Schaffensperiode des Lyrikers und Dramatikers.

16 b Goethe wurde 1749 in Frankfurt a. M. geboren und starb 1832 in Weimar.

17 d Der italienische Philosoph und Schriftsteller Umberto Eco schrieb diesen Roman 1980. Er wurde auch verfilmt.

18 d Leitgedanke der existentialistischen Literatur sind die fragwürdige, sich selbst problematisch gewordene Existenz des Menschen. Beispiele sind die Dramen „Huisclos" (1944) und „Les mouches" (1943) von J. P. Sartre sowie der Roman „La peste" (1947) von A. Camus.

19 b Der griechische Dichter Euripides ist der Verfasser der Tragödie „Medea" (431 v. Chr.).

20 b Die 1912 erschienene Novelle „Der Tod in Venedig" stammt von Thomas Mann. Sie wird mit der Neuklassik in Verbindung gebracht, einer literarischen Strömung um 1910.

21 a Der Roman „Bildnis einer Dame" des amerikanischen Autors Henry James erschien 1881.

22 b „Warten auf Godot" wurde 1953 in Paris uraufgeführt. Die Reaktionen des Publikums waren gespalten. 1975 wurde es vom Autor selbst am Schiller Theater in Berlin inszeniert. Samuel Beckett (1906–1989) wurde 1969 der Nobelpreis verliehen.

23 d Das Sonett wurde in Italien im 13. Jahrhundert entwickelt. Die ersten Meister dieser strengen Gedichtform sind Petrarca und Dante.

24 a Carl Zuckmayer (1896–1977) schrieb das Drama „Der Hauptmann von Köpenick" 1931. Es ist ein Beispiel seiner Volksstücke, in denen ihm eine treffsichere Milieu- und Personendarstellung gelungen ist.

25 b Gemeinsam mit Henriette Vogel ging Kleist am 21. 11. 1811 in Berlin am Kleinen Wannsee in den Freitod. Sein Ehrengrab befindet sich auf dem Auferstehungsfriedhof in Berlin-Zehlendorf.

26 a Der 1929 erschienene Roman „Berlin Alexanderplatz" des Berliner Arztes Alfred Döblin (1878–1957) trägt den Untertitel „Die Geschichte vom Franz Biberkopf". Das Werk wurde zweimal verfilmt.

27 a Der Naturalismus versucht die Wirklichkeit ohne subjektive Beurteilung genau abzubilden. Das Stück mit dem Thema des schlesischen Weberaufstandes von 1844 stellt das erste historische Drama des deutschen Naturalismus dar. Die soziale Sprengkraft dieses Dramas zeigt sich in dem Verbot der geplanten Uraufführung 1892 im Deutschen Theater durch die Behörden des deutschen Kaiserreiches.

28 d Goethe (1749–1832) verfasste „Faust", die Tragödie über die Verzweiflung eines Gelehrten, zunächst als Fragment (1790). Ein erster Teil erschien 1808 und der zweite postum 1832. Nach seinem Tod wurde 1887 der sogenannte „Urfaust" entdeckt.

29 a Den höfischen Versroman „Persifal" schrieb Wolfram von Eschenbach zwischen 1200–1210. Er gehört zu den verbreitetsten volkssprachlichen Texten des Mittelalters.

30 b „Die Blechtrommel" (1959 erschienen) ist Teil der Danziger Trilogie, zu der Günter Grass auch die Novelle „Katz und Maus" von 1961 und den Roman „Hundejahre" von 1963 zählte. Der Roman wurde Ende der 70er-Jahre von Volker Schlöndorff verfilmt.

31 d Zahlreiche Romane über den Pariser Kriminalkommissar Jules Maigret wurden verfilmt, u. a. mit Jean Gabin und Heinz Rühmann.

32 c „Der Räuber Hotzenplotz", erschienen 1962, ist das erfolgreichste Kinderbuch von Ottfried Preußler (*1923).

33 b G. E. Lessing (1729–1781) wurde mit „Emilia Galotti" (1772) zum Begründer des bürgerlichen Trauerspiels.

34 d Das Drama „Der Stellvertreter" wurde unter der Regie von Erwin Piscator in Berlin 1963 uraufgeführt. Thema ist die Haltung des Vatikans unter Papst Pius XII. angesichts der Judenvernichtung im Dritten Reich.

35 a Der französische Schriftsteller Jules Verne gilt als Begründer der sogenannten Science-Fiction-Literatur, die z. B. mögliche zukünftige Entwicklungen, Reisen in den Weltraum, außerirdische Lebewesen sowie den Einsatz von Robotern thematisiert.

36 a In „Moby Dick" (1851) wird der Kampf des verkrüppelten Kapitän Ahab mit einem riesigen Wal geschildert.

37 d Shakespeares um 1600 verfasste Tragödie „Hamlet", in der es um die inneren Konflikte des jugendlichen Prinzen von Dänemark geht, gehört zu den berühmtesten Dramen der Weltliteratur.

38 d Der Prolog (nach dem Griechischen = „Vorrede") ist das Gegenteil zum Epilog (= „Nachwort") und steht für einleitende Worte des Dichters oder eines Schauspielers, die z. B. zur Werbung in eigener Sache, zur Begrüßung des Publikums oder zum besseren Verständnis des Werks dienen.

39 b Den Roman „Stiller" veröffentlichte der Schweizer Schriftsteller Max Frisch im Jahr 1954.

40 c Remarque, ursprünglich Redakteur einer Sportzeitung, wurde durch den Antikriegsroman „Im Westen nichts Neues" (1929) weltweit bekannt. Der Roman wurde in über 30 Sprachen übersetzt und verfilmt.

41 c Der Roman „Vom Winde verweht“ (1936) von Margaret Mitchell stellt das Schicksal von Scarlett O’Hara im Sezessionskrieg und in der Nachkriegszeit dar.

42 b Der italienische Dichter Dante Alighieri (1265–1321) schrieb „Die göttliche Komödie“. Anstatt wie damals üblich auf Lateinisch zu schreiben, verfasste er sein Gedicht auf Italienisch. Es gilt als bedeutendstes Werk der italienischen Literatur.

43 a Anthologien werden unter den verschiedensten Gesichtspunkten zusammengestellt und spiegeln Zeitgeschmack und Forschungsergebnisse wider. b) beschreibt eine Biografie, c) ein Konvolut und d) einen Almanach.

44 d Das Drama „Prinz Friedrich von Homburg“ (1821) von Heinrich von Kleist bezieht sich auf die Ereignisse des Brandenburgisch-Schwedischen Krieges zur Zeit des Großen Kurfürsten Friedrich Wilhelm.

45 b Das Schauspiel „Iphigenie auf Tauris“ ist das bedeutendste Zeugnis von Goethes Frühklassik. Die Erstaufführung der endgültigen Fassung fand 1802 in Weimar statt.

46 d Saavedra Cervantes (1547–1616) entzaubert in einer parodistischen Form die Ritterromane der damaligen Zeit und gestaltet das Verhältnis von Dichtung und Lebenswahrheit sowie von Illusion und Wirklichkeit.

47 c Marcel Proust, geb. 1871, gest. 1922, hat mit seinem 7-bändigen Werk, das als schwer lesbar gilt, Weltruhm erlangt und zählt neben Joyce und Kafka als Begründer der literarischen Moderne.

48 b Die Ode „An die Freude“ schrieb Friedrich von Schiller 1785 als Ausdruck des Dankes für die selbstlose Freundschaft von Ch. G. Körner, der ihm zu gewisser materieller Unabhängigkeit verhalf.

49 c „Der Malteser Falke“ ist ein Kriminalroman von 1930, in dem Hammett die realistische Welt der Unterprivilegierten und der Gewalt darstellt. Später wurde er mit Humphrey Bogart verfilmt.

50 d Das Werk „Die menschliche Komödie“ umfasst mit ca. 90 Romanen nur zwei Drittel des ursprünglich geplanten Umfangs. Balzac (1799–1850) stellte hier mit einer realistischen Genauigkeit die unterschiedlichsten Personen aus allen Klassen der französischen Gesellschaft dar.

51 d Charlie Chaplin (1889–1977) ging durch seine einmalige Mischung von grotesker Situationskomik und der tragikomischen, auch sozialkritischen Darstellung des „kleinen Mannes“ in die Filmgeschichte ein. In „Es war einmal in Amerika“ (1982) mit Robert de Niro hatte Sergio Leone die Regie.

52 a In dem Agenten-Thriller „Die Bourne Identität“sind Matt Damon und Franka Potente in den Hauptrollen zu sehen.

53 c Die Filmfestspiele in Cannes (an der französischen Riviera) wurden 1946 gegründet.

54 c In diesem Film in der Regie von Francis Ford Coppola (1971) wird mit dem Mythos von der Mafia als „ehrenwerte Gesellschaft“ aufgeräumt. Brillant in der Rolle des Don Corleone: Marlon Brando. Es ist die Verfilmung des gleichnamigen Romans von Mario Puzo.

55 b Die schwedische Schauspielerin Ingrid Bergman (1915–1985) spielte außer in diesem Kultfilm u. a. in den Filmen „Wem die Stunde schlägt", „Johanna von Orleans", „Mord im Orientexpress" und „Herbstsonate".

56 d Die Internationalen Kurzfilmtage Oberhausen finden jährlich seit 1955 statt.

57 a Stanley Kubrick (1928–1999) drehte u. a.: „Lolita" (1961), „Uhrwerk Orange" (1971), „Shining" (1980), „Eyes Wide Shut" (1999), eine seiner Spezialitäten war der wirkungsvolle Einsatz von Musik.

58 c Woody Allen (*1935) ist der Meister der intellektuellen Komödie und der Schilderung neurotischer Charaktere, die lebenslänglich auf der Suche nach der idealen Liebe sind.

59 b Leonardo di Caprio spielte die Rolle des Romeo in dieser überaus tragischen Liebesgeschichte zwischen verfeindeten Familien. Shakespeare schrieb „Romeo und Julia" im Jahr 1597.

60 b Molière (1622–1673) starb auf der Bühne während einer Vorstellung seines Stückes „Der eingebildete Kranke". Er spielte die Titelrolle.

61 d Daniel Defoe (1660 –1731), englischer Schriftsteller in der Frühzeit der Aufklärung, gilt als einer der Begründer des englischen Romans.

62 d Die Trilogie „Herr der Ringe" besteht aus den Teilen „Die Gefährten", „Die zwei Türme" und „Die Rückkehr des Königs".

63 b Der erste Roman des italienischen Schriftstellers Umberto Eco (1932–2016), erschienen 1980, mit dem ihm gleich ein Welterfolg gelang.

64 c 2009 wurde er dafür als „Bester Darsteller" bei den Internationalen Filmfestspielen von Cannes ausgezeichnet, 2010 erhielt er den Golden Globe und den Oscar jeweils als „Bester Nebendarsteller".

65 a Der russische Dichter und Schriftsteller Boris Pasternak schrieb den Roman „Doktor Schiwago". Pasternak arbeitete von 1946 bis 1955 an dem Werk, das anschließend in 18 Sprachen übersetzt wurde. David Lean verfilmte 1965 das Buch mit Omar Sharif und Julie Christie in den Hauptrollen.

66 b Gustaf Gründgens (1899–1963) inszenierte die beiden Teile des Faust 1957/58 am Deutschen Theater in Hamburg, er selbst spielte die Rolle des Mephisto.

67 b Bertolt Brecht prägte den Begriff „episches Theater" als theoretischen Hintergrund für seine Theaterstücke. Brechts Intention: Der Zuschauer soll sich nicht mit den Gestalten und dem Geschehen in den Stücken identifizieren, sondern die dargestellten gesellschaftlichen Verhältnisse reflektieren.

68 c „Der Untertan" wurde von dem deutschen Schriftsteller Heinrich Mann (1871–1950) geschrieben. Der 1918 erschienene Roman ist der erste Teil der sogenannten Kaiserreich-Trilogie.

14 Musik

1 Wer komponierte die Oper „Porgy and Bess“?

a George Gershwin
b Benjamin Britten
c Leonard Bernstein
d Kurt Weill

2 Welches der folgenden Instrumente ist kein Holzblasinstrument?

a Oboe
b Horn
c Englischhorn
d Klarinette

3 Von wem stammt der Text der deutschen Nationalhymne?

a Johann Sebastian Bach
b August Hoffmann von Fallersleben
c Johannes R. Becher
d Joseph Haydn

4 Wer entwickelte um 1920 die Zwölftonmusik?

a Claude Debussy
b Olivier Messiaen
c Arnold Schönberg
d Hanns Eisler

5 Wer komponierte die Oper „Tosca“?

a Giacomo Puccini
b Giuseppe Verdi
c Ruggero Leoncavallo
d Wolfgang Amadeus Mozart

6 **Welcher Komponist wird nicht zu den Vertretern der Wiener Klassik (ca. 1780–1827) gezählt?**

a Ludwig van Beethoven
b Richard Strauss
c Joseph Haydn
d Wolfgang Amadeus Mozart

7 **Wie viele Noten umfasst eine Oktave?**

a 6
b 10
c 12
d 8

8 **Wer komponierte „Die Fledermaus“?**

a Ralph Benatzky
b Leon Jessel
c Johann Strauss
d Gustav Mahler

9 **Die drogenreiche Lebensgeschichte welches amerikanischen Musikers behandelt der Film/das Musical „Walk The Line“ (2005)?**

a Johnny Cash
b Jim Morrison
c Kurt Cobain
d James Brown

10 **Aus welcher Oper stammt die Kanzone „Oh, wie so trügerisch“?**

a „Aida“
b „Der Barbier von Sevilla“
c „Rigoletto“
d „Die lustigen Weiber von Windsor“

11 **Welche/-r Sänger/-in wurde mit den Chansons „Je ne regrette rien“ und „La vie en rose“ bekannt?**

a Juliette Gréco
b Edith Piaf
c Jacques Brel
d Patricia Kaas

12 **Wie bezeichnet man eine Gefäßflöte aus Ton oder Porzellan in Gestalt eines Vogels, die von Giuseppe Donati zwischen 1860–1880 entwickelt wurde?**

a Kazoo
b Piccoloflöte
c Okarina
d Helikon

13 **Wer war der 1980 ermordete Mitbegründer der Beatles?**

a Jimi Hendrix
b Brian Jones
c Jack Bruce
d John Lennon

14 **Von wem wurde die Dreigroschenoper komponiert und getextet?**

a Bertolt Brecht/Kurt Weill
b Franz Lehar/Johannes R. Becher
c Mecki Messer/Gunter Gabriel
d keiner der Lösungsvorschläge ist richtig

15 **Welcher Musikform gab der Lyriker Walther von der Vogelweide (um 1170–1230) einen unverwechselbaren Inhalt?**

a dem epischen Hofgesang
b den gregorianischen Chorälen
c der römischen Liturgie
d dem Minnesang

16 **Welcher Komponist litt schon früh an einem Gehörleiden, das letztlich zur völligen Taubheit führte?**

a Gustav Mahler
b Johann Sebastian Bach
c Ludwig van Beethoven
d Franz Schubert

17 **Wer schrieb 1969 mit „Tommy“ die erste bekannte Oper in der Rockmusik?**

a Neil Young
b Paul Kantner & Grace Slick (Jefferson Airplane)
c Jerry Garcia (The Greatful Dead)
d Pete Townshend (The Who)

18 **Das Anwesen „Neverland-Ranch“ in Kalifornien war die Verwirklichung eines Kindheitstraums welches US-amerikanischen Musikers?**

a Elvis Presley
b Mick Jagger
c Michael Jackson
d George Michael

19 **Wer war der berühmte italienische Geigenbauer, dessen Name für die begehrtesten und wohl auch teuersten Geigen steht?**

a Antonio Stradivari
b Antonio Vivaldi
c Tirso del Gibson
d Ruggiero Rizzitelli

20 **Zu welcher Popgruppe schlossen sich Agnetha Fältskog, Benny Andersson, Björn Ulvaeus und Anni-Frid Lyngstad 1972 zusammen?**

a Roxette
b Abba
c Dschingis Khan
d Bee Gees

21 **Wer komponierte die Musik zur „Dreigroschenoper"?**

a Bertolt Brecht
b Gioacchino Rossini
c Kurt Weill
d Jean-Philippe Rameau

22 **Welcher Band gehörte Robbie Williams an, bevor er seine Solo-Karriere startete?**

a Backstreet Boys
b Take That
c N'Sync
d Caught in the Act

23 **Wie wird eine Tonleiter bezeichnet, die sich aus Halbtonstufen zusammensetzt?**

a chromatisch
b harmonisch
c melodisch
d disjunktiv

24 **Eine Auswahl aus der „Carmina Burana", einer mittelalterlichen Liederhandschrift, wurde vertont von …**

a Orlando di Lasso
b Béla Bartók
c Carl Orff
d Johannes Brahms

25 **Welcher Komponist des 19. Jahrhunderts gestaltete seine Opern in Form von Musikdramen?**

a Paul Hindemith
b Albert Lortzing
c Richard Wagner
d Friedrich G. Klopstock

26 **Wie viele Saiten hat eine gewöhnliche Gitarre?**

a 6
b 8
c 5
d 4

27 **Wer war Enrico Caruso (1873–1921)?**

a ein amerikanischer Musicalkomponist italienischer Abstammung
b ein berühmter italienischer Pianist, der schon als „Wunderkind" bekannt war
c der wohl populärste Tenorsänger Anfang des 20. Jahrhunderts
d ein italo-amerikanischer Schauspieler und Tänzer

28 **Wie hieß der erste weiße Superstar des Rock'n'Roll, eines um 1955 entstandenen Musikstils (ursprünglich eine Verbindung aus Rhythm & Blues, Blues und Country and Western)?**

a Brian Wilson
b Paul Mc Cartney
c Mick Jagger
d Elvis Aaron Presley

29 **Was beinhaltet das Köchelverzeichnis?**

a sämtliche Werke Ludwig von Köchels
b sämtliche Werke Beethovens
c sämtliche Werke Mozarts
d sämtliche deutsche Sinfonien des 19. Jahrhunderts

30 Welcher amerikanische Jazzmusiker (Trompete) prägte den Modern Jazz maßgebend?

a Chi Coltrane
b Dick Heckstall-Smith
c Miles Davis
d Glenn Miller

31 Wie lautet der Künstlername von Paul David Hewson, dem Frontman der irischen Rockband U2?

a Bilbo
b Bela
c PD
d Bono

32 Wie heißt die aus Jamaika stammende Stilrichtung der Rockmusik, deren Wurzeln in afrikanischer Musiktradition, karibischer Rhythmik und afro-amerikanischem Rhythm & Blues liegen und die ein wichtiges Ausdrucksmittel in der Religion der Rastafari ist?

a Bebop
b Reggae
c Hip Hop
d Soul

33 Welche Oper wurde zur Eröffnung des Suez-Kanals 1869 geplant, jedoch erst 1871 in Kairo uraufgeführt?

a „Aida“ (Guiseppe Verdi)
b „Fidelio“ (Ludwig van Beethoven)
c „Parsifal“ (Richard Wagner)
d „Das Land des Lächelns“ (Franz Lehár)

34 Wie heißt das traditionelle Musikinstrument der australischen Ureinwohner (Aborigines)?

a Bumerang
b Ukulele
c Tjurunga
d Didgeridoo

35 Zahlreiche Operntexte für Richard Strauss schrieb …

a Hugo von Hofmannsthal
b Carl Zuckmayer
c Franz Grillparzer
d Heinrich Heine

36 Welche Zuordnung von Volkstanz und Land stimmt nicht?

a Mazurka – Polen
b Bolero – Spanien
c Csárdás – Ungarn
d Habanera – Italien

37 Wie heißt der amerikanische Rocksänger und -gitarrist, der seinen weltweiten Durchbruch mit dem Album „Born in the USA" (1984) erzielte und weltweit als „Der Boss" bezeichnet wird?

a Woody Guthrie
b Bruce Springsteen
c Alice Cooper
d Bob Dylan

38 Welches Musical basiert auf der Romanze „Pygmalion" von George Bernard Shaw?

a „West Side Story"
b „Cats"
c „Brigadoon"
d „My Fair Lady"

39 **Was versteht man unter einer „Jam-Session"?**

a zwanglose Zusammenkunft von Jazzmusikern, bei der aus dem Stegreif gespielt wird

b Überleitung von einem Hauptteil zum nächsten oder die Verbindung von einzelnen Strophen

c fest formierte Gesangsgruppe, die entweder a cappella, mit Instrumentalbegleitung oder solistisch auftritt

d Ensembles mit einer Besetzung von zwei bis neun Spielern

40 **Aus welcher Oper von Giuseppe Verdi stammt der berühmte „Gefangenenchor", von dem man sagt, die Italiener würden ihn als ihre heimliche Nationalhymne ansehen?**

a „Attila"

b „Die Macht des Schicksals"

c „Nabucco (Nebukadnezar)"

d „Othello"

41 **Welches der folgenden Ballettstücke wurde nicht von Peter Tschaikowski (1840–1893) komponiert?**

a „Dornröschen"

b „Nussknacker"

c „Schwanensee"

d „Giselle"

42 **Was war das Handicap des „Godfather of Soul" Ray Charles?**

a er war nach einem Autounfall querschnittsgelähmt

b er litt unter schwerem Asthma

c er war blind

d er litt unter Diabetes

43 **Wie hieß der Sänger, der 1965 eine weltberühmte Band gründete, die sich durch eine aggressive, oft auch obszöne Bühnenschau, lange Orgelpassagen, ausgedehnte Gitarrensoli und Songtexte mit Schreckensvisionen, voller Todesträume und Zaubersymbolen auszeichnete (Beispielsong „The End")?**

a Van Morrison
b Frank Zappa
c Ritchie Blackmore
d Jim Morrison

44 **Wo wurde der Komponist Verdi geboren?**

a Italien
b Spanien
c Frankreich
d Portugal

45 **Was versteht man in der Musik unter „staccato"?**

a Töne werden sehr leise gespielt
b Töne sind verkürzt und deutlich voneinander getrennt zu spielen
c Töne werden breit und gewichtig gespielt
d Töne sind ohne abzusetzen, in pausenloser Folge aneinander gebunden zu spielen

46 **Welche Oper wurde nicht von Mozart komponiert?**

a „Der Freischütz"
b „Die Hochzeit des Figaro"
c „Così fan tutte"
d „Don Giovanni"

47 **Albert Mangelsdorff ist international bekannt geworden als ...**

a Geiger
b Schlagzeuger
c Trompeter
d Posaunist

48 **Mackie Messer ist eine Figur aus …**

a dem Figaro
b der Dreigroschenoper
c der West Side Story
d Romeo und Julia

49 **Wie heißt der amerikanische Musikstil der 30er-Jahre, der sich aus dem New Orleans Jazz entwickelt hat und in dem die Ausbildung sogenannter Big Bands charakteristisch war?**

a Ragtime
b Skiffle
c Swing
d Boogie-Woogie

50 **Welche englische Rockgruppe hat die Langspielplatten „The Dark Side of the Moon“, „Ummagumma“ und „Atom Heart Mother“ herausgebracht?**

a Pink Floyd
b Deep Purple
c Emerson Lake & Palmer
d Jefferson Airplane

Lösungen und Erläuterungen

1 a George Gershwin (1898–1937) komponierte die Oper „Porgy und Bess“ kurz vor seinem Tod.

2 b Das Horn ist kein Holz-, sondern ein Blechblasinstrument. Bedeutende Kompositionen für Horn gibt es von Joseph Haydn, Wolfgang Amadeus Mozart und Richard Strauss.

3 b Der Text stammt von August Hoffmann von Fallersleben, die Melodie von Joseph Haydn. Am 11. August 1922, Weimarer Verfassungstag, wurde das Lied der Deutschen vom ersten Reichspräsidenten Friedrich Ebert (SPD) zur Nationalhymne erklärt.

4 c Arnold Schönberg (1874–1951) entwickelte die atonale Zwölftonmusik, bei der von einer Reihe von 12 aufeinander bezogenen Tönen als Grundstruktur ausgegangen wird. Die Reihenfolge der Töne wird dann in der Komposition nach bestimmten Regeln verändert.

5 a Giacomo Puccini (1858–1924) zählt nach Giuseppe Verdi zu den Hauptvertretern der italienischen Oper. Neben „Tosca“ komponierte er die Opern „La Bohème“, „Madame Butterfly“ und „Turandot“.

6 b Haydn, Mozart und Beethoven stammten alle nicht aus Wien, bestimmten aber die europäische Musik entscheidend, die sich durch sie in Wien konzentrierte. Die Wiener Klassik bezieht sich auf die Werke dieser drei Komponisten von 1781–1827. Richard Strauss (1864–1949), der u. a. auch Leiter der Wiener Staatsoper war, stand in der Tradition der Spätromantik. Seine Opern „Salome“, „Der Rosenkavalier“ und „Ariadne auf Naxos“ wurden weltberühmt.

7 d Eine Oktave ist der 8 Stufen umfassende Tonraum zwischen zwei gleichnamigen Tönen (z. B. von C bis c oder von E bis e).

8 c Johann Strauss (1825–1899), der älteste Sohn des Wiener Hofballdirektors mit gleichem Namen, wurde als „Walzerkönig“ gefeiert. Neben seiner Operette „Die Fledermaus“ ist er vor allem durch die Walzer „Kaiserwalzer“ und „An der schönen blauen Donau“ berühmt geworden.

9 a „Walk The Line“ ist die Filmbiografie des Country-Sängers Johnny Cash, gespielt von Joaquín Phoenix. Reese Witherspoon übernahm die Rolle von Cashs Ehefrau June Carter. Der Filmtitel lehnt sich an Johnny Cashs Musiktitel „I Walk The Line“ an.

10 c „Oh, wie so trügerisch“ ist ein Stück aus dem dritten Akt von Verdis Oper „Rigoletto“, die 1851 in Venedig uraufgeführt wurde.

11 b Die französische Chansonsängerin Edith Piaf (1915–1963) wurde auch „der Spatz von Paris“ genannt.

12 c Der Name „Okarina“ leitet sich vom italienischen „oca“ = „Gans“ ab. Bei dieser Flöte in Form eines Gänseeis befindet sich anstelle der Flötenröhre ein Hohlraum, der mit ca. 6–10 Grifflöchern versehen ist. Die Okarina hat einen sanften, etwas dumpfen Klang.

13 d Der am 08. 12. 1980 ermordete John Lennon prägte durch seine Songs den Stil der Beatles. Nach der Trennung der Beatles schuf er in einer Solo-Karriere u. a. die berühmt gewordenen Songs „Imagine“, „Happy Xmas (War is over)“ und „Give peace a chance“.

14 a Am 31. August 1928 fand in Berlin die Uraufführung der Dreigroschenoper, ein Theaterstück von Bertolt Brecht mit Musik von Kurt Weill, statt.

15 d Der Minnesang macht den größten Teil der mittelalterlichen Lyrik aus. Diese höfisch-aristokratische Gesellschaftslyrik verwendet das Mittelhochdeutsche und ist für eine einzelne Singstimme vorgesehen. Walther von der Vogelweide zählt zu den Hauptvertretern des Minnesangs.

16 c Ludwig van Beethoven (1770–1827) schuf mit praktisch vollständiger Taubheit u. a. die zweite Messe „Missa solemnis, op. 123“, die 9. Sinfonie, op. 125 und mehrere Streichquartette.

17 d Der Gitarrist der „Who“, Pete Townshend, erklärte diese Rockoper als ständiges Spiel zwischen Wirklichkeit und Illusion. Sie wurde u. a. im Metropolitan Opera House in New York aufgeführt und später verfilmt.

18 c Der „King of Pop“ hatte die Ranch 1988 gekauft und nannte sie „Neverland-Ranch“, in Anlehnung an die Heimat von Peter Pan. Zur Ranch gehörten ein Vergnügungspark, diverse Attraktionen und ein Kino. Jackson lud häufig kranke oder aus sozial schwachen Familien stammende Kinder auf seine Ranch ein.

19 a Antonio Stradivari fertigte insgesamt ca. 1 100 Instrumente an. Die klangliche Besonderheit der Stradivari-Violinen basiert auf der Wahl des Holzes, der Bauweise und der Zusammensetzung des Lackes.

20 b Der Name dieser Popgruppe setzt sich aus den Anfangsbuchstaben der Vornamen ihrer Mitglieder zusammen. Abba gewann mit „Waterloo“ 1974 den ersten Preis beim Eurovisionswettbewerb und entwickelte sich bald danach zu einer der erfolgreichsten Popgruppen seit den Beatles.

21 c Der Deutsch-Amerikaner Kurt Weill (1900–1950) zählt zu den führenden Komponisten der Berliner Avantgarde der 20er-Jahre. 1928 komponierte Weill die Musik zur „Dreigroschenoper“ von Bertolt Brecht.

22 b Take That ist eine britische Pop-Band und frühere, im Jahr 1990 gegründete Boygroup. Sie besteht aktuell aus drei Mitgliedern, die sich nach der Trennung 1996 im Jahre 2005 als Trio wieder vereint haben.

23 a „Chromatik“ leitet sich vom griechischen „chroma“ = „Farbe“ ab. Der Begriff „Chromatik“ benennt somit die „Färbung“ einer diatonischen Stufe um einen Halbton nach oben oder nach unten. Die chromatische Tonleiter setzt sich aus einer Abfolge von 12 diatonischen und chromatischen Halbtönen innerhalb einer Oktave zusammen.

24 c „Carmina Burana“, das erfolgreichste Werk des deutschen Komponisten Carl Orff (1895–1982), wurde 1937 uraufgeführt. Orff erlangte auch große Bedeutung in musikpädagogischer Hinsicht durch sein Orff-Instrumentarium.

25 c Richard Wagner (1813–1883) entwickelte in seiner dritten Schaffensperiode die Idee des Musikdramas, bei der Dichtung und Musik zu einer Ganzheit verschmelzen. Ein Grundthema – später in der Wagner-Literatur als Leitmotiv bezeichnet – prägte hierbei das dramatische Geschehen.

26 a Eine gewöhnliche Gitarre hat heute 6 Saiten. Gitarren mit 6 Saiten gibt es aber erst seit dem 18. Jahrhundert. Bis zur Mitte des 15. Jahrhunderts bestanden die Gitarren noch aus 4 Saiten.

27 c Enrico Caruso gilt als bedeutendster Tenor seiner Zeit durch seinen großen Stimmumfang und lyrischen sowie dramatischen stimmlichen Ausdruck.

28 d Elvis Aaron Presley (1935–1977) hat mit seiner Rhythm & Blues-Stimme und seinem Rockabilly-Personalstil die Entwicklung der amerikanischen Unterhaltungsmusik der Nachkriegszeit entscheidend beeinflusst. Er wurde auch weltweit zum Idol vieler Jugendlicher – sogar bis zum heutigen Tag.

29 c Der Jurist und Musikgelehrte Ludwig von Köchel (1800–1877) verfasste ein Verzeichnis sämtlicher Werke von Wolfgang Amadeus Mozart.

30 c Der amerikanische Jazzmusiker Miles Davis (1926–1991) beherrschte eine große Bandbreite der Jazzmusik. Er spielte Modern Jazz bis Rockjazz und entwickelte einen ganz eigenen Trompetenstil.

31 d Paul David Hewson wurde von Freunden „Bono Vox" („bona vox" bedeutet „gute Stimme"), in Anlehnung an einen Hörgeräteladen in Dublin genannt. Dieser Spitzname wurde im Laufe der Zeit auf „Bono" gekürzt und ist heute sein Künstlername.

32 b Bob Marley, Peter Tosh und Jimmy Cliff können als wichtigste Vertreter der Reggae-Musik angeführt werden.

33 a Die Oper „Aida" wurde erst am 24. 12. 1871 in Kairo uraufgeführt, da die in Paris angefertigten Bühnenbilder und Kostüme wegen des Deutsch-Französischen Krieges nicht versandt werden konnten. Für den Triumphmarsch wurde die sogenannte Aida-Trompete, eine lang gestreckte, scharf klingende Fanfarentrompete, konstruiert.

34 d Diese ca. 1,20–1,50 m lange Holztrompete wird aus Bambus oder einem ausgehöhlten Baumstamm angefertigt. Mit dem Didgeridoo werden im Norden Australiens fast alle Chorgesänge begleitet.

35 a Zwischen dem österreichischen Schriftsteller Hugo von Hofmannsthal (1874–1929) und Richard Strauss (1864–1949) bestand eine sehr ergiebige und kooperative Zusammenarbeit. Hugo von Hofmannsthal schrieb für Strauss u. a. die Opern „Elektra" (1909), „Der Rosenkavalier" (1911) und „Ariadne auf Naxos" (1916).

36 d Der Habanera wird in Kuba und Spanien getanzt.

37 b Bruce Springsteen wird von vielen als das größte Rockidol in der Geschichte Amerikas seit Elvis Presley angesehen. Springsteen zeichnet sich in seinen Songs durch eine gewisse Bodenständigkeit aus und präsentiert sich als Sprachrohr der Unterdrückten und Außenseiter.

38 d Das Musical „My Fair Lady" von Frederick Loewe (1904–1988) basiert auf der Romanze „Pygmalion" von George Bernard Shaw. Die Uraufführung fand am 15. 03. 1956 in New York statt.

39 **a** Auf Jam-Sessions spielen Jazzmusiker entweder Stücke, deren Melodien allen anderen teilnehmenden Musikern bekannt sind, oder sie improvisieren frei.

40 **c** Mit der 1842 in der Mailänder Scala uraufgeführten Oper „Nabucco“ erzielte Giuseppe Verdi seinen Durchbruch. Der darin enthaltene „Gefangenenchor“ bewirkte schon bei der Uraufführung regelrechte Begeisterungsstürme und wurde zur Hymne gegen die österreichische Fremdherrschaft.

41 **d** Das fantastische Ballett in zwei Akten „Giselle“ wurde vom französischen Komponisten Adolphe Adam (1803–1856) geschrieben. Die Uraufführung des Balletts fand am 28. 06. 1841 in Paris statt.

42 **c** Ray Charles (1930–2004) litt unter der Augenkrankheit „Grüner Star“ und erblindete infolgedessen im Alter von sieben Jahren.

43 **d** Der charismatische Gründer und Sänger der Doors hieß Jim Morrison, der von vielen als Sexsymbol der Hippiegeneration angesehen wurde. Als weitere berühmte Rocksongs der Doors können „Break on through to the other side“, „Light my fire“ oder „Riders on the storm“ genannt werden.

44 **a** Giuseppe Fortunino Francesco Verdi, geboren am 10. Oktober 1813 in Le Roncole, Italien, gestorben 27. Januar 1901 in Mailand, gilt als einer der bekanntesten italienischen Komponisten der Romantik.

45 **b** Die Erklärung leitet sich von der Übersetzung des italienischen Wortes „staccato“ = „abgestoßen“, „abgetrennt“ ab.

46 **a** Die romantische Volksoper „Der Freischütz“ wurde von Carl Maria von Weber 1820 komponiert. Die Oper spielt in Böhmen kurz nach Ende des Dreißigjährigen Krieges.

47 **d** Albert Mangelsdorff (1928–2005) war ein international bekannter deutscher Jazz-Posaunist. Mit seiner Mehrstimmigkeit, den „Multiphonics“, brachte er innovative Aspekte in die Spielart der Jazzposaune.

48 **b** Die 1928 von Bertolt Brecht getextete und von Kurt Weill vertonte „Moritat“ des Mackie Messer ist aus dem Theaterstück „Die Dreigroschenoper“.

49 **c** Der Swing zeichnet sich durch ein Nebeneinander von zwei verschiedenartigen Rhythmen aus. Während die Rhythmusgruppe einen gleichbleibenden Grundrhythmus, den Beat, schlägt, improvisiert die Melodiegruppe dazu einen freien Rhythmus, den sogenannten Offbeat. Berühmte Big Bands waren die von Duke Ellington, Count Basie, Benny Goodman und Glenn Miller.

50 **a** Die Rockband Pink Floyd trat besonders durch ihren elektronischen und psychedelischen Sound sowie ihre großen Lightshows in Erscheinung.

15 Mathematik, Physik, Astronomie

1 **Auf welche geometrische Form bezieht sich der Satz des Pythagoras?**

a auf den Kreis
b auf ein Rechteck
c auf ein rechtwinkliges Dreieck
d auf ein Quadrat

2 **Was versteht man unter dem „reziproken Wert einer Zahl" am Beispiel der Zahl 6?**

a 0,6
b $\frac{1}{6}$
c 0,15
d keiner der Lösungsvorschläge ist richtig

3 **In welcher Reihe befinden sich ausschließlich ganze Zahlen?**

a 1, 2, 3
b 0, 1, 2
c –1, 0, 1
d alle Lösungsvorschläge sind richtig

4 **In welchem Zusammenhang gebraucht man die Zahl Pi (π)?**

a für die Berechnung des Flächeninhalts eines Quaders
b für die Berechnung des Umfangs einer Raute
c für die Berechnung von Kreisflächen
d für die Berechnung von Trapezflächen

5 **Was versteht man unter einer „Hypotenuse“?**

a die Grundfläche einer Pyramide
b die Diagonale eines Rechtecks
c diejenige Seite eines rechtwinkligen Dreiecks, die dem rechten Winkel gegenüberliegt
d den Flächeninhalt eines Dreiecks

6 **Wie viel Liter passen in einen Kubikmeter?**

a 1 000 Liter
b 100 Liter
c 10 000 Liter
d 10 Liter

7 **Was besagt der Satz des Pythagoras?**

a Das Produkt aus der Multiplikation zweier negativer Zahlen ist stets positiv.
b Eine Zahl lässt sich nicht durch Null teilen.
c Die Oberfläche eines Würfels ist gleich dem sechsfachen Quadrat seiner Kantenlänge.
d In einem rechtwinkligen Dreieck ist die Summe der Flächeninhalte der Quadrate über den Katheten gleich dem Flächeninhalt des Quadrats über der Hypotenuse: ($a^2 + b^2 = c^2$).

8 **Was ist eine Primzahl?**

a jede Zahl, die durch 10 teilbar ist
b eine natürliche Zahl mit genau zwei positiven Teilern
c eine positive, ganze Zahl
d eine Zahl, die sich ergibt, wenn 1 durch sie geteilt wird

9 **Wie lautet die Formel zur Berechnung der Fläche (A) eines Kreises?**

a $A = \pi r^2$
b $A = 2\pi r$
c $A = \pi^2 r$
d $A = \pi^2 2r$

10 Was ist die Summe der 3 Winkel eines Dreiecks?

a 360º
b 90º
c 100º
d 180º

11 Wie lautet der binomische Satz (die Darstellung durch eine Reihe) der Potenz $(a+b)^2$?

a $2a+2b$
b $a^2+2ab+b^2$
c a^2+b^2
d $4ab$

12 Wie viele Quadratmeter machen 2 Hektar aus?

a 1 000 m^2
b 2 000 m^2
c 20 000 m^2
d 200 000 m^2

13 Wie viel Kilogramm entsprechen 5 Milligramm?

a 0,0005 kg
b 0,00005 kg
c 0,000005 kg
d Keine Lösung ist richtig.

14 Wie schreibt man ein Fünftel als Prozentzahl?

a 0,5 %
b 0,2 %
c 5 %
d 20 %

15 Welches Ergebnis ist richtig? $0{,}04 \cdot 0{,}02 =$

a 0,8
b 0,08
c 0,008
d 0,0008

16 Die kürzeste Entfernung zwischen zwei Städten ist 150 km Luftlinie. Auf einer Landkarte ist diese Strecke 30 cm lang. In welchem Maßstab ist die Karte gezeichnet?

a 1:500 000
b 1:1 500 000
c 1:5 000 000
d 1:50 000

17 Zwei Maler brauchen für die Renovierung eines Zimmers 18 Stunden. Wie viele Arbeitsstunden brauchen 3 Maler für die gleiche Arbeit?

a 27 Stunden
b 15 Stunden
c 12 Stunden
d 10 Stunden

18 Ein Jaguar, ein Gepard und eine Hyäne fressen gemeinsam eine Antilope. Der Jaguar allein würde die Antilope in einer Stunde fressen, der Gepard bräuchte 3 Stunden dafür und die Hyäne sogar 6 Stunden. Wie viel Zeit brauchen sie, wenn sie die Antilope zusammen fressen?

a 50 Minuten
b 40 Minuten
c 35 Minuten
d 30 Minuten

19 Wie lautet das richtige Ergebnis: $\frac{1}{3}$ geteilt durch $\frac{4}{5}$?

a $\frac{4}{15}$
b $\frac{12}{5}$
c $\frac{5}{12}$
d $\frac{15}{4}$

20 **Welcher Satz ist richtig?**

a Ein Viereck, dessen gegenüberliegende Seiten parallel sind, heißt Parallelogramm.
b Jedes Rechteck ist immer auch ein Parallelogramm.
c Ein Viereck, dessen Diagonalen sich gegenseitig halbieren, heißt Parallelogramm.
d Alle Sätze sind richtig.

21 **Welche Zahl ist durch 3 teilbar? Bitte entscheiden Sie ohne großes Nachrechnen.**

a 3 363
b 123 222
c 2 253
d Alle Zahlen sind durch 3 teilbar.

22 **N bezeichnet die Menge der natürlichen Zahlen. Welche der Reihen besteht allein aus natürlichen Zahlen?**

a 1, 2, 3
b 0,5, 1, 1,5
c −1, 0, +1
d 0, 1, 2, 3

23 **Ein Auto fährt mit 5 Litern Benzin 60 km weit. Wie weit kommt es mit 7 Litern?**

a 70 km
b 100 km
c 84 km
d keiner der Lösungsvorschläge ist richtig

24 **Was ist die richtige Lösung? $(2 \cdot 6 + 12 \cdot 2) : 3 =$**

a 16
b 12
c 24
d keiner der Lösungsvorschläge ist richtig

25 Welcher Tag war vorgestern, wenn der Tag nach übermorgen zwei Tage vor Samstag liegt?

a Sonntag
b Dienstag
c Freitag
d Samstag

26 Paul wäre der beste Schüler, wenn Robert nicht wäre. Frank und Simon haben immer die gleichen Noten. Alex ist nicht besser als Simon. Frank ist ein bisschen besser als Alex. Wer ist nun der schlechteste Schüler?

a Paul
b Alex
c Simon
d keiner der Lösungsvorschläge ist richtig

27 In einer Familie hat jeder Sohn dieselbe Anzahl an Schwestern wie Brüdern. Jede Tochter hat aber zweimal so viele Brüder wie Schwestern. Wie viele Töchter und Söhne hat die Familie?

a 2 Töchter, 3 Söhne
b 3 Töchter, 2 Söhne
c 4 Töchter, 3 Söhne
d 3 Töchter, 4 Söhne

28 Was ist ein Ikosaeder?

a eine Formel zur Volumenbestimmung von Körpern
b ein aus 20 Dreiecken bestehender Körper
c ein Ausdruck aus der Trigonometrie
d keiner der Lösungsvorschläge ist richtig

29 Welche Begriffe gelten als die 3 Grundbegriffe der Geometrie?

a Bogen, Kreis, Quadrat
b Punkt, Komma, Strich
c Punkt, Gerade, Ebene
d Strahl, Punkt, Winkel

30 Welche Aussage stimmt?

a Der Graph einer linearen Funktion ist eine Gerade.
b Der Graph einer linearen Funktion ist eine Sinuskurve.
c Der Graph einer linearen Funktion ist der Schnittpunkt der Koordinaten.
d keiner der Lösungsvorschläge ist richtig

31 **Vier Fensterputzer putzen vier Wohnungen in vier Stunden. In welcher Zeit haben acht Fensterputzer acht Wohnungen geputzt, wenn sie im gleichen Arbeitstempo vorgehen?**

a in 3 Stunden
b in 4 Stunden
c in 5 Stunden
d keiner der Lösungsvorschläge ist richtig

32 **Jasper und Ferdinand verzehren beim Fernsehen 68 Salzstangen. Ferdinand isst dreimal so viel Salzstangen wie Jasper. Wie viele Salzstangen hat Jasper gegessen?**

a 53
b 49
c 17
d keiner der Lösungsvorschläge ist richtig

33 **Auf einer Schule mit 700 Schülern tragen 40 % eine Brille. 70 % der Schüler sind Jungen. Wie viele Jungen sind auf jeden Fall Brillenträger?**

a 280 Jungen
b 196 Jungen
c 70 Jungen
d keiner der Lösungsvorschläge ist richtig

34 **Drücken Sie durch eine einzige Potenz aus:** $2^3 \cdot 2^5 \cdot 4^3$

a 2^{20}
b 2^{18}
c 2^{16}
d 2^{14}

35 Ein ganzer Ziegelstein wiegt 1 kg mehr als ein halber Ziegelstein. Wie viel wiegt der Ziegelstein?

a 1 kg
b 1,5 kg
c 2 kg
d keiner der Lösungsvorschläge ist richtig

36 Der rechte Winkel entspricht dem Bogenmaß …

a 2π
b π
c $\frac{\pi}{2}$
d $\frac{\pi}{4}$

37 Zwei Zahnräder haben 88 bzw. 36 Zähne und drehen sich gegeneinander. Nach wie vielen Zähnen stoßen dieselben Zähne wieder aufeinander?

a 792
b 3 186
c 1 593
d 824

38 Berechnen Sie die Umkehrfunktion zu der Funktion $y = 3x - 6$!

a $x = 3y - 6$
b $x = \frac{y}{3} + 2$
c $x = 3y - 2$
d $x = \frac{y}{3} - 2$

39 Eine Landkarte ist im Maßstab 1:50 000 gezeichnet. Wie lang ist eine auf der Karte 9 cm lange Autobahnstrecke in Wirklichkeit?

a 450 m
b 450 000 dm
c 4,5 km
d 4 500 dm

40 **In vielen Koch- und Backrezepten steht die Angabe $\frac{3}{8}$ Liter. Wie viel cm^3 auf Ihrem Messbecher entspricht diese Angabe?**

a $125\ cm^3$
b $375\ cm^3$
c $\frac{3}{8}\ cm^3$
d $3{,}8\ cm^3$

41 **Wie schnell breitet sich der Schall im Vakuum aus?**

a ca. 300 m/sek
b ca. 1 200 m/sek
c ca. 150 m/sek
d gar nicht

42 **Womit beschäftigt sich die Hydraulik?**

a mit der Kraftübertragung mittels nicht komprimierbarer Flüssigkeiten
b mit der Wärmeausdehnung bei geschlossenen Systemen
c mit der Überwindung von Widerständen bei Hebemechaniken
d mit dem Austausch von Reibungswärme bei Rotationen

43 **Welche Geschwindigkeit braucht eine Rakete, um die Anziehungskraft der Erde zu überwinden?**

a rund 400 km/h
b rund 4 000 km/h
c rund 40 000 km/h
d rund 400 000 km/h

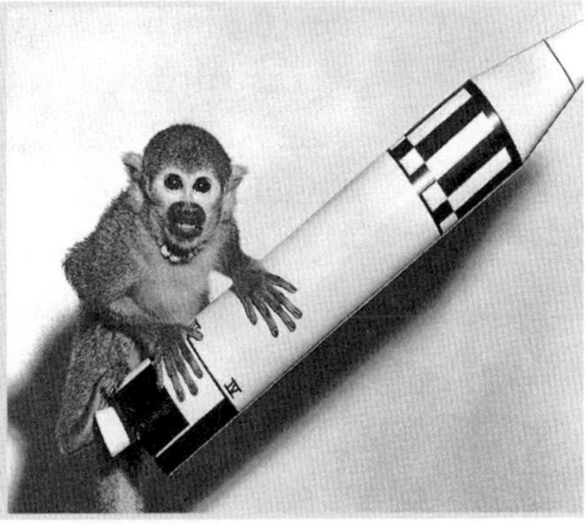

44 **Was ist ein Ion?**

a ein Molekül oder ein Atom, das fähig ist, elektrischen Strom zu leiten
b die antike Bezeichnung für einen vermuteten „Stromkörper“

c die physikalische Maßeinheit für Stromverlust durch Widerstand
d ein Atom, das entweder durch Anlagerung von Elektronen negativ (Anion), oder durch den Verlust von Elektronen positiv (Kation) geladen ist

45 **Was versteht man unter dem „spezifischen Gewicht“?**

a frühere Bezeichnung für das Gewicht von 1 m^3 eines Gegenstandes auf einem zweiachsigen Wagen, das von 2 Pferden in 1 Minute 100 Meter weit gezogen werden konnte
b das Gewicht, das ein Stoff ohne jeglichen Einfluss der Erdanziehungskraft hätte
c das Gewicht eines Stoffes, das sich im Vergleich mit 1 dm^3 reinem Gold ergibt
d die Dichte eines Stoffes, also das Gewicht pro Raummaß (g/cm^3)

46 **Was ist ein Zyklotron?**

a der Name des weltweiten Netzes von Wetterstationen zur Frühwarnung vor Wirbelstürmen
b ein dreifach positiv geladenes Teilchen, das bei der Kernspaltung von Uran freigesetzt wird
c eine Anlage zur Beschleunigung elektrisch geladener Teilchen (Ionen) durch ein starkes Magnetfeld
d ein Wasserkraftwerk, bei dem die Kraft des zu- und abfließenden Wassers, bedingt durch die unterschiedlichen Wasserstände bei Ebbe und Flut, als Energie genutzt wird

47 **Welche Zeit benötigt das Licht von der Sonne zur Erde?**

a 8 Minuten, 13 Sekunden
b 1 Stunde, 4 Minuten, 7 Sekunden
c 59,8 Sekunden
d 22 Sekunden

48 **Was ist der Fachausdruck für „nach innen gewölbt“?**

a konvex
b inkav
c introdux
d konkav

49 **Was bezeichnet man als „weiches Wasser“?**

a Wasser mit starkem Kalkgehalt
b Wasser ohne Kalkgehalt
c Wasser, das abgekocht wurde
d Wasser, das radioaktiv strahlt

50 **Wieso ist ein schwarzes Loch (ein massereicher Reststern) schwarz?**

a Schwarze Löcher kommen nur in den äußersten Randbereichen des Alls vor, sie sind daher so lichtschwach, dass ihre Leuchtkraft von anderen Himmelskörpern überlagert wird.
b Schwarze Löcher sind immer der kleinere Teil eines Doppelsternes, ihre Leuchtkraft wird immer vom lichtstärkeren Stern überlagert.
c Weil aufgrund seiner gewaltigen Masse und der daraus folgenden Gravitationskraft eine Fluchtgeschwindigkeit resultiert, die höher als die Lichtgeschwindigkeit ist, daher kann das Licht den Stern nicht verlassen, dieser ist somit unsichtbar.
d Ein schwarzes Loch (black hole) ist überhaupt nicht schwarz, der Name geht lediglich auf seinen Entdecker, den Astrophysiker Frank Black zurück.

51 **Wie lautet die Einheit zur Angabe der elektrischen Stromstärke?**

a Volt (V)
b Coulomb (C)
c Watt (W)
d Ampere (A)

52 **Welcher Stein schwimmt auf Wasser?**

a Feuerstein
b Kalkstein
c Sandstein
d Bimsstein

53 **Was versteht man in der Physik unter „Entropie"?**

a eine physikalische Größe, die denjenigen Anteil der Wärmeenergie in einem thermodynamischen System angibt, der aufgrund seiner ausgeglichenen Verteilung nicht mechanisch genutzt werden kann
b die Wärme, die freigesetzt wird, wenn ein Stoff von einem Aggregatzustand in einen anderen übergeht
c die Gesamtheit aller Moleküle, die sich an der Oberfläche eines festen Körpers befinden
d die Zeiteinheit, die notwendig ist, bis sich ein Gleichgewicht in einem thermodynamischen System eingestellt hat

54 **Welcher der folgenden Stoffe leitet Wärme am besten?**

a Luft
b Holz
c Glas
d Metall

55 **Was versteht man unter der „Fluchtgeschwindigkeit"?**

a die Geschwindigkeit, die ein Gegenstand benötigt, um die Schallmauer zu durchbrechen

b die Geschwindigkeit, die notwendig ist, um die Anziehungskraft eines Himmelskörpers überwinden zu können; für die Erde ist dies 11,2 km/s bzw. 40 320 km/h

c die Geschwindigkeit, mit der ein Gas aus einem Raum mit normalem Luftdruck von 1 atm und 0 ºC in ein Vakuum entweicht

d die Geschwindigkeit, mit der sich ein Blitz durch die Atmosphäre bewegt; sie ist keine Konstante, sondern abhängig von Luftpartikeln (Wasser, Staub)

56 **Was versteht man unter einem Faraday-Käfig?**

a eine geschlossene Hülle aus Blechen oder Maschendraht, in die von außen kein elektrisches Feld eindringen kann

b der Raum eines Röntgenapparats, in dem sich Röntgenstrahlung ausbreitet

c die Sicherheitshülle eines Atomreaktors, die die radioaktive Strahlung von der Außenwelt abschirmt

d ein geschlossenes physikalisches System, aus welchem keine Moleküle entweichen können

57 **Wer stellte 1905 die spezielle Relativitätstheorie auf?**

a Werner Heisenberg

b Otto Hahn

c Albert Einstein

d Stephen W. Hawkin

58 **Was fällt unter den Begriff „Resonanzkörper"?**

a ein elektromagnetische Schwingungen reflektierendes Isotopenteil

b ein Schwingkreis zur Erzeugung von Frequenzen

c ein Begriff aus der Elementarteilchenphysik

d ein Hohlkörper bei Saiteninstrumenten

59 **Wie schnell ist das Licht?**

a ca. 300 000 km/h
b ca. 300 000 km/sek
c ca. 10 000 km/sek
d ca. 10 000 km/h

60 **Was ist in der Naturwissenschaft ein Quark?**

a das kleinste bekannte Elementarteilchen, aus dem sich die Materie aufbaut
b die theoretisch kleinste Zeiteinheit
c ein schnell rotierender, blinkender Stern
d der Teil eines Moleküls, der chemische Reaktionen ermöglicht

61 **Woraus besteht ein Schwingkreis?**

a Kondensator und Spule
b Wechselstromwiderstand und Spule
c Kondensator und Gleichstromwiderstand
d Transistor und Spule

62 **Wovon hängt die Induktivität einer Spule ab?**

a von der Spannung
b vom Widerstand des Drahtes
c von der Beschaffenheit des Kernmaterials
d vom Durchmesser der Spule

63 **Die Kapazität eines Kondensators wird vergrößert. Wie verhält sich der Wechselstromwiderstand?**

a der Wechselstromwiderstand wird größer
b der Wechselstromwiderstand wird kleiner
c es ändert sich nichts
d die Fragestellung ist falsch

64 **Welche Reihenfolge nach spezifischem Gewicht ist vom Niedrigsten zum Höchsten die richtige?**

a Titan, Kupfer, Aluminium, Stahl
b Kupfer, Stahl, Titan, Aluminium
c Stahl, Kupfer, Titan, Aluminium
d Aluminium, Titan, Stahl, Kupfer

65 **Zwei gleiche Pendel werden um einen kleinen Winkel, aber verschieden weit ausgelenkt. Welches der Pendel schwingt schneller?**

a beide gleich
b das weniger weit ausgelenkte
c das weiter ausgelenkte
d die Frage ist falsch formuliert

66 **Ein Großkreis ist ein Kreis auf der Kugeloberfläche, dessen Mittelpunkt mit dem Kugelmittelpunkt identisch ist. Wie viele Großkreise gibt es?**

a 360
b 1
c 180
d mehr als 360

67 **Welches Bauteil lässt keinen Gleichstrom durch?**

a Widerstand
b Spule
c Transistor
d Kondensator

68 **Welches Bauteil verwandelt Wechselstrom in Gleichstrom?**

a Transistor
b Gleichrichterdiode
c Spule
d Kondensator

69 **Worin breitet sich Schall schneller aus?**

a in der Luft
b im Wasser
c in fester Materie
d hängt von der Art der Materie ab

70 **Warum verwendet man Helium zum Füllen von Gasballons?**

a ist preiswerter als andere Gase
b fliegt schneller und höher
c ist besonders leicht und unbrennbar
d ist ergiebiger im Verbrauch

71 **Das Elektron ist als Elementarteil des Atoms …**

a am größten
b am leichtesten
c am schwersten
d am gefährlichsten

72 **Was verbindet man mit dem Namen Charles Augustin de Coulomb?**

a die Einheit der elektrischen Ladung
b den elektrischen Widerstand
c die Speicherkapazität eines Kondensators
d keiner der Lösungsvorschläge ist richtig

73 **Mit welcher Einheit wird die Kapazität eines Kondensators bezeichnet?**

a Sinus
b Ampere
c Ohm
d keiner der Lösungsvorschläge ist richtig

74 **Welche Bedeutung haben Isotope?**

a Isotope sind Atome, bei denen die Anzahl der Protonen immer gleich, aber die der Neutronen unterschiedlich ist
b Isotope sind Neutronen, die immer eine unterschiedliche Protonenanzahl aufweisen
c Isotope sind radioaktive Elementarteilchen mit festem Nukleus
d keiner der Lösungsvorschläge ist richtig

75 **Der Faradaysche Käfig schützt …**

a vor Kälte
b vor Blitzen
c vor Erdbeben
d vor UV-Strahlung

76 **Die Atomhülle besteht aus**

a Elektronen
b Ionen
c Neutronen
d Protonen

77 **Immer positiv elektrisch geladene Teilchen sind …**

a Elektronen
b Ionen
c Neutronen
d Protonen

78 **Welche Aussage über die Lupe ist falsch?**

a Die Lupe ist eine Sammellinse.
b Der abzubildende Gegenstand befindet sich innerhalb der Lupenbrennweite ($g < f$).
c Das Bild ist vergrößert und aufrecht.
d Das Bild ist reell.

79 **Was passiert, wenn die zehnte auf die neunte Kugel prallt?**

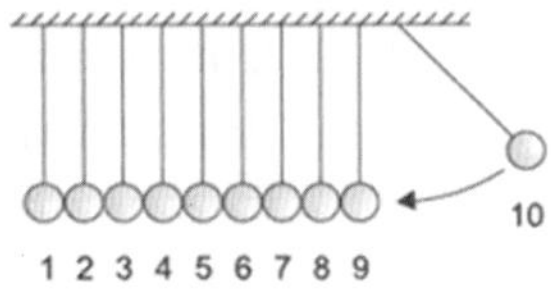

a Neun Kugeln bewegen sich nicht, die zehnte prallt zurück.
b Nur die erste Kugel bewegt sich nach links.
c Alle Kugeln bewegen sich nach links.
d Neun Kugeln bewegen sich nach links, die zehnte prallt zurück.

80 **Wodurch wird beschrieben, wie die grundlegende Eigenschaft „Masse“ auf der Ebene der Elementarteilchen zustande kommt?**

a Brout-Theorie
b Higgs-Mechanismus
c Bohr-Modell
d Holographisches Prinzip

81 **Wer war 1961 der erste Mensch im Weltall?**

a Neil Armstrong
b Juri Gagarin
c Edwin Aldrin
d Wernher von Braun

82 **Unter der Bezeichnung „Abendstern“ versteht man**

a den Mond
b den Mars
c die Venus
d den Saturn

83 **Welche Temperatur herrscht im Weltall?**

a 2,7 K (– 270,45 °C)
b 5 500 °C
c 15 Millionen °C
d 50 °C

84 **Wie heißt die spiralförmige Galaxie, in der sich unser Sonnensystem befindet?**

a Milchstraße
b kleine Milchstraße
c NGC 6872
d keiner der Lösungsvorschläge ist richtig

85 **Wie groß ist das in der Astronomie gebräuchliche Längenmaß Lichtjahr in km?**

a etwa 100 000
b etwa 1 000 000
c etwa 150 000 000
d keiner der Lösungsvorschläge ist richtig

86 **Was sind Asteroiden?**

a Klein- und Kleinstplaneten, die beispielsweise die Sonne zwischen Mars und Jupiter umkreisen
b Gesteinsbrocken, die auf die Erde treffen
c Sterne veränderlicher Helligkeit
d Eisbrocken, die die Sonne auf einer eigenen Umlaufbahn umrunden. In Sonnennähe verdampft ihre Oberfläche, sodass ein Schweif am Himmel sichtbar wird.

87 **Eine Mondfinsternis entsteht dadurch, dass …**

a die Sonne zwischen Erde und Mond steht.
b der Mond zwischen Sonne und Erde steht.
c die Erde zwischen Sonne und Mond steht.
d keiner der Lösungsvorschläge ist richtig

88 **Die sogenannte „Milchstraße“ wird gebildet aus den Sternen …**

a unseres Universums
b unserer Galaxis
c unseres Sonnensystems
d keiner der Lösungsvorschläge ist richtig

89 **Wie heißt die Nachbargalaxie, die noch mit bloßem Auge am Himmel zu erkennen ist?**

a Andromeda-Nebel
b Adlernebel
c große Magellansche Wolke
d Saturnnebel

90 **Unter dem physikalischen Phänomen des „Ergebnishorizonts" versteht man …**

a ein sehr umstrittenes Thema im Zusammenhang mit „schwarzen Löchern"
b die Mond-Anziehungskraft bezogen auf Ebbe und Flut
c die Wahrscheinlichkeit einer Sonnenexplosion
d Galaxien, die durch ihre Schwerkraft das Gas von Wolkenkomplexen anzogen und dadurch wuchsen

91 **Von der Sonne aus betrachtet befindet sich bei Vollmond …**

a der Mond gleich weit entfernt wie die Erde.
b der Mond näher als die Erde.
c der Mond weiter entfernt als die Erde.
d keiner der Lösungsvorschläge ist richtig

92 **Der Sonne am nächsten ist …**

a der Mond
b die Erde
c der Merkur
d die Venus

93 **Welcher Stern ist der Sonne am nächsten?**

a Polarstern
b Proxima Centauri
c Alpha Centauri
d Sirius

94 **Was versteht man unter Protuberanzen?**

a Energiemengen, die bei der Kernfusion von Wasserstoff zu Helium im Innern der Sonne durch Konvektion an die Oberfläche gelangen
b von der Sonne stammende Teilchenstrahlung, die die Atome und Moleküle unserer Atmosphäre zum Leuchten anregt
c große Gasausbrüche am Sonnenrand mit einer Mindesthöhe von 100 000 km
d keiner der Lösungsvorschläge ist richtig

95 **Welcher griechische Naturforscher begründete das bis ins Mittelalter verbreitete geozentrische Weltbild?**

a Erathostenes
b Hipparchos
c Aristoteles
d Ptolemäus

96 **Der Astronom Johannes Kepler ist bekannt für seine genaue Beschreibung der Planetenbahnen. Welche Form berechnete Kepler für die Bahnen?**

a Kreis
b Ellipse
c Hyperbel
d Spirale

97 **Was sind Sonnenflecken?**

a deutscher Ausdruck für Melanome
b größere, dunkle Gebiete auf der Sonne mit starkem Magnetfeld
c ungleichmäßige Bräunung nach dem Sonnenbad
d nach einem Sonnenbrand verbleibende rote Flecken

98 **Welcher Astronom lehrte als Erster das heliozentrische Weltbild?**

a Hans Albrecht Bethe
b Tycho Brahe
c Nikolaus Kopernikus
d Galileo Galilei

99 **Welcher Wissenschaftler behauptete zuerst, dass das Weltall durch einen Urknall entstanden ist?**

a Georges Lemaitre
b Isaac Newton
c Albert Einstein
d Otto Hahn

100 **Was versteht man unter der astronomischen Einheit AE?**

a ein Längenmaß von einer Lichtsekunde
b eine Zeiteinheit von 1 Minute
c ein Volumenmaß von $100\,000^3$
d keiner der Lösungsvorschläge ist richtig

Lösungen und Erläuterungen

1	**c**	Pythagoras, griechischer Philosoph und Mathematiker aus Samos (rund 570–496 v. Chr).
2	**b**	Der reziproke Wert ist der Kehrwert, 1 wird durch die Ausgangszahl (6) dividiert.
3	**d**	Positive, negative, natürliche Zahlen und die Null sind ganze Zahlen.
4	**c**	Der Faktor Pi (π) heißt Kreiszahl. Pi = Umfang geteilt durch den Kreisdurchmesser, $\pi = U/d$. Da die Kreislinie gekrümmt ist, kann man ihre Länge, den Kreisumfang, nicht als Summe der Längen von Strecken berechnen.
5	**c**	Satz des Pythagoras. Siehe Nr. 7.
6	**a**	$1\ m^3$ = 1 Kubikmeter = 1 000 Liter = 10 Hektoliter

7	d	Im rechtwinkligen Dreieck ist die Summe der Flächeninhalte der Quadrate über den Katheten gleich dem Flächeninhalt des Quadrats über der Hypotenuse.
8	b	Eine natürliche Zahl a, die nur die Teiler 1 und a besitzt, ist eine Primzahl. Dabei gilt: 1 ist keine Primzahl, 2 ist die kleinste Primzahl.
9	a	Flächeninhalt (A) = 3,14159 (π) mal den Radius zum Quadrat (r^2).
10	d	In einem Rechteck ist die Summe der Winkel 360º. Ein Rechteck kann man sich aus zwei Dreiecken bestehend denken.
11	b	Im Produkt zweier Summen wird jedes Glied einer Summe mit jedem Glied der anderen Summe multipliziert, um dann die Gesamtsumme aus all diesen Teilprodukten zu bilden.
12	c	10 000 m^2 = 1 ha; 1 m^2 = 10 000 cm^2.
13	c	1 mg = 0,1 cg = 0,001 g = 0,000001 kg.
14	d	Von 100 % entspricht ein Fünftel 20 %.
15	d	Multipliziert man Dezimalzahlen, so addieren sich im Ergebnis die Stellen hinter dem Komma der einzelnen Multiplikatoren.
16	a	30 cm auf der Karte entsprechen 15 000 000 cm in der Wirklichkeit. Also entspricht 1 cm auf der Karte 15 000 000 / 30 = 1:500 000.
17	c	$\frac{18}{3} = \frac{x}{2}$; 2 mal 18 = x mal 3; 36 = x mal 3; $x = \frac{36}{3}$; x = 12.
18	b	In einer Stunde fressen sie zusammen $1 + \frac{1}{3} + \frac{1}{6}$ Antilopen, also 1,5. Ein ganzes Tier dauert dann 60 Minuten geteilt durch 1,5. So brauchen sie gemeinsam 40 Minuten.
19	c	Man dividiert durch eine Bruchzahl, in dem man mit ihrem Kehrwert multipliziert.
20	d	Ein Parallelogramm ist ein Viereck, dessen gegenüberliegende Seiten parallel sind. Ein Parallelogramm ist ein Rechteck, wenn benachbarte Seiten rechte Winkel bilden.
21	d	Ist die Quersumme durch 3 teilbar, ist die Zahl selbst durch 3 teilbar.
22	a	Als natürliche Zahlen gelten ganze, positive Zahlen, die Null gehört nicht dazu.
23	c	60 : 5 = 12, 1 Liter ≙ 12 km, bei 7 Litern = 7 · 12 = 84 (Dreisatz).
24	b	12, weil Punktrechnung (12 + 24) = 36 vor Strichrechnung geht; dann 36 : 3 = 12; außerdem gehen die Rechenoperationen vor, die innerhalb der Klammer stehen.
25	d	Zwei Tage vor Samstag ist Donnerstag. Der Tag nach übermorgen liegt 3 Tage davor, also Montag. Von Montag gesehen ist der vorgestrige Tag Samstag.
26	b	Paul und Robert fallen als die beiden besten Schüler heraus. Frank und Simon sind gleich. Da Frank besser ist als Alex, bleibt die letzte Position nur für Alex.
27	d	Jede Tochter hat zwei Schwestern und mit 4 doppelt so viele Brüder wie Schwestern.

28	**b**	Ein von 20 deckungsgleichen, gleichseitigen Dreiecken begrenzter regelmäßiger Körper.
29	**c**	Weil darauf alle höheren Konstrukte der euklidschen Geometrie aufbauen (Für den Kreis braucht man trotzdem einen Winkel.)
30	**a**	Weil eine lineare Funktion keine Sinuskurve bildet.
31	**b**	Warum sollte die benötigte Zeit anders sein? Die Fensterputzer können parallel arbeiten und somit jeweils acht Wohnungen in vier Stunden schaffen.
32	**c**	Jasper hat 17 Salzstangen und Ferdinand 52 Salzstangen gegessen. Man teilt die 68 Salzstangen durch 4. Ferdinand hat $\frac{3}{4}$ und Jasper $\frac{1}{4}$ davon gegessen.
33	**c**	Wenn alle Mädchen Brillen tragen, bleiben noch 10 % der Schüler übrig, die eine Brille tragen und Jungen sind. Das sind 70 Jungen.
34	**d**	Erst wird die 4 durch 2^2 dargestellt und wie folgt umgeschrieben: $2^3 \cdot 2^5 \cdot 2^6$. Die Basen sind nun gleich und die Exponenten addieren sich. Es folgt: $3 + 5 + 6 = 14$
35	**c**	Ein halber Ziegelstein wiegt 1 kg. Daher wiegt ein ganzer Ziegelstein 2 kg.
36	**c**	Eine ganze Umdrehung (360 Grad) entsprechen 2π. 90 Grad sind ein Viertel, demnach $\frac{\pi}{2}$
37	**a**	Dieselben Zahnräder treffen sich genau dann wieder, wenn beide eine ganzzahlige Anzahl an Drehungen gemacht haben. Somit wird das kleinste gemeinsame Vielfache von 88 und 36 gesucht, welches 792 ist.
38	**b**	Die Funktion muss nach x umgestellt werden. Man erhält somit $x = \frac{y}{3} + 2$
39	**c**	100 cm = 1 m und 1 000 m = 1 km: $9\ \text{cm} \cdot 50\,000 = 9\ \text{m} \cdot 500 = 4\,500\ \text{m} = 4{,}5\ \text{km}$
40	**b**	$1\ \text{l} = 1\ \text{dm}^3$ $1\ \text{l} = 1\,000\ \text{cm}^3 \quad \vert \cdot \frac{3}{8}$ $\frac{3}{8}\ \text{l} = 375\ \text{cm}^3$
41	**d**	Kann sich im Vakuum nicht ausbreiten, da kein Medium zur Schallübertragung vorhanden ist, braucht gasförmiges oder flüssiges Medium.
42	**a**	Zum Beispiel bei hydraulischen Bremssystemen oder einer hydraulischen Hebebühne.
43	**c**	Oder ca. 11,2 km/s muss die Rakete schnell sein, um die Anziehungskraft der Erde zu überwinden.
44	**d**	Elektrisch geladenes Teilchen, das weniger oder mehr Ladung als in seinem Normalzustand aufweist.
45	**d**	Die Massendichte eines Stoffes, z. B.: 1 cm^3 Wasser wiegt bei 4 °C 1 g.
46	**c**	Eine Anlage zur Beschleunigung elektrisch geladener Teilchen (Ionen) durch ein starkes Magnetfeld für physikalische Versuchsanordnungen.
47	**a**	Die Lichtgeschwindigkeit ist als konstante Größe überall gleich; sie beträgt etwas weniger als 300 000 000 m/s oder 18 000 000 km in der Minute bzw. 1 080 000 000 km/h (also über 1 Milliarde km).

48 d Der Gegensatz ist nach außen gewölbt, konvex.

49 b Wasser ohne Kalkgehalt, aber: Wasser, das radioaktiv strahlt, nennt man schweres Wasser.

50 c Weil aufgrund der gewaltigen Masse im schwarzen Loch die Gravitationskraft so groß ist, dass sogar Licht nicht entweichen kann.

51 d André Marie Ampère entdeckte die Anziehung und Abstoßung elektrischer Ströme.

52 d Vom althochdeutschen „bumiz": „aus Lava erstarrtes Gesteinsglas".

53 a Von R. J. E. Clausius (1822–1888) eingeführte makrophysikalische Zustandsgröße thermodynamischer Systeme, ist für die Berechnung des Wirkungsgrades von Wärmekraftmaschinen von Bedeutung.

54 d Metall, weil Wärme stets vom wärmeren auf den kälteren Körper übergeht.

55 b Die Geschwindigkeit, die beispielsweise eine Rakete benötigt, um die Anziehungskraft der Erde zu überwinden.

56 a Nach Michael Faraday (1791–1867), englischer Physiker; am weitesten verbreitete Version eines Faraday-Käfigs ist das Auto.

57 c Albert Einstein (Ulm 1879–1955 Princeton/New York), Physiker. Die Relativitätstheorie erklärt die Massenanziehung oder Gravitation.

58 d Zum Beispiel bei Geige, Gitarre, Cello.

59 b Der vom Licht zurückgelegte Weg beträgt 299 793 km/s, erstmalige Messung der Lichtgeschwindigkeit durch Beobachtung der Jupitermonde durch Olaus Rømer (1640–1710). In einem erdgebundenen Experiment erstmals gemessen 1849/50 von Fiteau und Foucault.

60 a Quarks sind neben den Leptonen die fundamentalen Bausteine der Materie.

61 a Zur Erzeugung elektromagnetischer Schwingungen.

62 c Induktivität ist die Konstante, die die Größe elektrischer Ströme und Spannungen angibt.

63 b Weil in ihnen keine elektrische Leistung umgesetzt wird.

64 d Ist aufgrund von Messungen festgelegt.

65 a Die Schwingungsdauer hängt nur von der Auslenkung ab.

66 d Mehr als 360.

67 d Der Kondensator speichert elektrische Ladungen.

68 b Bauelement zur Umwandlung (Gleichrichtung) von Wechsel- in (pulsierenden) Gleichstrom.

69 d Je nach Art der Materie breitet sich Schall schneller oder langsamer aus als im Wasser (rund 1 500 m/s), schneller z. B. im Eisen: 4 480 m/s.

70 c Wegen seiner Unbrennbarkeit bevorzugt für den Ballonflug eingesetzt.

71 b Das Elektron ist um den Faktor ca. 2 10^3 leichter als ein Proton und besitzt keine räumliche Ausdehnung. Die Frage nach der Gefahr, die von einem Elementarteilchen ausgeht, ist nicht sinnvoll.

72 a Charles Augustin de Coulomb war der Erste, der die elektrische Ladung beschrieben hat. Die Einheit der Ladung wurde nach ihm benannt.

73 **d** Die Kapazität beschreibt das Verhältnis von Ladung und Spannung in einem Kondensator und wird in Coulomb/Volt = Farad angegeben.

74 **a** Die Anzahl der Protonen bestimmt das Element. Ein Element kann jedoch eine unterschiedliche Anzahl an Neutronen haben. Beispiele für Isotope wären Wasserstoff, Deuterium und Tritium.

75 **b** Die elektrische Ladung wird an die Außenseite des Käfigs gedrängt, sodass in den Käfig keine Ladung gelangen kann.

76 **a** Protonen und Neutronen bilden den Atomkern. Die Elektronen kreisen nach dem bohrschen Atommodell um den Atomkern in bestimmten Bahnen und bilden die Atomhülle.

77 **d** Neutronen sind elektrisch neutral. Protonen sind immer positiv geladen.

78 **d** Die Lupe erzeugt ein virtuelles, vergrößertes und aufrechtes Bild.

79 **b** Durch die Impulserhaltung wird die Impulsenergie bis zur letzten Kugel weitergegeben, die sich dann bewegt.

80 **b** 2013 ging der Nobelpreis für Physik an Peter Higgs und François Englert für die Entwicklung des sogenannten Higgs-Mechanismus. Im Higgs-Mechanismus stattet das Higgs-Feld, das sich unendlich im Raum erstreckt, die Teilchen mit Masse aus.

81 **b** Neil Armstrong war der erste Mensch auf dem Mond, Edwin Aldrin war mit Armstrong an der ersten Mondlandung beteiligt und Wernher von Braun war ein berühmter deutscher Raketenbauer in den USA.

82 **c** Der Name Abendstern kommt daher, dass die Venus nach Sonnenuntergang neben dem Mond deutlich sichtbar ist. Die anderen Planeten hingegen sind nicht sichtbar.

83 **b** a) Sonnenoberfläche c) Sonnenkern d) Marsoberfläche

84 **a** Die Milchstraße ist mit dem bloßen Auge nachts gut erkennbar.

85 **d** Ein Lichtjahr ist die Entfernung, die das Licht in einem Jahr zurücklegt: Lichtgeschwindigkeit = ca. 300 000 km/s. Die Umrechnung von Sekunde in Jahr erfolgt durch Multiplikation mit $60 \cdot 60 \cdot 24 \cdot 365$. Dies ist auf jeden Fall größer als alle angegebenen Lösungen.

86 **a** b) Meteoriten c) Cepheiden d) Kometen

87 **c** Der Schatten der Erde trifft auf den Mond. Der Mond ist dadurch nicht mehr indirekt beleuchtet und somit nicht mehr zu sehen.

88 **b** Milchstraße ist nur der Name, den man unserer Galaxis aufgrund des typischen Sternenmusters gegeben hat.

89 **a** Der Andromeda-Nebel ist 2,5 Millionen Lichtjahre von der Sonne entfernt und mit der Milchstraße eine der größten näheren Galaxien (lokale Gruppe).

90 **a** Der Ergebnishorizont beschreibt innerhalb einer umstrittenen Theorie die Grenze, ab der keine Informationen aus einem „schwarzen Loch" entkommen können.

91 d Die Lösungen ergeben keinen Sinn, da der Mond entweder näher, weiter oder gleich weit entfernt sein kann. Eine weitere Möglichkeit gibt es nicht. Bei Vollmond ist der Mond weiter von der Sonne entfernt als die Erde und wird vollständig beleuchtet. (Somit kann der Mond von der der Sonne abgewandten Seite gesehen werden.)

92 c Der Merkur kreist in der innersten Bahn um die Sonne und ist ihr mit einem mittleren Abstand von ca 58 Millionen Kilometern am nächsten.

93 b a) fast genau über dem Nordpol stehender Stern, um den sich nur scheinbar das Himmelsgewölbe dreht, c) dritthellster Stern am Sternhimmel, d) hellster Stern

94 c a) diese Energiemengen werden in Form von Strahlung in das All abgegeben, so entsteht unser Tageslicht, b) sog. „Sonnenwind“, das Leuchten heißt Polarlicht

95 d a) sehr genaue Berechnung des Erdumfangs, b) sehr genaue Berechnung der Entfernung Erde-Mond, c) Beweis der Kugelgestalt der Erde

96 b a) Kopernikus (vor Keplers Entdeckung), c) Hyperbeln beschreiben keine gebundenen (also sich wiederholende) Bahnen, d) Spiralen sind ebenfalls nicht gebunden

97 b Die Magnetfelder stören den Transport von Wärme an die Oberfläche. Dies bewirkt eine kühlere und dunklere Oberfläche in diesem Gebiet.

98 c Die Lösungen mit dem ptolemäischen Weltbild wurden zu kompliziert a) Energieerzeugungsprozess in Sternen, b) beobachtete ohne Fernrohr eine Supernova und widerlegte damit Aristoteles' Unveränderlichkeitstheorie des Himmels, d) trat öffentlich für diese Lehre ein und wurde im längsten Prozess der Kirchengeschichte zum Widerruf gezwungen.

99 a In vielen Büchern ist immer noch Hubble die Urknalltheorie zugeschrieben, Hubble konnte die Vermutung durch Entdeckung der Rotverschiebung beweisen, b) Gravitationstheorie, Spiegelfernrohr, c) Relativitätstheorie, d) Kernspaltung

100 d 1 AE = ca. 150 000 000 km, die mittlere Entfernung Erde-Sonne.

Die Astronomische Einheit (AE) war ursprünglich definiert als der mittlere Abstand des Erdmittelpunkts vom Zentrum der Sonne, was genau der großen Halbachse der Erdumlaufbahn entspricht. Dieser Abstand wurde als neue Einheit festgelegt, die vor allem dazu dient, Entfernungen innerhalb des Sonnensystems anzugeben: Unsere Entfernung zur Sonne beträgt also ein AE.

16 Technik

1 **Welches der folgenden Instrumente dient zum Messen des Luftdrucks?**

a das Barometer
b das Thermometer
c das Hygrometer
d das Spektroskop

2 **Wer hat das Flugzeug erfunden?**

a die Brüder Orville und Wilbur Wright
b die Brüder Otto und Gustav Lilienthal
c Leonardo da Vinci
d die Brüder Joseph-Michel und Jaques-Etienne Montgolfier

3 **Wer war der erste Mensch, der ins All flog?**

a Neil Armstrong
b Alan Shepard
c Frank Borman
d Juri Alexejewitsch Gagarin

4 **Welche Frequenz hat Hausstrom in Mitteleuropa?**

a 220 Hertz
b 110 Hertz
c 50 Hertz
d 85 Hertz

5 **Wie heißt das Instrument, mit dem die Erschütterungen eines Erdbebens registriert werden?**

a Tremblograf
b Hygrometer
c Seismograf
d Tektoskop

6 **Wie lautet die Einheit zur Angabe der elektrischen Stromstärke?**

a Volt (V)
b Coulomb (C)
c Watt (W)
d Ampere (A)

7 **Wo findet die braunsche Röhre ihre Verwendung?**

a im Telefon
b im Röntgenapparat
c als Fernsehbildröhre
d als Lichtverstärker im Laserapparat

8 **Der sogenannte Drehkolbenmotor ist auch bekannt als …**

a Einspritzmotor
b Dieselmotor
c Ottomotor
d keiner der Lösungsvorschläge ist richtig

9 **Wann und wo wurde die erste Atombombe militärisch eingesetzt?**

a am 17. Juli 1945 in Nagasaki
b am 22. Dezember 1944 in Osaka
c am 6. August 1945 in Hiroshima
d am 14. Oktober 1944 auf den Midway-Inseln

10 **Wie hoch ist die Temperatur des Drahtes in der Glühlampe?**

a ca. 1 000 ºC
b ca. 400 ºC
c über 2 000 ºC
d ca. 100 ºC

11 **Wann betrat zum ersten Mal ein Mensch den Mond?**

a am 17. 08. 1970
b am 21. 07. 1969
c am 30. 07. 1964
d am 21. 08. 1966

12 **Welche der folgenden Lehren ist keine Naturwissenschaft?**

a Astronomie
b Meteorologie
c Astrophysik
d Astrologie

13 **Wie viele Stunden zeigt die Skala einer Sonnenuhr an?**

a 8 Stunden
b 12 Stunden
c 24 Stunden
d 10 Stunden

14 **Wer war der/die Erfinder/-in des ersten Gleitfluggeräts?**

a die Brüder Wilbur und Orville Wright 1903
b Gabriele Raskopf 1888
c Otto Lilienthal 1891
d Elisabeth Boeing 1899

15 **Welche Funktion hat ein Transformator?**

a die Überführung von mechanischer Energie (Bewegung) in elektrischen Strom
b die Vermeidung von Kurzschlüssen in einem elektrischen System
c die Umwandlung von niedrigen elektrischen Wechselspannungen in höhere oder umgekehrt
d die Speicherung von elektrischer Energie in Trafospeichern

16 **Was zeigt ein Geigerzähler an?**

a Röntgenstrahlen
b radioaktive Strahlung
c Wärmestrahlung
d Mikrowellen

17 **Was ist ein Episkop?**

a ein Gerät zum Messen von Schallwellen
b ein Apparat zur Projektion von Bildern
c ein Gerät zur Aufzeichnung von Erschütterungen durch Erdbeben
d eine Kleinstkamera, die in der Chirurgie eingesetzt wird

18 **Mit welchem Produkt agiert das US-amerikanische Unternehmen Tesla erfolgreich am Markt? Mit …**

a einem Smartphone zum Selberbauen
b einem Elektroauto, mit einer Batterieladung von einer Reichweite von 500 km
c einer Raumfahrtkapsel, die bis zu sechs Personen aufnehmen kann
d einer Daten-Brille, die Demenzkranken hilfreiche Hinweise ins Ohr flüstert

19 **Was wird als „Fokus“ bezeichnet?**

a das Ergebnis eines naturwissenschaftlichen Experiments
b der Moment beim Startvorgang einer Rakete, in dem der Motor gezündet wird
c ein Teleskop mit Lichtverstärker zum Beobachten weit entfernter Objekte
d der Punkt, in dem sich Lichtstrahlen nach Brechung oder Konzentration vereinigen

20 **Wer war der Erfinder des Buchdrucks mit beweglichen, gegossenen Lettern?**

a Friedrich A. Brockhaus 1604
b Johannes Gutenberg 1445
c Wolfgang Tappeser 1557
d Johann Gottfried von Herder 1776

21 **Was ist die Abkürzung für das Binärzeichen in der elektronischen Datenverarbeitung?**

a dig
b code
c log
d bit

22 **Den Verzerrungsgrad eines Audiosignals bezeichnet man als …**

a Klirrfaktor
b Reizfaktor
c Klopffaktor
d keine der Lösungsvorschläge ist richtig.

23 **Was bedeutet in der Kernenergienutzung „GAU“?**

a General Atomic Union, der US-Verband der Atomindustrie
b der Gesamtverband der Atom nutzenden Unternehmen in Deutschland
c der größte anzunehmende Unfall, eine Nuklearkatastrophe
d general automatic unit, das automatische Abschaltsystem in Kernreaktoren

24 **Was ist „virtual reality“?**

a automatische, programmierbare Fertigungsmaschine
b System von mehreren Computern, die miteinander verbunden sind
c internetbasierte Kommunikationsplattform für Arbeitsuchende
d von Computern erzeugte künstliche Umgebung

25 **Was wird man in einem Dieselmotor nicht finden?**

a Ventile
b Brennkammern
c Zündkerzen
d Kolben

26 **Was bedeutet „AM“ in der Rundfunktechnik?**

a Kurzwelle
b Mittelwelle
c Langwelle
d Rundwelle

27 **Was ist ein Akkumulator?**

a eine Art Batterie
b eine Art Energie-Schnelltransporteur
c eine Art Stromumwandler
d eine Art Strommessgerät

28 **Welche Spannung liegt an der Autozündkerze an?**

a 12 V
b 15 000 V
c 120 V
d 24 V

29 **Was sind die Vorteile des V-Motors gegenüber dem Reihenmotor?**

a mehr Leistung
b höheres Drehmoment
c kürzere Bauweise
d günstigerer Verbrauch

30 **Wie oft dreht die Kurbelwelle eines 8-Zylinder-4-Takt-Motors, bis alle Zylinder einmal gezündet haben?**

a 1 Umdrehung
b 2 Umdrehungen
c 4 Umdrehungen
d 8 Umdrehungen

31 **Wie viele Ventile hat ein herkömmlicher 4-Zylinder-4-Takt-Motor?**

a 8
b 25
c 4
d 2

32 **Der Name Konrad Zuse steht für ...**

a moderne Computerentwicklung
b Weiterentwicklung eines Gasverbrennungsmotors
c Steuerung von Raketen
d Rückgewinnung von Wärme in Kraft

33 **Welches Bauteil verwandelt AC in DC?**

a Transistor
b Gleichrichterdiode
c Spule
d Kondensator

34 **Wie bewegen sich die Elektronen in einem Leiter?**

a entgegen der Stromrichtung von – nach +
b mit der Stromrichtung von + nach –

c ist nicht genau definiert
d die Frage ist falsch formuliert

35 **Womit wird ein Bleiakku gefüllt?**

a Wasser
b Verdünnung
c Salzsäure
d verdünnte Schwefelsäure

36 **Welche Raumfahrtbehörde entwickelte die Trägerrakete „Ariane"?**

a die ESA
b die NASA
c die Unesco
d das Comecon

37 **Wie ist ein Kurzschluss zu erklären?**

a durch den direkten Stromfluss von einem Pol zum andern ohne dazwischenliegenden Widerstand
b Eine Sicherung brennt durch.
c Wechselstrom trifft auf Gleichstrom.
d Drehstrom, ein Stromkreis wird unterbrochen

38 **Wodurch zeichnet sich ein Smartphone gegenüber herkömmlichen Mobiltelefonen aus?**

a durch eine integrierte Kamera
b durch intelligente Softwarefunktionen
c durch bessere Gesprächsqualität
d durch ein leistungsfähigeres Gehäuse

39 **Kann man Wechselstrom in Gleichstrom umwandeln?**

a ja
b nein
c eingeschränkt und nur mittels eines Akkumulators
d Wechselstrom ist immer auch Gleichstrom.

40 **Welches Gerät wandelt mechanische Energie in elektrische um?**

a der Otto-Motor
b der Elektromotor
c die Dampfturbine
d der Dynamo

41 **Was versteht man unter der Zentrifugalkraft?**

a eine chemische Reaktion, bei der ein Reaktionspartner Elektronen auf einen anderen überträgt
b eine physikalische Kraft, die bewirkt, dass alle Körper nach unten fallen
c eine durch kreisförmige Bewegung eines Gegenstandes auftretende Fliehkraft
d keiner der Lösungsvorschläge ist richtig

42 **Was ist das Typische an einer Rotation?**

a die Wärmeentwicklung
b die Drehbeschleunigung
c die Drehung
d das Trägheitsmoment

43 **Was ist eine Diode?**

a ein Halbleiterbauelement mit zwei Anschlüssen
b ein Signalkontrolllämpchen
c ein zweiwertiger technischer Alkohol
d keiner der Lösungsvorschläge ist richtig

44 **Dieses Symbol warnt vor …**

a Strom
b Radioaktivität
c Chemieabfällen
d starkem Wind

Lösungen und Erläuterungen

1	**a**	Barometer werden auch zur Höhenbestimmung verwendet.
2	**a**	1903 schafften es die Brüder Wright als Erste, ein bemanntes Flugzeug erfolgreich zu starten.
3	**d**	Sowjetischer Fliegeroffizier (Smolensk 1934–1968 Flugzeugabsturz), umkreiste die Erde in einer „Wostock"-Raumkapsel.
4	**c**	Nach Heinrich Rudolf Hertz, deutscher Physiker (1857–1894).
5	**c**	Die Intensität eines Erdbebens wird angegeben in Zahlenwerten der Richterskala von 0 bis (bisher maximal) 8,6. C. F. Richter (Seismologe)
6	**d**	Nach dem französischen Physiker und Mathematiker André Marie Ampère (1775–1836).
7	**c**	Karl Ferdinand Braun, deutscher Physiker (1850–1918).
8	**d**	Wankelmotor; zu a) Weiterentwicklung des Ottomotors, bei dem Benzin direkt eingesprüht wird. Zu b) Verbrennungsmotor, der mit Diesel arbeitet. Zu c) Verbrennungsmotor, der mit Benzin arbeitet.
9	**c**	Im 2. Weltkrieg (1939 –1945) wurde von den Amerikanern die erste Atombombe über Hiroshima abgeworfen.
10	**c**	Der Schmelzpunkt des Drahtes liegt bei ca. 3 400 ºC.
11	**b**	Im Rahmen des Apollo-11-Fluges setzte der amerikanische Astronaut Armstrong mit der Mondfähre „Eagle" am 20. Juli auf dem Mond auf und betrat ihn am 21. Juli.
12	**d**	Die Astrologie versucht, Charakter und Schicksal des Menschen aus den Stellungen der Planeten zum Zeitpunkt der Geburt zu deuten.
13	**b**	Die Sonnenuhr ist ein Zeitmesser, der aus der Lage des Schattens eines von der Sonne beschienenen Stabes die wahre Sonnenzeit erkennen lässt.
14	**c**	Deutscher Ingenieur (1848–1896); führte seit 1891 als Erster Gleitflüge von erhöhten Geländepunkten über mehrere Hundert Meter Länge aus.
15	**c**	Auch Umspanner genannt. In der Nachrichtentechnik: Überträger, in der Messtechnik: Messwandler.
16	**b**	Zählrohr, benannt nach den Erfindern J. Geiger und W. Müller zum Nachweis einzelner energiereicher Teilchen.
17	**b**	Zur Projektion undurchsichtiger (Aufsichts-)Bilder.
18	**b**	Das US-amerikanische Unternehmen Tesla wurde 2003 gegründet. Den Unternehmensgründern ging es darum, zu beweisen, dass Elektroautos den herkömmlichen Autos überlegen sind.
19	**d**	Auch „Brennpunkt" genannt. In der Fotografie: Fokussierung zur Scharfeinstellung.
20	**b**	Johannes Gutenberg (um 1397–1468).
21	**d**	Abkürzung für „binary digit".
22	**a**	Der Klirrfaktor beschreibt eine nicht-lineare, also formverändernde Störung des Audiosignals.

23	**c**	Schwere und katastrophale Unfälle in Kernkraftwerken, Super-GAUs genannt, ereigneten sich beispielsweise in Tschernobyl (1986) und Fukushima (2011).
24	**d**	Zur Darstellung virtueller Welten werden bestimmte Geräte benötigt. Die sogenannten „virtual-reality-Brillen" vermitteln das Gefühl, in die virtuelle Welt einzutauchen und dort zu agieren.
25	**c**	Der Dieselmotor arbeitet mit einer sogenannten Selbstzündung, bei welcher der Kraftstoff durch die Komprimierung gezündet wird. Somit sind keine Zündkerzen notwendig.
26	**b**	„AM" ist die Abkürzung für „Amplitudenmodulation".
27	**a**	Speicher für elektrische Energie auf elektrochemischer Basis.
28	**b**	Die Spannung, die an einer Autozündkerze anliegt, beträgt 15 000 Volt.
29	**c**	Bei einem V-Motor sind die Zylinder in V-Form angeordnet.
30	**b**	2 Umdrehungen, da bei jeder Umdrehung immer 4 Zylinder zünden.
31	**a**	Der normale 4-Zylinder-4-Takt-Motor hat 8 Ventile.
32	**a**	Konrad Zuse (1910 –1995), Ingenieur, quasi Vater der Computertechnik: ent¬wickelte 1941 den vollelektromechanischen Digitalrechner.
33	**b**	AC: Alternative Current = Wechselstrom, DC: Direct Current = Gleichstrom.
34	**a**	Die negativ geladenen Elektronen bewegen sich zum Pluspol.
35	**d**	Als Elektrolyt leitet die verdünnte Schwefelsäure beim Anlegen einer Spannung.
36	**a**	ESA = Abkürzung für „European Space Agency", Ariane Erststart: 1979.
37	**a**	Pluspol und Minuspol einer Spannungsquelle haben eine direkte Verbindung.
38	**b**	Das erste auf dem Markt erhältliche Smartphone war das iPhone von Apple.
39	**a**	Ja, Wechselstrom kann mithilfe von Gleichrichtern in Gleichstrom umgewandelt werden.
40	**d**	Der Dynamo wandelt mechanische Energie in elektrische um.
41	**c**	Die Zentrifugalkraft ist eine durch die Trägheit der Körper entstehende Scheinkraft, die bei Drehbewegungen auftritt und radial nach außen wirkt.
42	**c**	Unter Rotation versteht man die Bewegung eines Punktes oder Körpers auf einer kreisförmigen Bahn.
43	**a**	Eine Diode lässt Strom in einer Richtung passieren und wirkt in der anderen Richtung als Isolator.
44	**b**	Dabei handelt es sich um ein schwarzes Zeichen auf gelbem Hintergrund.

17 Chemie

1 **Auf welchem Grundstoff basiert die gesamte organische Chemie?**

a auf Sauerstoff
b auf Wasserstoff
c auf Kohlenstoff
d auf Stickstoff

2 **Was ist Quecksilber (Hg)?**

a eine Legierung aus Silber und Eisen
b eine giftige, silberfarbige Lauge
c ein Element und Metall
d eine silberglänzende ätzende Säure

3 **Woraus ist Bernstein entstanden?**

a aus dem Harz von Nadelhölzern der Tertiärzeit
b aus Erdöl beim Zusammentreffen mit Lava unter Hitze- und Druckeinfluss
c aus fossilen Ablagerungen, ähnlich wie bei der Entstehung von Kohle
d aus dem Verpressen von Quarzsand durch das Gewicht eiszeitlicher Gletscher

4 **Wozu wird eine Pipette benutzt?**

a als Rührstab
b als Saugheber
c als Zerstäuber
d als Voltmesser

5 **Können Diamanten verbrennen?**

a Nein, sie sind zu hart
b Ja, ohne weitere Rückstände zu Kohlendioxid
c Nein, aufgrund ihrer ungewöhnlichen Reinheit
d Ja, dabei entstehen Stickstoff und Nickel

6 **Woraus wird Benzin gewonnen?**

a aus Erdöl
b aus Steinkohle
c aus Erdgas
d aus Löschkalk

7 **Wie viele chemische Elemente sind der Wissenschaft derzeit bekannt?**

a ca. 70
b unbegrenzt viele
c 118
d genau 4

8 **Was ist ein Molekül?**

a der kleinste Schwebepartikel aus Wasser im Nebel
b die kleinste Einheit einer chemischen Verbindung aus mindestens 2 Atomen, die noch die typischen Eigenschaften dieser Verbindung besitzt
c ein Kühlmittel, das vor allem in Kühlschränken zum Einsatz kommt
d das atomare Teilchen der Atmosphäre, durch das sich Lichtwellen ausbreiten

9 **Was ist eine Emulsion?**

a die Feinverteilung zweier nicht mischbarer Flüssigkeiten in einem Raum
b ein scharfes Reinigungsmittel zum Lösen von Ölfarben
c eine hochexplosive Mischung
d eine besonders harte, aber dennoch sehr elastische Kunststoffverbindung

10 **Wann färbt sich der Indikator Lackmuspapier rot?**

a bei Kontakt mit Basen
b bei Kontakt mit Sauerstoff
c bei Kontakt mit Säuren
d beim Gefrieren

11 **Was versteht man unter Kondensation?**

a die Entladung elektrischer Spannung
b die Verdichtung von Stoffen durch Verpressen
c den Übergang vom gas- oder dampfförmigen in den flüssigen Aggregatzustand
d den Gehalt einer Lösung in einer Flüssigkeit

12 **Was bewirkt ein Katalysator in der Chemie?**

a die Ermöglichung, Lenkung oder Beschleunigung einer chemischen Reaktion
b die Umwandlung organischer in anorganische Materie
c die Messung freigesetzter Wärmeenergie in einer Reaktion
d die Abpufferung von Säuren

13 **Was ergibt die Reaktion von Salzsäure und Lauge?**

a Wasser und Zucker
b Schwefelsäure
c Wasser und Salz
d Salzsäure

14 **Welche Eigenschaft charakterisiert Gift am ehesten?**

a gefährlich
b süchtig machend
c schädlich
d heimtückisch

15 **Wozu wird eine Zentrifuge benutzt?**

a zur Vermischung von chemischen Elementen
b zur mechanischen Trennung von Gemischen
c zum Zerstäuben von Duftstoffen
d zur Spannungsmessung bei chemischen Versuchen

16 **Wann entsteht Kohlenmonoxid?**

a bei der Vermischung von Sauerstoff mit Stickstoff
b bei Verbrennungsprozessen generell
c bei der Teilung von Wasserstoffmolekülen
d bei der Verflüssigung von Gasen

17 **Wie nennt man Verbindungen aus Stickstoff und Metall?**

a Oxide
b Hybride
c Nitride
d Nitrate

18 **Welches hier aufgeführte chemische Element ist kein Edelgas?**

a Neon
b Krypton
c Helium
d Phosphor

19 **Was ist Schwarzpulver?**

a eine Mischung aus Schwefel und Ammoniak
b ein Treibmittel für Gewehr- und Pistolenkugeln
c ein biologisches Darmtherapeutikum
d ein Backtreibmittel

20 **Was versteht man unter Viskosität?**

a das Maß für die Klopffestigkeit eines Stoffes
b das Maß für die Konsistenz eines Stoffes
c das Maß für die innere Reibung eines Stoffes
d alle Lösungen sind richtig

21 **Was ist der Hauptbestandteil des Erdöls?**

a Kohlenstoff
b Wasserstoff
c Schwefel
d Methan

22 **Was bewirkt eine Elektrolyse?**

a eine Aufspaltung der positiv und negativ geladenen Elektronen
b eine Trennung der Moleküle zur besseren Identifizierung
c chemische Reaktionen, die durch Zuführung elektrischer Arbeit erzwungen werden
d eine Aufladung der Ionen

23 **An einem Stück Eisen bildet sich Rost. Hier handelt es sich um …**

a einen Eruptionsprozess
b einen Oxidationsprozess
c einen Legierungsprozess
d einen Emaillierungsprozess

24 **Was versteht man unter „Glukose“?**

a eine Art Süßstoff
b Traubenzucker
c Rohrzucker
d eine Art Fruchtzucker

25 **Was ist Natriumchlorid (NaCl)?**

a eine Schwermetallverbindung
b einfacher Zucker
c Süßstoff
d einfaches Tafelsalz

26 **Was sind die beiden Hauptbestandteile unserer Luft und in welchem Verhältnis (ca. Angabe) stehen sie zueinander?**

a Wasserstoff (11 %) und Stickstoff (62 %)
b Kohlenmonoxid (22 %) und Kohlendioxid (47 %)
c Stickstoff (48 %) und Sauerstoff (51 %)
d Sauerstoff (21 %) und Stickstoff (78 %)

27 **Was ist Ammoniak?**

a eine Stickstoffverbindung
b ein stechend riechendes Gas
c ein Lösungsmittel für Salze
d alle Aussagen sind richtig

28 **Was ist Sulfit?**

a das Salz der Phosphorsäure
b das Salz der Kohlensäure
c das Salz der schwefeligen Säure
d das Salz der Essigsäure

29 **Was versteht man unter einem pH-Wert?**

a eine Maßeinheit für Wasserhärte
b einen Säuregradanzeiger für eine Lösung
c eine Nährwerteinheit für diabetische Lebensmittel
d ein Viskositätsmaß für Öle und Fette

30 **Wie viele Aggregatzustände kennen wir?**

a 2
b 3
c 4
d 5

31 **Warum verwendet man Helium zum Füllen von Gasballons?**

a ist preiswerter als andere Gase
b fliegt schneller und höher
c ist besonders leicht und unbrennbar
d ist ergiebiger im Verbrauch

32 **Woraus wird Benzin gewonnen?**

a aus Erdöl
b aus Steinkohle
c aus Erdgas
d aus Löschkalk

33 **Wer war der/die Erfinder/-in des Dynamits?**

a Marie Curie
b Joseph Monier
c Justus Liebig
d Alfred Nobel

34 **Welches ist das leichteste Metall?**

a Lithium
b Natrium
c Aluminium
d Titan

35 **Welche Kunstfaser ist die erste, die je hergestellt wurde?**

a Polyamid
b Dralon
c Nylon
d Rayon

36 **Zur Feindosierung von Flüssigkeiten in der Chemie nimmt man …**

a einen Löffel
b eine Pipette
c einen Messbecher
d alle Lösungen sind richtig

37 **Die Zahl der Valenzelektronen bestimmt …**

a die chemischen Eigenschaften eines Elements
b den Anteil natürlicher Isotope
c die Siede- und Schmelzpunkte
d die Kernladungszahl

Lösungen und Erläuterungen

1	**c**	Kohlenstoffverbindungen bilden die stoffliche Grundlage des gesamten organischen Lebens.
2	**c**	Vom griechisch-lateinischen Begriff „Hydragyrum“, chemisches Element. Ein silbrigweißes, flüssiges Metall.
3	**a**	Eigentlich „Brennstein“, tertiärzeitliches Baumharz. Als Schmuckstein bekannt.
4	**b**	Glasröhre zum Aufsaugen und Abmessen von Flüssigkeiten.
5	**b**	Diamant ist der härteste natürliche Stoff. Dennoch kann er verdampft werden.
6	**a**	Benzin wird auch als Lösungs- und Reinigungsmittel benutzt.
7	**c**	Elemente sind die mithilfe chemischer Methoden nicht weiter in einfachere Stoffe zerlegbaren Grundbestandteile der Materie.
8	**b**	In der Wechselwirkung mit elektromagnetischer Strahlung erhält man Aufschluss über die Bauweise eines Moleküls.
9	**a**	Prozessfördernd sind die Emulgatoren, die die Oberflächenspannung herabsetzen und so die Feinverteilung ermöglichen.
10	**c**	Bei Kontakt mit Säuren färbt sich Lackmuspapier rot.
11	**c**	Erreicht man entweder über Abkühlung oder Druckerhöhung.
12	**a**	Der Katalysator tritt dabei im Endprodukt nicht auf.
13	**c**	Als 0,1- bis 0,5 %ige Lösung kommt sie in der Magensäure vor.
14	**c**	Kann beispielsweise nachhaltige Nervenlähmungen bewirken.
15	**b**	In einer Tellerzentrifuge wird beispielsweise Milch entrahmt.
16	**b**	Bei Kohlenmonoxid handelt es sich um ein Gas, dessen Moleküle ein Kohlenstoffatom und ein Sauerstoffatom enthalten. Es entsteht z. B. beim Heizen und kommt aus dem Auspuffrohr des Automotors.
17	**c**	Nitride sind meist Stickstoffverbindungen mit elektropositiven Elementen, Metallen. Es gibt salzhaltige, kovalente und legierungsartige Nitride.
18	**d**	Phosphor ist kein Edelgas.
19	**b**	Schwarzpulver, auch Schießpulver, ist in China etwa seit dem 8. Jahrhundert bekannt. In Deutschland schreibt man seine Entdeckung einem Mönch (Bertold Schwarz) zu. Es besteht aus Kalisalpeter, Schwefel und Holzkohle.
20	**b**	Maß für das Fließverhalten einer Flüssigkeit. Je höher die Viskosität, desto dickflüssiger und zäher die Flüssigkeit. Hohe Viskosität bei Motoröl verhindert z. B. das Reißen des Ölfilms.
21	**a**	Mit ca. 85 % ist es der Kohlenstoff. Erdöl ist ein fossiler Brennstoff aus der geologischen Vergangenheit.
22	**c**	Mittels elektrischer Ströme werden Stoffe in ihre chemischen Bestandteile zerlegt. Die Reaktionen laufen durch Außenwirkung angeregt ab. So kann bei Redoxvorgängen die Reaktion umgedreht werden.

23 b Die Vereinigung eines Elements mit Sauerstoff bezeichnet man als Oxidationsprozess. In diesem Beispiel entsteht Eisenoxid (FeO).

24 b Glukose ist Traubenzucker, vorhanden in süßen Früchten sowie im Blut und auch in Honig.

25 d Einfaches Tafelsalz ist eine Verbindung aus Natrium und Salzsäure.

26 d Sauerstoff und Stickstoff, sowie verschiedene andere Gase in geringer Konzentration (z. B. Kohlendioxid zu etwa 0,03 %).

27 d Ammoniak kann sowohl flüssig oder als Gas auftreten und ist eine Stickstoffverbindung.

28 c Sulfit ist das Salz der schwefligen Säure; Sulfat, das der Schwefelsäure.

29 b Der pH-Wert zeigt den Säuregrad einer Lösung an. Er wird durch die Wasserstoffionen-Konzentration bestimmt. Die Skala reicht von 1–14. Je saurer eine Lösung, desto niedriger ihr pH-Wert. Bei 7 liegt der Neutralpunkt; Lösungen mit höherem pH-Wert als 7 bezeichnet man als „Laugen".

30 b Die 3 möglichen Aggregatzustände (Erscheinungsformen der Materie) unterscheidet man nach fest, flüssig und gasförmig. Die meisten Stoffe lassen sich durch Druck und Temperatur in alle drei Aggregatzustände überführen.

31 c Helium ist nach Wasserstoff das leichteste Element, jedoch ist es deutlich ungefährlicher als der äußerst brennbare Wasserstoff.

32 a Benzin kann aus Erdöl durch Destillation gewonnen werden.

33 d Alfred Nobel erfand 1867 den Sprengstoff Dynamit. Dieser wurde in großen Mengen produziert und verbilligte und beschleunigte wesentlich den Eisenbahn- und Straßenbau.

34 a Lithium ist ein silberweißes, weiches Leichtmetall, das bei Raumtemperatur das leichteste aller festen Elemente ist.

35 d Früher auch als Kunstseide bezeichnet, ab 1884 hergestellt, handelt es sich um Textilfasern, die per Verfahrenstechnik chemisch aus Polymerlösungen erzeugt wurden und der natürlichen Seide ähneln.

36 b Eine Pipette wird benutzt, um durch den Unterdruck eine Flüssigkeit in ein Glasrohr zu saugen und darin zu halten.

37 a Die Valenzelektronen sind entscheidend für die Bindungen von Atomen und bestimmen somit die chemischen Eigenschaften.

18 Sport und Mode

1 **Wann wurden die ersten Olympischen Spiele der Neuzeit ausgetragen?**

a 1900 in Paris
b 1866 in Olympia
c 1908 in London
d 1896 in Athen

2 **In welcher Sportart gibt es eine „spanische Eröffnung"?**

a beim Kricket
b beim Schach
c beim Polo
d beim Golf

3 **Welcher Boxkampf ging als „Rumble in the jungle" in die Sportgeschichte ein?**

a Evander Holyfield vs. Mike Tyson 1997
b Max Schmeling vs. Joe Louis 1938
c George Foreman vs. Muhammad Ali 1974
d Jake LaMotta vs. Sugar Ray Robinson 1943

4 **Wer ist das?**

Muhammad Ali ....

5 **Wie lautet die Bezeichnung im Fußball für drei vom gleichen Spieler in unmittelbarer Reihenfolge erzielte Tore?**

a Hattrick
b dreifacher Rittberger
c Powerplay
d Triple

6 **Was versteht man unter „Tai Chi Chuan"?**

a eine aztekische Zweikampfart, bei dem außer Händen und Beinen auch ein Seil eingesetzt werden durfte
b eine dem Schattenboxen ähnelnde gymnastische Übung, die aus dem chinesischen Raum stammt und der inneren Ruhe dienen soll
c eine japanische Kampfsportart, die dem Karate ähnelt und nur von Angehörigen eines Klosterordens betrieben werden darf
d die thailändische Bezeichnung für Thaiboxen

7 **Was versteht man unter „Ironman"?**

a den Schwergewichtsweltmeister im Gewichtheben
b den Meister aller Klassen im Sumo-Ringen
c den von allen Boxverbänden anerkannten Schwergewichts-weltmeister
d einen Ultra-Triathlon-Wettbewerb, der seit 1977 auf Hawaii ausgetragen wird

8 **In welchem Jahr wurde Deutschland zum ersten Mal Fußballweltmeister?**

a 1934
b 1972
c 1954
d 1926

9 **Welche Disziplin ist nicht Bestandteil des modernen Fünfkampfes?**

a Freistilschwimmen
b Speerwurf
c Springreiten
d Degenfechten

10 **Was bedeutet die Bezeichnung „Grand Slam"?**

a der Gewinn der weltweit bedeutendsten vier Tennisturniere durch eine Person innerhalb eines Jahres
b die am höchsten gewertete Blattkombination beim Stadt-Poker
c ein spektakuläres, sehr umstrittenes Pferde-Hindernisrennen bei Liverpool
d im Motorsport der Sieg in 3 aufeinanderfolgenden Rennen durch einen Fahrer

11 **Wie viele Feldspieler dürfen während eines Fußballspieles ausgewechselt werden?**

a 1 Spieler
b 4 Spieler
c 2 Spieler
d 3 Spieler

12 **Welcher Tanzstil gehört nicht zu den lateinamerikanischen Tänzen?**

a der Paso doble
b der Jive
c der Flamenco
d die Rumba

13 **Joseph Blatter bringt man in Verbindung mit …**

a Motorsport
b Fußballverband
c Olympia-Komitee
d keiner der Lösungsvorschläge ist richtig

14 **Austragungsort des Endspiels der Fußballweltmeisterschaft 2014 war ...**

a São Paulo
b Rio de Janeiro
c Buenos Aires
d Mexico City

15 **In welcher Sportart gibt es einen Penalty?**

a beim Eishockey
b beim Basketball
c beim Hallenhandball
d beim Curling

16 **Bei welcher Sportart gibt es den Begriff „dreifache Kombination“?**

a Eiskunstlauf
b Fußball
c Dressurreiten
d Springreiten

17 **Was ist ein Bolide?**

a ein sehr rhythmisch vorgetragener spanischer Tanz mit Kastagnettenbegleitung
b der Steuermann beim Rudern
c ein stark motorisierter Rennwageneinsitzer
d ein historischer Begriff aus dem Ringen, in der Antike wurde als Bolide der auf lange Zeit unbezwingbar geltende Sieger des olympischen Turnieres bezeichnet

18 **Nach wie vielen Schlägen wechselt in der Regel beim Tischtennis der Aufschlag?**

a nach 7 Aufschlägen
b nach 5 Aufschlägen
c nach 10 Aufschlägen
d nach 2 Aufschlägen

19 **Wofür steht der Ausdruck „Black Jack“?**

a für die englische Bezeichnung des Schiedsrichters beim Fußball
b für eine Kartenspielart
c für die alljährliche Auszeichnung des besten amerikanischen Basketballspielers
d für den Gewinner der Rallye Paris-Dakar

20 **Was versteht man beim Ringen unter „griechisch-römischem Stil“?**

a eine Stilart, bei der nur Griffe oberhalb der Gürtellinie ohne Einsatz der Beine angewendet werden dürfen
b eine selten praktizierte Variante, bei der sich die Gegner vor dem Kampf mit Olivenöl einreiben, um so nur schwer gegriffen werden zu können
c die Kampfart, bei der Griffe am gesamten Körper mit Ausnahme des Kopfes und der Genitalien gestattet sind
d der Stil, bei dem ausschließlich nach der Gewichtung der verwendeten Griffe gewertet wird, es also unerheblich ist, ob ein Ringer mit seinen Schultern die Ringmatte berührt

21 **In welcher Sportart gibt es die Bezeichnung „Libero“?**

a im Handball
b im Streetball
c im Fußball
d im Eishockey

22 **Was versteht man unter „Biathlon“?**

a die Kombination aus Springreiten und Radrennen
b einen Extremwettbewerb mit 2 Marathonläufen innerhalb von 12 Stunden
c im Golfsport die Bezeichnung der zweirädrigen Begleitkarre für das Equipment
d eine olympische Wintersportart, die aus einer Kombination aus Skilanglauf und Schießen (liegend und stehend) besteht

23 **Wie hieß der Errichter des ersten öffentlichen Turnplatzes in Berlin und Erfinder von Barren und Reck?**

a Otto Fürst von Bismarck
b Friedrich Ludwig Jahn
c Pierre Baron de Coubertin
d Hermann von Pückler-Muskau

24 **Typische englische Nationalsportarten sind …**

a Polo, Hunderennen, Cricket, Rugby
b Billard, Hockey, Badminton, Tischtennis
c Darts, Fußball, Squash, Tennis
d alle hier aufgeführten Sportarten sind typisch englische

25 **Auf welche Maße ist die Größe eines Tennisfeldes (Einzel) festgelegt?**

a 32,21 m mal 12,42 m
b 40,00 m mal 15,00 m
c 23,77 m mal 8,23 m
d 66,00 m mal 33,00 m

26 **Der Anteil der Verbraucher, die gelegentlich Secondhand-Mode kaufen, wächst und liegt bei …**

a etwa 1%
b 5%
c um die 10%
d fast schon 20%

27 **Welcher bekannte Modeschöpfer wurde 1997 in Miami ermordet?**

a Christian Dior
b Yves Saint Laurent
c Gianni Versace
d Giorgio Armani

28 **Bei Sneakers handelt es sich um …**

a elegante Damenunterwäsche
b Mützen aus Baumwolle oder Fleece
c Sportschuhe für den Alltag
d lange Winterjacke mit Kapuze

29 **Wer erfand die Blue Jeans?**

a Calvin Klein
b Levi Strauss
c Coco Chanel
d Hugo Boss

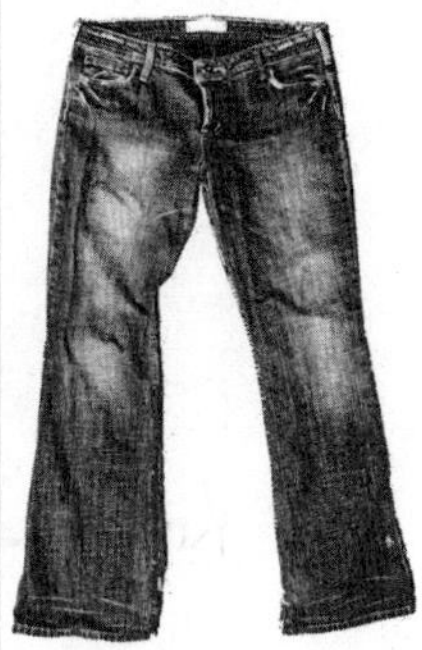

30 **Wann kam der Minirock erstmals auf?**

a in den 60er-Jahren
b in den 70er-Jahren
c in den 80er-Jahren
d in den 90er-Jahren

31 **Hausschuhe, auch als Schlappen, Latschen und Puschen bezeichnet, kommen ursprünglich aus …**

a Deutschland
b Frankreich
c dem Orient
d dem asiatischen Raum

32 **Was bezeichnet der Begriff „Haute Couture“? Das richtungsweisende Modeschaffen der …**

a Londoner Modehäuser
b Römischen Modehäuser
c New Yorker Modehäuser
d Pariser Modehäuser

33 **Welche Modeschöpferin kreierte das berühmte „kleine Schwarze“?**

a Betty Barclay
b Jil Sander
c Coco Chanel
d Vivienne Westwood

34 **Wer ist das?**

Karl Lagerfeld ....

35 **Wann wurde der Bikini erfunden?**

a 1936
b 1946
c 1956
d 1966

36 **Was ist ein Pumps?**

a eine Pumphose
b ein Mieder
c ein Trenchcoat
d ein weit ausgeschnittener Damenschuh

37 **Was ist Brokat?**

a ein baumwollähnlicher Stoff
b ein schwerer Leinenstoff
c ein karierter Stoff, gemustert wie ein Schottenrock
d ein schwerer Seidenstoff mit Gold- und Silberfäden

38 **Was versteht man unter einem Kilt?**

a den Lendenschurz der Naturvölker
b den Schottenrock
c ein einteiliges, eng anliegendes Kleidungsstück aus elastischem Material
d den Faltenrock

39 **Was ist eine Kellerfalte?**

a eine bestimmte Faltenform beim Faltenrock
b die Einkerbung beim Sombrero
c die rückwärtige Falte beim Frack
d die Einkerbung beim Zylinder

40 **Was ist ein Slipper?**

a ein Schlüpfer (Damenunterwäsche)
b ein Schlüpfer (Herrenunterwäsche)
c ein eng anliegender Badeanzug für Damen
d ein mehr oder weniger ausgeschnittener Schlupfschuh

41 **Wofür steht Marie Quant in der Modegeschichte?**

a das Negligé
b den Minirock
c die Strumpfhose
d den Bikini

42 **Wie heißen die Schuhe der nordamerikanischen Indianer?**

a Clocks
b Mokassins
c Pumps
d Slipper

43 **Was ist eine Jethose?**

a eine Spezialhose für Piloten von Jumbojets
b eine Hose für Radrennfahrer
c eine Skihose
d eine Hose für Formel-1-Piloten

44 **Welches der folgenden Gewänder gehört nicht zur typischen Garderobe der alten Römer?**

a Stola
b Burnus
c Tunika
d Toga

45 **Welcher berühmte Modeschöpfer wurde oft mit dem Satz zitiert „Ich glaube nicht an guten Geschmack"?**

a Christian Dior
b Gianni Versace
c Pierre Cardin
d Calvin Klein

46 **Der Name Klum lässt den Fachkundigen sofort an … denken**

a Talentscouting und Nachwuchsförderung
b Mode- und Fotomodeling
c TV-Produktionen und Moderation
d alle Lösungsvorschläge sind richtig

47 **Wer brachte das erste Unisex-Parfum „For a man or a woman" auf den Markt?**

a Coco Chanel
b Christian Dior
c Gianni Versace
d Calvin Klein

48 **Welche Modefirma löste mit ihren Werbekampagnen schon mehrfach große Kontroversen aus?**

a Benetton
b C & A
c Armani
d Boss

Lösungen und Erläuterungen

1	**d**	Begründer der modernen olympischen Bewegung ist Pierre de Coubertin (1863–1937), ein französischer Pädagoge und Historiker.
2	**b**	Schach war nie ein olympischer Wettbewerb – lediglich bei den Olympischen Spielen 1900 in Paris war Schach Teil des Programms, allerdings nur in Demonstrationswettbewerben.
3	**c**	Der amerikanische Boxer Muhammad Ali (bis 1965 unter seinem ursprünglichen Namen Cassius Clay) gewann erstmals 1964 die Weltmeisterschaft im Schwergewicht. Nachdem er 1971 den Weltmeisterschaftskampf gegen Joe Frazier verloren hatte, holte er sich 1974 den Titel gegen George Foreman zurück.
4		Muhammad Ali (ehemals Cassius Clay), geboren am 17. Januar 1942, gestorben am 3. Juni 2016, war der einzige Boxer, der den Titel unumstrittener Boxweltmeister dreimal gewann. Er zählte zu den bedeutendsten Schwergewichtsboxern des 20. Jahrhunderts.
5	**a**	Zwischen den Treffern darf kein Torerfolg eines Spielers der eigenen oder der gegnerischen Mannschaft liegen. Werden die Tore alle in einer Halbzeit geschossen, spricht man von einem sogenannten „lupenreinen“ Hattrick.
6	**b**	Andere Schreibweise: „Taiji quan“, aus einer Selbstverteidigungsmethode entstanden, besteht aus einer Abfolge bestimmter langsamer, anstrengungsfreier, fließender Bewegungen, zur Harmonisierung der polaren Urkräfte Yin und Yang.
7	**d**	Es handelt sich dabei um einen Langdistanz-Triathlon, bei dem 3,86 km Schwimmen, 180 km Radfahren und ein Marathonlauf absolviert werden müssen.
8	**c**	In der vom unvergesslichen Sepp Herberger trainierten Mannschaft von 1954, die im Berner Wankdorfstadion im Endspiel gegen Ungarn Fußballweltmeister wurde, standen Spielerlegenden wie Fritz Walter („Hallo, Chef!“) und Helmut Rahn.
9	**b**	Der moderne Fünfkampf ist ein an einem Tag ausgetragener Mehrkampf für Frauen und Männer, mit folgenden Disziplinen: Schießen (Luftpistole), Fechten (Degen), Schwimmen (Männer 300 m, Frauen 200 m), Springreiten (15 Sprünge) und Geländelauf (Männer 4 000 m, Frauen 2 000 m).
10	**a**	Die vier wichtigsten Tennisturniere der Welt werden in folgender Reihenfolge ausgetragen: Australian Open (Melbourne), French Open (Paris), All England Championships (Wimbledon) und US-Open (Flushing Meadows, USA).
11	**d**	Das Auswechseln der Spieler ist eine Kunst und zeichnet einen guten Trainer aus, der damit – vor allem natürlich, wenn der eingewechselte Spieler sofort ein Tor macht – sein „goldenes Händchen“ beweist.
12	**c**	Der Flamenco ist der für die spanische Folklore bedeutsamste Tanzstil. Er stammt aus Andalusien und wurde seit dem Anfang des 19. Jahrhunderts zunächst durch südspanische Zigeuner bekannt.

13	**b**	Joseph Blatter war von 1998 bis 2016 schweizer Fussballfunktionär und Präsident des Weltfußballverbands FIFA, bis ein Skandal seinen Abgang in Schimpf und Schande erzwang.
14	**B**	Sieg der deutschen Mannschaft unter Trainer Joachim Löw bei der Fußballweltmeisterschaft 2014 in Rio de Janeiro
15	**a**	Der Penalty ist vergleichbar dem Elfmeter beim Fußball, u. a. aber mit dem Unterschied, dass der Penalty vom Anspielpunkt in der Mitte des Spielfelds ausgeführt wird.
16	**d**	Bezeichnet drei einzeln nacheinander auszuführende Sprünge beim Springreiten, die als ein Hindernis gewertet werden.
17	**c**	Als Bolide werden auch ganz bestimmte Formen von Meteoren bezeichnet.
18	**d**	Nach einer Regeländerung (Verkürzung der Sätze) wechselt das Aufschlagrecht nach 2 Angaben (früher 5).
19	**b**	Kartenspiele sind in Europa seit dem 14. Jahrhundert verbreitet.
20	**a**	Ringen gab es schon bei den alten Ägyptern (um 2000 v. Chr.). Im Gegensatz zum griechisch-römischen Stil sind beim Freistil Griffe am ganzen Körper erlaubt, so auch Attacken an und mit den Beinen.
21	**c**	„Libero", wörtlich übersetzt: der „freie Mann", d. h. ein Abwehrspieler ohne feste Zuordnung zu einem Gegenspieler, mit wichtigen Funktionen für den Spielaufbau. Ein legendärer Libero war Franz Beckenbauer. 1999 wurde die Position des Libero auch im Volleyball eingeführt.
22	**d**	Das Wort „Biathlon" leitet sich aus dem Griechischen ab und heißt wörtlich übersetzt „Doppelwettkampf". Beim Schießen ziehen Fehlschüsse Strafzeiten (1 min) oder Strafrunden (150 m) nach sich.
23	**b**	„Turnvater" Jahn lebte von 1778 bis 1852. In der Berliner Hasenheide errichtete er 1811 einen Turnplatz.
24	**d**	Alle diese Sportarten zählen zu den wichtigsten nationalen Sportarten Englands.
25	**c**	Beim Doppel betragen die Maße des Feldes 23,77 m mal 10,97 m.
26	**d**	Secondhand-Ware zu kaufen erfreut sich immer größerer Beliebtheit.
27	**c**	Gianni Versace wurde am 15. 07. 1997 in Miami ermordet. Versace wurde durch seine extrem fantasievollen und avantgardistischen Kreationen berühmt, bei denen er sich u. a. durch vergangene Kunstepochen inspirieren ließ – Barock, Renaissance, sogar bis zurück zum alten Rom.
28	**c**	Sneaker (Übersetzung: Schleicher) ist eine Bezeichnung für modische Sportschuhe, unter der man aber auch Schuhe subsumiert, die nicht nur bei sportlicher Betätigung, sondern auch im Alltag getragen werden können.
29	**b**	Die ersten Blue Jeans wurden um 1850 von dem gebürtigen Deutschen L. Strauss (1829–1902) in Kalifornien hergestellt – ursprünglich für Goldgräber! Später traten sie ihren Siegeszug um die ganze Welt an.
30	**a**	Wurde bereits in den 60er-Jahren kreiert, tauchte dann wieder in den 80er-Jahren auf.
31	**c**	Pantoffel (französisch *pantoufle*) sind sehr wahrscheinlich aus dem Orient über Persien in unsere Breitengrade gelangt.

32 **d** Der Begriff wurde 1868 für die Pariser Modesalons geprägt.

33 **c** Die französische Modeschöpferin Coco Chanel (1883–1971) entwarf das „kleine Schwarze“ in den 20er-Jahren, später, in den 50ern, wurde sie mit dem Chanelkostüm weltberühmt.

34 Karl Otto Lagerfeld, geboren 10. September 1933, ist der bekannteste deutsche Modeschöpfer, aber auch ein begnadeter Designer, Fotograf und Kostümbildner. Er startete seine Karriere Mitte der 50er-Jahre in Paris. Sein Markenzeichen sind ein weiß gepuderter Zopf, dunkle Sonnenbrillen und bis Anfang der 2000er-Jahre ein Handfächer!

35 **a** Der Erfinder war Louis Réard (in Paris).

36 **d** Ursprünglich ein Herrenschuh, ist der Pumps seit Beginn des 20. Jahrhunderts ein beliebter Damenschuh mit unterschiedlicher Absatzhöhe.

37 **d** Brokat, abgeleitet vom italienischen „broccare“ = „durchwirken“: In einen reich gemusterten Seidenstoff sind Gold-, Silber oder Lurexfäden eingewebt. Er wird speziell für Abendkleider, aber auch für Möbelstoffe verwendet.

38 **b** Der berühmte, bis zum Knie reichende, mit Falten versehene Schottenrock aus karierter Wolle signalisiert in Muster und Farben die Zugehörigkeit zu einem Clan.

39 **a** Beim Faltenrock werden die Kellerfalte, die Quetschfalte oder das Plissee unterschieden.

40 **d** Der Slipper wurde ca. 1947 erfunden.

41 **b** Die englische Modedesignerin Mary Quant (*1934) gilt mit André Courrèges (*1923) als Schöpferin des Minirocks.

42 **b** Nach dem Schnittmuster dieses ursprünglich aus einem Stück angefertigten Wildlederschuhs ohne Absatz werden heutzutage z. B. manche Hausschuhe angefertigt.

43 **c** Kam in den 70er-Jahren auf, eine gefütterte, mit Trägern versehene, eng anliegende Skihose.

44 **b** Ein Kleidungsstück der Beduinen.

45 **b** Gianni Versace (1946–1997) dokumentierte mit diesem Satz eine Grundhaltung, die ihm viele Variationsmöglichkeiten eines etwas glamourösen, ausgefallenen Stils erlaubte.

46 **d** Heidi Klum, TV- und Modelingikone in den USA und Deutschland, ist schon viele Jahre mit ihrer Casting-Show „Germanys next topmodel“ erfolgreich.

47 **d** Der amerikanische Designer Calvin Klein (*1942) spielt gern mit dem Thema Androgynie, eben auch mit dem Parfum „one“, frei nach dem Motto: „Alles ist möglich, nichts ist festgelegt“.

48 **a** Luciano Benetton löste mit seinen Werbekampagnen („United Colors of Benetton“), die u. a. Fotos von ölverschmierten Vögeln oder sterbenden Aids-Patienten zeigten, erhebliche Kontroversen aus.

19 Bedeutende Persönlichkeiten

1 **Alexander von Humboldt (1769–1859)?**

a preußischer Staatsmann, befreundet mit Goethe und Schiller
b deutscher Arzt und Begründer des modernen Krankenhauswesens
c deutscher Naturforscher und Begründer der wissenschaftlichen Geografie
d Gründer der Humboldt-Universität zu Berlin

2 **Ferdinand Lassalle (1825–1864)?**

a Gründer des Allgemeinen Deutschen Arbeitervereins 1863 in Leipzig
b bedeutendster französischer Arzt des 19. Jahrhunderts
c Entdecker der Großen Antillen
d Gründer des Deutschen Roten Kreuzes

3 **Archimedes (285–212 v. Chr.)?**

a griechischer Philosoph und Lehrer Alexander des Großen
b mazedonischer Astronom und Entdecker der Fliehkraft
c griechischer Asket, Lehrer der Thesen des universellen Verzichts
d griechischer Gelehrter, Physiker, Ingenieur und Mathematiker, Entdecker des Hebelgesetzes und des spezifischen Gewichtes sowie der Zahl π

4 **Nelson Mandela (1918–2013)?**

a amerikanischer Bürgerrechtler für Rassenintegration
b südafrikanischer Bürgerrechtler und Kämpfer gegen die Apartheid, Präsident von Südafrika, Friedensnobelpreisträger 1993, 1991–1997 Vorsitzender des ANC
c Revolutionsführer und späterer Staatschef von Kongo (ehemalig Zaire)
d Anführer der Unabhängigkeitsbewegung von Ost-Timor

5 **Ignatius von Loyola (1491–1556)?**

a Gründer des Deutschen Ritterordens im Baltikum
b Steuermann in der Flotte von Christoph Kolumbus
c spanischer Freiheitskämpfer in der Reconquista
d Gründer des Ordens der Jesuiten im Jahre 1540

6 **Ruggero Leoncavallo (1857–1919)?**

a italienischer Baumeister des Historismus in Florenz
b venezianischer Naturwissenschaftler und Astronom
c italienischer Opernkomponist
d italienischer Meisterkoch, Erfinder der „Cucina Nova“

7 **Pina Bausch (1940–2009)?**

a erste Parlamentspräsidentin der BR Deutschland
b schweizerische Frauenrechtlerin und Kämpferin für die Einführung des Frauenwahlrechts in der Schweiz
c deutsche Tänzerin und Choreografin, Vertreterin des „New Dance“
d österreichische Schriftstellerin und überzeugte Vertreterin des europäischen Gedankens

8 **Roald Amundsen (1872–1928)?**

- a englischer Schriftsteller, Verfasser von skurril-logischen Kurzgeschichten
- b norwegischer Polarforscher, erreichte als erster Mensch am 14. 12. 1911 den Südpol, 1928 im Eismeer verschollen
- c schwedischer Ministerpräsident, 1928 erschossen
- d norwegischer Wintersportler, Gewinner von 7 olympischen Goldmedaillen

9 **Oskar Kokoschka (1886–1980)?**

- a österreichischer Maler, Grafiker und Schriftsteller
- b Begründer der Wiener Schule für Belletristik
- c österreichischer Avantgarde-Filmregisseur („Des Schweigens letzter Schrei“)
- d Inhaber eines Auktionshauses in München

10 **Ernst Heinkel (1888–1958)?**

- a Erfinder der Taschenuhr mit automatischem Laufwerk
- b deutscher Ingenieur und Flugzeugbauer, Erfinder des Turbostrahltriebwerks
- c bedeutendster Waschmittelfabrikant Deutschlands in der ersten Hälfte des 20. Jahrhunderts
- d Erfinder der Turbinentechnik in Wasserkraftwerken

11 **Michael Spreng (*1948)?**

- a Journalist und Politikberater
- b Musiker und Schauspieler
- c Ingenieur und Erfinder
- d keiner der Lösungsvorschläge ist richtig

12 **Alfred Nobel (1833–1896)?**

a österreichisch-ungarischer Außenminister 1889–1894
b Gründer des Naturkundemuseums in Stuttgart
c schwedischer Chemiker und Stifter des nach ihm benannten Preises
d schweizerischer Kunstforscher (v. a. in Nordafrika)

13 **Heinrich Böll (1917–1985)?**

a SPD-Vorsitzender 1956–1959
b deutscher Schriftsteller, erhielt 1972 den Literaturnobelpreis
c Regierungssprecher der sozial-liberalen Koalition in Bonn 1978–1982
d Strafverteidiger von Ulrike Meinhof in den Baader-Meinhof-Prozessen

14 **Vasco da Gama (1469–1524)?**

a Entdecker des Seeweges um Afrika nach Indien
b Entdecker Alaskas
c Entdecker der Kurilen-Inselgruppe
d Entdecker Ceylons

15 **Marie Curie (1867–1934)?**

a polnisch-französische Chemikerin, Entdeckerin des Radiums, Nobelpreisträgerin für Physik 1903 und Chemie 1911
b bedeutende französische Malerin des Expressionismus („La femme chinoise")
c französische Tänzerin im „Moulin Rouge" in Paris
d berühmte belgische Köchin (u. a. Hotel Ritz, Paris)

16 **Leonardo da Vinci (1452–1519)?**

a spanischer Konquistador und Eroberer Mexikos
b venezianischer Seefahrer im Dienste Portugals
c portugiesischer Arzt und Alchemist
d bedeutender italienischer Erfinder, Bildhauer und Maler der Hochrenaissance

17 **Ernesto („Che") Guevara Serna (1928–1967)?**

a Jesuitenpater in Brasilien, populär durch sein soziales Engagement für die Rechte der Indios und für die Bewohner der Großstadtslums
b Juntachef in Chile beim Putsch 1973
c kubanischer Revolutionär und Guerillaführer in Bolivien
d populärer Sänger und Schauspieler in Argentinien (u. a. in „Evita")

18 **Ernst Wiechert (1887–1950)?**

a Begründer der Seismologie (Erdbebenkunde)
b bedeutender deutscher Schriftsteller und Romanautor
c Minister in der Weimarer Republik
d Begründer der Farbenlehre

19 **Maria Callas (1923–1977)?**

a berühmte griechische Sopran-Sängerin und Operndiva
b ursprünglicher Name der Ehefrau von Robert Kennedy, „First Lady" der USA
c populäre Hollywood-Schauspielerin (u. a. „Onassis")
d Ministerpräsidentin Griechenlands 1972–1977

20 **Heinrich von Stephan (1831–1897)?**

a Autor des „Sachsenspiegels"
b Erzbischof von Mainz 1888–1897
c Architekt des Stephansdoms in Wien
d Gründer des Weltpostvereins und Staatssekretär des Reichspostamtes

21 Albert Camus (1913–1960)?

a französischer Filmschauspieler
b französischer Schriftsteller des Existentialismus und des aktiven Humanismus
c französischer Kulturminister der V. Republik
d frankokanadischer Separatistenführer in Quebec

22 Sigmund Freud (1856–1939)?

a österreichischer Pädagoge der Laissez-faire-Richtung
b schweizerischer Naturwissenschaftler und Zoologe
c deutscher Theologe und Philosoph
d österreichischer Nervenarzt und Begründer der Psychoanalyse

23 Galileo Galilei (1564–1642)?

a italienischer Naturwissenschaftler, Physiker und Astronom, geriet wegen seines heliozentrischen Weltbildes in Konflikt mit der katholischen Kirche
b sizilianischer Arzt und Gelehrter
c spanischer Maler und Bildhauer 1599–1607
d portugiesischer Seefahrer und Begründer der neuen Navigation

24 Robert Koch (1843–1910)?

a niederländischer Begründer der modernen Heilpraktik
b zeitweiliges Pseudonym des Firmenchefs Dr. Oetker
c deutscher Arzt und Begründer der Bakteriologie, Nobelpreisträger 1905
d Inhaber der ersten Großbäckerei in Deutschland

25 **Mahatma Gandhi (1869–1948)?**

- a indisch-britischer Jazzmusiker
- b indischer Unabhängigkeitskämpfer mit den Methoden des gewaltlosen Widerstands
- c sehr umstrittener indischer Guru und Sektengründer in Poona
- d indischer Architekt der indo-modernistischen Stilrichtung (Chandigarh)

26 **Otto Hahn (1879–1968)?**

- a österreichischer Mediziner, Forscher im Bionuklear-Sektor
- b deutscher Atomforscher und Chemiker, Nobelpreisträger für Chemie 1944
- c deutscher Agrarwissenschaftler (Agrarthesen der EWG)
- d schweizerischer Ingenieur und Brückenbauer

27 **Rosa Luxemburg (1870–1919)?**

- a deutsche Malerin des Impressionismus
- b amerikanische Schriftstellerin deutscher Abstammung
- c schweizerische Physikerin und Ärztin
- d deutsch-polnische Politikerin (Spartakusbund), 1919 ermordet

28 **Carl Orff (1895–1982)?**

- a deutscher Komponist (u. a. „Carmina Burana“)
- b deutscher Außenminister unter Konrad Adenauer
- c umstrittener schwedischer Schriftsteller („Sinn des Meuchelns“)
- d Schauspieler des deutschen Realismus nach dem 2. Weltkrieg

29 **Andy Warhol (1928–1987)?**

a amerikanischer Rockmusiker
b britischer Filmemacher („New British Moviement“)
c amerikanischer Regisseur, Fotograf, Künstler (amerikanische Pop-Art)
d amerikanischer Politiker und Regierungskritiker der Vietnam-Ära

30 **Stephen William Hawking (1942–2018)**

a Manager und Produzent der britischen Rockgruppe „Rolling Stones“ 1963–1992
b amerikanischer Filmregisseur
c bedeutender britischer Physiker, Theorien und Forschungen zur Entstehung des Universums, Einführung einer neuen Zeitdimension, „Lucasischer Professor“
d amerikanischer Leichtathletikstar, Gewinner von 8 Goldmedaillen

31 **Jean-Paul Sartre (1905–1980)?**

a belgischer Filmschauspieler
b französischer Schriftsteller und Philosoph, Hauptvertreter des Existentialismus
c französischer Sozialwissenschaftler und Pädagoge
d französischer Theaterregisseur

32 **Michael Schuhmacher (*1969)?**

a Rennfahrer
b Tennisspieler
c Musiker
d Schachspieler

33 **Johannes Kepler (1571–1630)?**

a deutscher Astronom, Naturforscher und Entdecker der Planetengesetze
b deutscher Physiker und Entdecker der Mondkrater
c niederländischer Naturwissenschaftler, Erforscher der Mondgravitation
d österreichischer Alchemist, Vertreter der Sonnenkraft-Theorie

34 **Konrad Lorenz (1903–1989)?**

a schweizerischer Kabarettist der 30er- und 40er-Jahre des 20. Jahrhunderts
b deutscher Geologe und Seismograf („Lorenz-Strom“)
c österreichischer Verhaltensforscher, Nobelpreisträger 1973
d deutscher Pädagoge und Philosoph

35 **Alexander Fleming (1881–1955)?**

a österreichischer Theaterregisseur am Hoftheater Salzburg
b britischer Bakteriologe, Entdecker des Penicillins, Nobelpreisträger 1945
c amerikanischer Arzt, Entdecker der Viren
d britischer Buchautor, Schöpfer der James-Bond-Figur

36 **Jean-Jacques Rousseau (1712–1778)?**

a französischer Maler, Hauptvertreter der Naiven Malerei
b französischer Autor und Philosoph, Lehre von der Souveränität des Volkes
c Anführer der Französischen Revolution
d bürgerlicher Name des französischen Königs nach der Revolution

37 **Willy Brandt (1913 –1992)?**

a Gründer und erster Vorsitzender des DGB (Deutscher Gewerkschaftsbund)
b erster Präsident der BR Deutschland

c erster frei gewählter Präsident der Volkskammer der ehemaligen DDR
d deutscher Bundeskanzler 1969–1974, Vorsitzender der SPD 1964–1987, Präsident der Sozialistischen Internationale 1976–1992, Friedensnobelpreisträger 1971

38 **Benjamin Franklin (1706–1790)?**

a amerikanischer Politiker, Co-Autor der amerikanischen Verfassung, außerdem Naturforscher, Erfinder des Blitzableiters
b schottischer Opernkomponist („Scotia Nova“)
c britischer Polarforscher, auf der Suche nach der Nordwest-Passage verschollen
d englischer Romanautor

39 **Clara Schumann (1819–1896)?**

a deutsche Pädagogin, Anhängerin des Waldorf-Gedankens
b deutsche Sozialistin und Gegnerin Bismarcks
c deutsche Komponistin und Pianistin
d Wiener Philosophin

40 **Wilhelm Conrad Röntgen (1845–1901)?**

a luxemburgischer Chemiker und Entdecker des Ozons
b deutscher Arzt und Entdecker des Tuberkelvirus
c Erfinder des Fotoapparates
d deutscher Physiker, Entdecker der Röntgenstrahlen, 1. Nobelpreisträger der Physik 1901

41 **Sophie Scholl (1921–1943)?**

a französische Chansonette
b deutsche Widerstandskämpferin gegen die NS-Diktatur, 1943 ermordet
c Schauspielerin bei der UFA
d deutsch-tschechische Balletttänzerin

42 **August Bebel (1840–1913)?**

a deutscher Politiker und Mitbegründer der Sozialdemokratie
b Gründer der Bibelgesellschaft in Stuttgart
c Arzt und Naturforscher in Patagonien
d österreichischer Operettenkomponist

43 **Carl Gustav Jung (1875–1961)?**

a dänischer Naturforscher und Umweltschützer
b deutscher Pädagoge, Leiter der Freiheitsschule in Mesum
c deutscher Schriftsteller und Drehbuchautor
d schweizerischer Psychologe und Begründer der psychologischen Typenlehre

44 **Marco Polo (1254–1324)?**

a Schriftsteller des Mittelalters, Autor von Heldenepen
b Erfinder des Polospiels in Neapel
c venezianischer Asienreisender und Verfasser von Länderbeschreibungen
d Philosoph und Mathematiker in Mailand

45 **James Watt (1736–1819)?**

a Erfinder des Drehstroms
b britischer Ingenieur, Erfinder der Dampfmaschine
c Erfinder der Glühbirne
d texanischer Erfinder des Revolvers

46 **Käthe Kollwitz (1867–1945)?**

a deutsche Bildhauerin und Grafikerin mit sozialem Engagement
b schweizerische Geologin
c deutsche Ordensschwester, Gründerin des Demutordens in Indien
d österreichische Politikerin und Frauenrechtlerin

47 **Adam Smith (1723–1790)?**

a amerikanischer Naturwissenschaftler und Philosoph
b australischer Geschichtsforscher und Mineraloge
c britischer Volkswirtschaftler und Moralphilosoph, Thesen zum Erlangen des Volkswohlstands durch Arbeitsteilung
d schottischer Unabhängigkeitskämpfer

48 **Michelle Obama (*1964)?**

a Ehefrau des ehemaligen US-Präsidenten Barack Obama
b US-amerikanische Sängerin
c afrikanische Friedensnobelpreisträgerin 2011
d US-amerikanische Talkshow-Moderatorin, Schauspielerin und Unternehmerin

49 **Max Planck (1858–1947)?**

a schweizerischer Theologe, Verfechter des ökumenischen Gedankens
b deutscher Physiker und Nobelpreisträger 1918, Begründer der Quantentheorie
c deutscher Philosoph und Autor
d Sozialökonom der k.u.k.-Monarchie

50 **Emmanuel Macron (*1977)**

a wichtiger Vertreter des „Nouveau Roman“
b französischer Schauspieler
c Staatspräsident Frankreichs
d ehemaliger Chefredakteur des französischen Magazins „Elle“

51 **Karl Marx (1818–1883)?**

a deutscher Gewerkschaftsgründer
b deutsch-britischer Pädagoge, Lehre vom staatlichen Ungehorsam
c deutscher Politiker, Gründungsmitglied der SPD
d deutscher Philosoph und Begründer des wissenschaftlichen Sozialismus

52 **Muhammad Ali (1942–2016)?**

a Führer der Black-Panther-Bewegung in den USA
b mehrfacher amerikanischer Boxweltmeister im Schwergewicht mit unverwechselbarem Stil („Ali-Shuffle“)
c US-Bürgerrechtler, Kämpfer für die Rechte der Schwarzen
d südafrikanischer Anti-Apartheidskämpfer

53 **Sokrates (470–399 v. Chr.)?**

a griechischer Philosoph und Lehrer, zum Selbstmord gezwungen
b mazedonischer Feldherr im Kampf gegen Kreta
c griechischer Mathematiker und Naturwissenschaftler
d König und Erbauer des Palastes von Knossos

54 **Coco Chanel (1883–1971)?**

a französische Philosophin, Vertreterin des Existentialismus
b belgische Filmschauspielerin und Regisseurin („Deux choses du même genre“)
c französische Modeschöpferin („Das kleine Schwarze“)
d französische Frauenrechtlerin und Autorin

55 **Heinrich von Kleist (1777–1811)?**

a schweizerischer Philosoph und Humanist
b deutscher Arzt und Naturforscher
c preußischer General und Heeresführer
d deutscher Dichter und Schauspielautor („Der zerbrochene Krug“)

56 **Werner Heisenberg (1901–1976)?**

a österreichischer Komponist zeitgenössischer Musik
b schweizerischer Freiheitskämpfer
c Nobelpreisträger, Kernphysiker (Weltformel)
d Gourmet und Fernsehkoch

57 **Hape Kerkeling (*1964)?**

a deutscher Komiker, Autor und Moderator
b österreichischer Extremsportler
c deutscher Drehbuchautor und Schauspieler
d schweizerischer Literaturnobelpreisträger

58 **Le Corbusier (1887–1965)?**

a französischer Maler und Bildhauer
b französisch-schweizerischer Städteplaner und Architekt
c französischer Musiker (Pianist)
d schweizerischer Ingenieur

59 **Julius Robert Oppenheimer (1904–1967)?**

a Gründer einer berühmten Fast-Food-Kette
b amerikanischer Marathonläufer
c deutscher Opernkomponist der Moderne
d amerikanischer Konstrukteur der 1. Atombombe

60 **Hugo Junkers (1859–1935)?**

a Autokonstrukteur
b Schiffbauingenieur
c Eisenbahnbauer
d Flugzeugbauer

61 **Heinrich Rudolf Hertz (1857–1894)?**

a Entwickler der medizinischen Strahlentherapie
b Erfinder der Kernspintomografie
c Grundlagenforscher der heutigen Hochfrequenztechnik
d Grundlagenforscher für keimfreie Lebensmitteltechnologie

62 **Joseph (1740–1810) und Jacques (1745–1799) Montgolfier?**

a verbunden mit der Entwicklung der Telekommunikation
b bekannt als Weingutbesitzer in Frankreich
c berühmte Köche der französischen Nouvelle Cuisine
d Erfinder des Heißluftballons

63 **Michael Jürgs (*1945)?**

a Politikberater
b Buchautor
c Ex-Chefredakteur
d alle Lösungsvorschläge sind richtig

64 **Sara Wagenknecht (*1969)?**

a Politikerin
b Buchautorin
c Volkswirtin
d alle Lösungsvorschläge sind richtig

65 **Edward Snowden (*1983)?**

a Skispringer
b Bobfahrer
c Eishockeyspieler
d keiner der Lösungsvorschläge ist richtig

66 **Julian Paul Assange (*1971)?**

a Poet und Schriftsteller
b Cellomusiker und Dirigent
c politischer Aktivist und Journalist
d Sänger und Schauspieler

67 **Ullrich Beck (1944–2015)?**

a Professor der Psychologie
b Professor der Pädagogik
c Professor der Soziologie
d Professor der Politologie

68 Marc Zuckerberg (*1984)?

- a Gründer und Vorstandsvorsitzender des Unternehmens Facebook
- b Chefredakteur der britischen Tageszeitung „The Times“
- c US-amerikanischer Whistleblower und ehemaliger CIA-Mitarbeiter
- d US-amerikanischer Produzent und Moderator von Talk- und Gameshows

69 Fidel Castro (1927–2016)?

- a Staatsoberhaupt
- b Plantagenbesitzer
- c Kirchenmann
- d Finanzmogul

70 Heinrich Schliemann (1822–1890)?

- a Fotograf und Maler
- b Mathematiker und Physiker
- c Astrologe und Schriftsteller
- d Kaufmann und Hobbyarchäologe

71 Claus Schenk Graf von Stauffenberg (1907–1944)?

- a NS-Politiker
- b deutscher Stabsoffizier
- c NS-Staatsanwalt
- d Außenminister, Weimarer Republik

72 Lech Walesa (*1943)?

- a Friedensnobelpreisträger und Elektromonteur
- b Katholik und Gewerkschaftsführer
- c ehemaliger polnischer Präsident und Streikkomitee-Vorsitzender
- d alle Lösungsvorschläge sind richtig

73 Bill Gates (richtiger Vorname: William Henry III.) (*1955)?

a amerikanischer Wirtschaftswissenschaftler
b Informatiker
c Außenminister Kanadas
d Ingenieur und Entdecker

74 Mary Shelley (1797–1851)?

a königliche Schauspielerin
b Musikerin und Komponistin
c Romanschriftstellerin
d erste englische Medizinerin

75 Bob Dylan (*1941)?

a englischer Schauspieler
b kanadischer Rennfahrer Formel 1
c schweizerischer Zauberkünstler
d amerikanischer Sänger

Lösungen und Erläuterungen

1	**c**	Er erforschte von 1799–1804 intensiv den südamerikanischen Kontinent. Bruder von Wilhelm von Humboldt (1767–1835), Gelehrter und Politiker, befreundet mit Goethe und Schiller, gründete 1809 die seit 1949 nach ihm benannte Universität Unter den Linden, Berlin.
2	**a**	Der Allgemeine Deutsche Arbeiterverein gilt als Keimzelle der Sozialdemokratie.
3	**d**	Er entdeckte den statischen Auftrieb, das nach ihm benannte Archimedische Prinzip.
4	**b**	Nach dem Ende der Apartheid war er von 1994–1999 Staats- und Regierungschef der Republik Südafrika.
5	**d**	Papst Paul III. genehmigte 1540 die Gründung des Ordens der Gesellschaft Jesu (Jesuiten).
6	**c**	Er war ein Anhänger des „verismo“ genannten naturalistischen Stils. Weltberühmt ist seine Oper „Der Bajazzo“.

7	**c**	Sie war weit über die Grenzen Wuppertals hinaus mit ihrem Wuppertaler Tanztheater bekannt.
8	**b**	Robert Falcon Scott erreichte erst vier Wochen nach ihm am 18. 01. 1912 den Südpol.
9	**a**	Er zählte zu den bedeutendsten Expressionisten, schrieb auch expressionistische Dramen.
10	**b**	Entwickelte 1939 das erste Raketenflugzeug He 176, sowie das erste Turbinen-Luft-Strahltriebwerk He 178.
11	**a**	Profunder deutscher Politik-Journalist und erfolgreicher Blogger, ist häufiger Gast in den wichtigsten politischen Talkrunden. Von 1989–2000 war er Chefredakteur der „Bild am Sonntag" und seitdem fungiert er als Politikberater.
12	**c**	Nobel erfand 1867 den Sprengstoff Dynamit, der seinen immensen Reichtum begründete.
13	**b**	Böll war ein ausgewiesener Kritiker der westdeutschen Wohlstandsideologie. Zu seinen bekanntesten Werken zählen „Ansichten eines Clowns", „Die verlorene Ehre der Katharina Blum".
14	**a**	1524 sandte ihn König Manuel von Portugal als Vizekönig nach Indien.
15	**a**	Nach ihr wurde der Curie-Punkt benannt, an dem ferromagnetische Materialien ihre Eigenschaft verlieren.
16	**d**	Von ihm heißt es, er habe das gesamte verfügbare Wissen seiner Zeit beherrscht.
17	**c**	Er beteiligte sich mit Fidel Castro am Aufstand gegen die Batista-Herrschaft in Kuba.
18	**b**	Als Anhänger eines „einfachen Lebens" thematisierte er seine ostpreußische Heimat.
19	**a**	Sie ist auch bekannt durch ihre Liaison mit dem griechischen Reeder Onassis.
20	**d**	Der Weltpostverein setzt sich für eine Vereinheitlichung der zwischenstaatlichen Postbeziehungen ein.
21	**b**	Er erhielt 1957 den Nobelpreis für Literatur.
22	**d**	Es heißt, kein anderer Einzelner habe das Denken dieses Jahrhunderts so stark beeinflusst wie er. Die Analyse diente bei Freud der Aufdeckung von Auslösern von Fehlentwicklungen. Daraus entstand eines seiner wichtigsten Werke: die Traumdeutung.
23	**a**	„Und sie bewegt sich doch", sagte Galilei, nachdem die Kirche in einem Prozess den Widerruf seiner Thesen erzwang. Er entdeckte u. a. die vier größten Jupitermonde: Io, Europa, Ganymed und Kallisto (Galileische Monde).
24	**c**	1882 entdeckte er das Tuberkulosebakterium, 1883 den Choleraerreger.
25	**b**	Er propagierte die Handspinnerei, um sein Land von der britischen Textilindustrie unabhängig zu machen.
26	**b**	Er erhielt den Nobelpreis für die Spaltung von Urankernen bei Neutronenbestrahlung.

27	**d**	Zusammen mit Karl Liebknecht wurde sie 1919 von Freikorpssoldaten in Berlin ermordet.
28	**a**	Orff ist bekannt für seine Entwicklung einer neuen Musikpädagogik.
29	**c**	In seiner factory produzierte er avantgardistische Filme in Kollektivarbeit.
30	**c**	Er hatte bis 2009 den berühmten Lucasischen Lehrstuhl für Mathematik an Cambridge-University inne.
31	**b**	1964 lehnte er den Nobelpreis für Literatur ab. Die französische Schriftstellerin Simone de Beauvoir war seine Gefährtin.
32	**a**	Michael Schumacher ist ehemaliger, sehr erfolgreicher deutscher Formel-1-Automobilrennfahrer.
33	**a**	Er begründete die Erkenntnis, dass die Planetenbahnen in elliptischer Weise verlaufen. Er gab als Erster die Erklärung dafür ab, dass die Planetenbewegungen durch eine von der Sonne verursachte Kraft hervorgerufen werden.
34	**c**	Begründer der Ethologie als Bindeglied zwischen Human- und Tierpsychologie.
35	**b**	Alexander Fleming ist der Entdecker des Penicillins (1929). Der Schöpfer des Agenten Ihrer Majestät 007 heißt Ian Fleming.
36	**b**	In „Emile oder die Erziehung" plädiert er für eine kindgemäße und freie Erziehung. In Rousseaus Schriften wird zum ersten Mal ein Protest gegen die „Aufklärung" formuliert: „Zurück zur Natur".
37	**d**	Er ist vor allem für seine mutige Ost- und Deutschlandpolitik („Entspannungspolitik") bekannt, für die er 1971 den Friedensnobelpreis erhielt.
38	**a**	Er stand für eine pragmatisch-aufgeklärte, auf Arbeit, Ordnung und Sparsamkeit ausgerichtete Lebenseinstellung.
39	**c**	Sie war die Frau von Robert Schumann (1810–1856) und galt als virtuoseste Konzertpianistin ihrer Zeit.
40	**d**	Für die Nutzung der X- oder Röntgenstrahlen als Hilfsmittel zur Erkennung krankhafter Veränderungen im Organismus.
41	**b**	Mit ihrem Bruder Hans war sie Mitglied in der Widerstandsgruppe „Weiße Rose".
42	**a**	War maßgeblich an der sozialdemokratischen Wochenzeitschrift „Vorwärts" beteiligt.
43	**d**	Ausgehend von Sigmund Freud entwickelte er eigene Lehren: vom kollektiven Unbewussten, vom Archetypus, von der Individuation.
44	**c**	Die geografischen Vorstellungen des 14. und 15. Jahrhunderts sind stark von ihm beeinflusst.
45	**b**	Seine Niederdruckdampfmaschine (1768) beschleunigte wesentlich die industrielle Revolution. Er erfand den Fliehkraftregler, ein mechanischer Drehzahlregler.
46	**a**	Sie schuf ausdrucksvolle Zeichnungen und grafische Folgen, bestimmt von warmem Mitgefühl für das Leben der Menschen aus dem Proletariat.

47 c Sein Hauptwerk „Eine Untersuchung über Natur und Wesen des Reichtums der Nationen“ (1776) gilt als Grundlage des Wirtschaftsliberalismus (Laissez-faire). Wesentliche Elemente seiner Lehre fanden Eingang in die soziale Marktwirtschaft.

48 a Michelle Obama ist eine US-amerikanische Anwältin. Sie ist mit Barack Obama verheiratet, der von 2009 bis 2017 US-Präsident war.

49 b Als Begründer der Quantentheorie hat er maßgeblich die moderne Physik geprägt.

50 c Französischer Staatspräsident seit dem 14. Mai 2017, gründete seine eigene Partei und gewann überraschend den Wahlkampf. Zuvor war er von 2006 bis 2009 Mitglied der Sozialistischen Partei Frankreichs.

51 d Er entwickelte eine umfassende eigene Theorie der Gesellschaft und Geschichte. Er war der Begründer des Marxismus. „Das Kapital“ ist das wichtigste seiner Werke, von dem der zweite und dritte Band von Friedrich Engels (1828–1895) herausgegeben wurde.

52 b 1967 wurde ihm wegen Wehrdienstverweigerung der Weltmeistertitel aberkannt.

53 a Mit ironischen Fragen versuchte er seine Zuhörer auf das Wesentliche des Seins hinzuführen. Nachdem er zum Tode verurteilt wurde, lehnte er die Flucht aus dem Gefängnis ab und nahm den Schierlingsbecher. Sokrates hat keine Schriften hinterlassen. Seine philosophischen Gespräche wurden von Platon aufgezeichnet.

54 c Mit bürgerlichem Namen hieß sie Gabrielle Chasnel. „Chanel-Kostüm“ ist mittlerweile zu einem klassischen Begriff in der Modewelt geworden.

55 d In „Der zerbrochene Krug“ behandelt er auf ironische Weise die ihn immer wieder bewegende Frage nach dem Wesen der Gerechtigkeit. In seiner Darstellungskunst gebrauchte er mit gefühlsstarkem Einsatz seiner Zeit weit vorausgreifende psychologische Mittel zu einem beherrschenden Realismus. 1811 schied er zusammen mit Henriette Vogel am Wannsee in Berlin freiwillig aus dem Leben.

56 c „Was wir beobachten, ist nicht die Natur selbst, sondern die Natur, die unserer Fragemethode ausgesetzt ist.“

57 a 2006 erschien Hape Kerkelings berühmtes Buch „Ich bin dann mal weg – Meine Reise auf dem Jakobsweg“, in dem er die Erlebnisse seiner Pilgerreise beschreibt.

58 b Sein eigentlicher Name ist Charles-Édouard Jeanneret. Er fand neue Formen des Stahlbetons, die ihm bis dahin ungekannte Grundrisslösungen ermöglichten. Eines seiner Hauptwerke ist die Wallfahrtskirche bei Ronchamp (1953 erbaut).

59 d Amerikanischer Atomphysiker, Professor in Berkeley. Aus moralischen Gründen sprach er sich gegen den Bau der Wasserstoffbombe aus.

60 d Er konstruierte 1905 mit der J1 das erste Ganzmetallflugzeug der Welt mit freitragenden Flügeln. Zu seinen Konstruktionen zählt auch das Flugzeug: Ju 52 („Tante Ju“).

61	**c**	Die nach ihm benannten Hertzschen Wellen bilden eine der Grundlagen der Funktechnik.
62	**d**	1783 fand bei Paris der erste unbemannte, von Menschen ausgeführte freie Flug des Luftfahrzeugs Montgolfier statt.
63	**d**	Michael Jürgs ist ein deutscher Journalist (ehemals Stern-Chefredaktionsmitglied), erfolgreicher Sachbuchschreiber und profunder Kommentator aller wichtigen politischen Ereignisse und deshalb immer wieder Gast in Talkshows.
64	**d**	Eine deutsche Volkswirtin, Publizistin und Politikerin. Seit den 1990er-Jahren spielte sie eine immer wichtiger werdende Rolle in der PDS und schaffte es bis in den Parteivorstand der Linken.
65	**d**	Edward Snowden ist ein US-amerikanischer Whistleblower. Seine Enthüllungen gaben Einblicke in das Ausmaß der weltweiten Überwachungs- und Spionagepraktiken von Geheimdiensten.
66	**c**	Australier und bekannter, ehemaliger Computerhacker, Sprecher der Enthüllungsplattform WikiLeaks, investigativer Journalist und politischer Aktivist
67	**c**	Bekannt wurde er mit seinem Bestseller „Risikogesellschaft. Auf dem Weg in eine andere Moderne" (1986). Er kritisierte die dominante Rolle der Deutschen und ihrer Bundeskanzlerin Angela Merkel („Merkiavelli") in der Euro-Rettungspolitik.
68	**a**	Marc Zuckerberg gründete 2004 das soziale Netzwerk „Facebook", das mittlerweile mehr als 1,8 Mrd. Nutzer weltweit hat.
69	**a**	Er war Regierungschef, Staatspräsident und Vorsitzender der Kommunistischen Partei Kubas.
70	**d**	Im Berliner Museum für Vor- und Frühgeschichte ist ein großer Teil der Funde seiner Troja-Ausgrabungen zu sehen.
71	**b**	Nachdem ihm das Bombenattentat auf Hitler am 20. 07. 1944 misslang, wurde er von einem Standgericht am selben Tag verurteilt und erschossen.
72	**d**	1983 erhielt er für seine Bemühungen um eine Demokratisierung Polens den Friedensnobelpreis.
73	**b**	Amerikanischer Gründer der Microsoft Corporation. Er befasste sich mit der Entwicklung von Computersprachen (Basic-Programmiersprache für die MITS Altair-Company, MS-DOS, Windows).
74	**c**	1818 schrieb Mary Shelley ihren berühmten Roman „Frankenstein oder der moderne Prometheus".
75	**d**	Amerikanischer Protestsänger, verband das Volkslied mit dem Blues. 2016 wurde ihm als erster Musiker der Literaturnobelpreis verliehen.

20 Entdeckungen, Erfindungen, Ereignisse

1 Der Homo sapiens, der den Neandertaler später verdrängte, lebte …

a nach 50 000 v. Chr.
b vor 150 000 v. Chr.
c vor 500 000 v. Chr.
d nach 200 000 v. Chr.

2 Die siebentägige Woche ist eingeführt worden …

a 2000 v. Chr. von den Ägyptern
b 1800 v. Chr. von den Babyloniern
c 1525 n. Chr. von Paracelsus aufgrund der 7 Planeten
d 999 n. Chr. von der römischen Kirche

3 Die älteste bisher gefundene medizinische Schrift mit genauen Krankheitsbeschreibungen und Therapievorschlägen entstammt …

a den Azteken 1200 Jahre v. Chr.
b den Chinesen 2000 Jahre v. Chr.
c den Babyloniern 1400 Jahre v. Chr.
d den Ägyptern 1500 Jahre v. Chr.

4 Wer war der erste Mensch, der die Vermutung äußerte, die Erde sei eine Kugel, und von Antipoden sprach?

a Aristoteles
b Pythagoras
c Demokrit
d Plato

5 **1867 erwarben die Amerikaner von den Russen ein damals unbedeutend erscheinendes aber doch sehr großes Stück Land für wenig Geld. Es handelt sich dabei um …**

a Kuba
b Kalifornien
c Kanada
d keiner der Lösungsvorschläge ist richtig

6 **Wer hat die Schaltjahre erstmalig eingeführt?**

a ein ägyptischer Astronom 46 v. Chr.
b ein griechischer Astronom 120 n. Chr.
c ein babylonischer Astronom 1300 v. Chr.
d ein chinesischer Astronom 800 v. Chr.

7 **Wer hat das Papier entwickelt?**

a der ägyptische König Djoser
b der chinesische Hofbeamte Ts'ai-Lun
c Aschoka, der Enkel des indischen Königs Tschandragupta
d der jüdische Hohepriester und König Alexander Jannai

8 **Wo wurde Porzellan ursprünglich entwickelt?**

a Frankreich
b England
c China
d Russland

9 **Messer und Löffel sind prähistorischen Ursprungs, die Gabel dagegen ist eine verhältnismäßig neue Erfindung. Wann wurde in Europa die erste Gabel benutzt?**

a 1071 in Venedig
b 1453 in Florenz
c 1628 in Madrid
d 622 in Paris

10 **Das erste Anatomiebuch wurde veröffentlicht von dem italienischen Anatomieprofessor …**

a Leonardo da Vinci
b Guglielmo Marconi
c Lorenzo de' Medici
d Mondino de' Luzzi

11 **Wer kam auf die Idee, konkave Linsen (für Kurzsichtige) zu erstellen?**

a der deutsche Gelehrte und Kardinal Nikolaus von Kues 1451
b der niederländische Humanist und Theologe Erasmus von Rotterdam 1506
c der französische Barbier und Wunderarzt Paré 1545
d der Politiker und Naturwissenschaftler Benjamin Franklin 1783

12 **Welches Buch druckte Gutenberg zwischen 1452 und 1456 mit dem von ihm neu entwickelten Druckverfahren?**

a die „Göttliche Komödie" von Dante Alighieri
b den Katechismus
c die Bibel
d das Evangelium nach Matthäus

13 **Wann entdeckte Kolumbus die Neue Welt?**

a 12. 10. 1492
b 03. 08. 1494
c 10. 12. 1494
d 08. 03. 1492

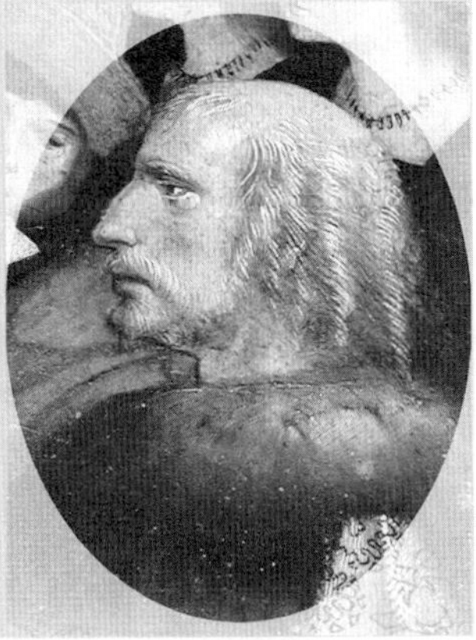

14 Wer hat 1504 die erste Taschenuhr gebaut?

a Evangelista Torricelli
b Christiaan Huygens
c Peter Henlein
d Galileo Galilei

15 Wann fand die erste Weltumsegelung statt?

a 1489–1492
b 1387–1400
c 1506–1509
d 1519–1522

16 Wer hat das erste Mikroskop erfunden?

a Zacharias Janssen 1590
b Galileo Galilei 1581
c Hans Lippershey 1608
d Johannes Kepler 1609

17 Wer war der erste Mensch, dem es gelang, Bakterien zu sehen?

a der englische Arzt Thomas Willis 1670
b der englische Wissenschaftler Isaac Newton 1666
c der niederländische Forscher Antoni van Leeuwenhoeck 1674
d der italienische Astronom Gian Domenico Cassini 1665

18 Wer formulierte das Gravitationsgesetz?

a Isaac Newton 1687
b Galileo Galilei 1589
c Euklid 300 v. Chr.
d Pythagoras 520 v. Chr.

19 **Nach 500 Tagen war es im Sommer 2016 geschafft, einmal um die Welt zu reisen. Dabei handelte sich um …**

a eine Wanderung weitestgehend zu Fuß
b eine Radtour
c einen Ballonflug
d keiner der Lösungsvorschläge ist richtig

20 **Wer erkannte frühzeitig die Vorteile des Binärsystems, das heutzutage Grundlage der modernen Informatik ist?**

a Isaac Newton 1687
b Anders Celsius 1742
c Gottfried Wilhelm Leibniz 1700
d Pierre-Simon de Laplace 1783

21 **Von wem stammt die erste Enzyklopädie in modernem Sinne?**

a Dante Alighieri 1313
b Aristoteles 387 v. Chr.
c Konrad Duden 1880
d Denis Diderot 1751

22 **Wann wurde der Blitzableiter erfunden?**

a 1752
b 1472
c 1608
d 1815

23 **Wann wurde die letzte bedeutende Weltwirtschaftskrise ausgelöst?**

a 2000 durch das Platzen der sog. Internet-Blase
b 2007 durch das Platzen der US-Immobilienpreis-Blase
c 2010 durch die griechische Staatsschuldenkrise
d keiner der Lösungsvorschläge ist richtig

24 **Wer fand als Erster die Quelle des blauen Nil?**

a die alten Ägypter 1870 v. Chr.
b Amerigo Vespucci 1502
c James Bruce 1770
d Reinhold Messner 1989

25 **Wer erfand den Heißluftballon?**

a Leonardo da Vinci 1480
b Jean-Pierre-Francois Blanchard 1797
c Jean-Baptiste Biot und Joseph-Louis Gay-Lussac 1804
d die Brüder Joseph-Michel und Jacques-Etienne Montgolfier 1783

26 **Wer hatte 1796 die Pockenimpfung erfunden?**

a der englische Arzt Edward Jenner
b der italienische Histologe Camillo Golgi
c der Schweizer Arzt Paracelsus
d der französische Chemiker Louis Pasteur

27 **Der gewaltsame Tod des Studenten Benno Ohnesorg 1967 in Berlin auf einer Demo gegen das Schah-Regime …**

a war mit Auslöser für die Ausbreitung und Radikalisierung der westdeutschen Studentenbewegung der 60er-Jahre
b war mit Anlass für die Gründung der APO (außerparlamentarische Opposition)
c war mit Hintergrund für die Bildung der RAF (Rote Armee Fraktion, Baader/Meinhof)
d alle Lösungsvorschläge sind richtig

28 **Wann wurde die erste elektrische Batterie gebaut?**

a 1780 von Luigi Galvani
b 1581 von Galileo Galilei
c 1910 von Georges Claudes
d 1800 von Alessandro Volta

29 **Das Chloroform wurde entdeckt im Jahre …**

a 1911
b 1742
c 1831
d 1654

30 **Wann wurde das Morsealphabet entwickelt?**

a 1738
b 1838
c 1938
d 1638

31 **Wer entwickelte die Technik der Fotografie?**

a Arthur Holly Compton
b Franz Joseph Müller
c Alexander Graham Bell
d Louis-Jaques-Mandé Daguerre

32 **Was erfand der Amerikaner Elias Howe 1845?**

a einen Kühlschrank
b eine Nähmaschine
c einen Geschirrspüler
d einen Staubsauger

33 **Wer war der erste Arzt, der in Europa die Händedesinfektion vorschrieb, um die Sterblichkeit an Kindbettfieber zu senken?**

a der Ungar Ignaz Philipp Semmelweis
b der Amerikaner Oliver Wendell Holmes
c der Deutsche Rudolf Virchow
d der Deutsche Heinrich Hoffmann

34 **Wer sprang 2012 aus 39 km Höhe auf die Erde?**

a Pedro Francisco Duque
b Alan Eustace
c Felix Baumgartner
d Jochen Schweizer

35 **Was bezweckte eine von dem französischen Chemiker Louis Pasteur 1856 entwickelte Prozedur?**

a Gewinnung von ätherischen Ölen
b großflächige Desinfektion von Krankenhäusern
c Sterilisation von medizinischen Geräten
d Haltbarmachung von Lebensmitteln

36 **Wer veröffentlichte 1858 die Abhandlung „Die Entstehung der Arten“, deren Theorie immer noch Gültigkeit besitzt?**

a Charles Robert Darwin
b Irenäus Eibl-Eibesfeldt
c Konrad Lorenz
d Gregor Johann Mendel

37 **Der französische Erfinder Ferdinand Carré baute 1858 ein Gerät, das zuerst mit Wasser, später mit Ammoniak funktionierte und dazu diente, …**

a die Zeit zu messen
b Lebensmittel länger aufzubewahren
c Mehl für Brot zu produzieren
d Schurwolle zu spinnen

38 **Wer erfand das Dynamit?**

a die Chinesen
b Alfred Bernhard Nobel
c Ascanio Sobrero
d Samuel Colt

39 **Wer stellte das Massewirkungsgesetz auf?**

a Cato Maximilian Guldberg und Peter Waage 1867
b Arthur Holly Compton 1923
c Jean-Baptiste Biot und Joseph-Louis Gay-Lussac 1804
d Ernst Mach 1887

40 **Wer erfand 1876 das Telefon?**

a der Deutsche Nikolaus August Otto
b der Amerikaner Alexander Graham Bell
c der Amerikaner Josiah Willard Gibbs
d der Deutsche Eugen Goldstein

41 **Wer erfand die erste brauchbare Glühbirne?**

a Thomas Alva Edison 1879
b Jean-Joseph-Étienne Lenoir 1860
c Richard Jordan Gatling 1862
d Lewis Edson Waterman 1884

42 **Wer baute den ersten elektromechanischen Rechner, der mithilfe von Lochkarten, in denen die Daten gespeichert wurden, statistische Auswertungen ermöglichte und mit Elektrizität arbeitete?**

a Joseph-Marie Jaquard 1801
b Michael Faraday 1821
c Hermann Hollerith 1880
d Charles Babbage 1822

43 **Welches Bakterium isolierte Robert Koch 1882?**

a Mycobacterium tuberculosis, Erreger der TBC
b Vibrio cholerae, Erreger der Cholera
c Salmonella typhi, Erreger von Typhus
d Yersinia pestis, Erreger der Pest

44 **Welche Kunstfaser ist die erste, die je hergestellt wurde?**

a Polyamid
b Dralon
c Nylon
d Rayon

45 **Das erste Automobil wurde 1885 gebaut von …**

a Nikolaus August Otto
b Carl Friedrich Benz
c Henry Ford
d Ettore Bugatti

46 **Wer veröffentlichte 1895 die Schrift „Studien über die Hysterie" und legte damit den Grundstein für eine neue Form der Psychotherapie?**

a Karl Gustav Jung und Sigmund Freud
b Josef Breuer und Sigmund Freud
c Eugen Bleuler
d Alfred Adler

47 **Der österreichische Arzt Karl Landsteiner beschäftigte sich mit den Eigenschaften des Blutes und fand 1901 …**

a den Rhesusfaktor
b die Antikörper
c die Blutgruppen
d die Chromosomen

48 **Wer hat 1901 das Radiogerät erfunden?**

a Alexander Graham Bell
b Thomas Alva Edison
c Alfred Bernhard Nobel
d Guglielmo Marconi

49 **Wer hatte 1905 die spezielle Relativitätstheorie aufgestellt?**

a Edward Williams Morley
b Albert Abraham Michelson
c Albert Einstein
d Hendrik Antoon Lorentz

50 **Wer beschäftigte sich mit der Normalfunktion des Intellektes und entwickelte 1905 die ersten Intelligenztests?**

a Hermann Rorschach
b Virginia Masters und William Howell Johnsons
c Alfred Binet
d Sigmund Freud

51 **Im Jahre 1903 beschäftigte sich ein Wissenschaftler mit Lernvorgängen bei Hunden. Er stellte sich die Frage, ob angeborene Verhaltensmuster und Reflexe durch andere Reaktionsmuster überlagert werden können. Es handelte sich um …**

a Thomas Hunt Morgan
b Gregor Johann Mendel
c Ernst Henry Starling
d Iwan Petrowitsch Pawlow

52 **Wer führte 1908 die Fließbandproduktion ein, damit Automobile nicht mehr Luxusgüter blieben und für das große Publikum produziert werden konnten?**

a Henry Ford
b Ettore Bugatti
c Carl Friedrich Benz
d Gottlieb Daimler

53 **Wann wurden Nordpol und Südpol erreicht?**

a 1824 und 1828
b 1726 und 1802
c 1909 und 1911
d 1937 und 1955

54 Wer bekam 1911 den Nobelpreis für Chemie wegen der Entdeckung und Reindarstellung von Radium?

a Pierre Curie
b Marie Curie
c Otto Hahn und Lise Meitner
d Antoine-Henri Becquerel

55 Alle Pharaonengräber wurden im Laufe der Zeit vollkommen ausgeplündert. Nur ein Grab, das 1922 von Lord Carnavon und Howard Carter geöffnet wurde, enthielt unermessliche Kunstschätze aus dem alten Ägypten. Es war das Grab von …

a Cleopatra
b Cheop
c Djoser
d Tutanchamun

56 Für welche Entdeckung bekam Alexander Fleming 1945 den Nobelpreis?

a Polio-Impfung
b Penicillin
c TBC-Bakterien
d Syphilis-Bakterien

57 Wer entwickelte den ersten Teilchenbeschleuniger?

a Watson & Crick
b Walton & Cockcroft
c Watson & Holmes
d J. B. Watson

58 Der Kugelschreiber wurde erfunden von …

a Ladislao und Georg Biró
b Lewis Edson Waterman
c Otto Hahn und Lise Meitner
d Graf Zeppelin

59 **Der schottische Physiker Robert Alexander Watson-Watt erfand 1935 ein Gerät, das in der Lage war, Mikrowellen zu senden, die von Gegenständen reflektiert und vom Gerät selbst wieder aufgefangen wurden. Bei dem Gerät handelt es sich um …**

a einen Sonar
b einen Reflektor
c ein Radar
d ein Luxor

60 **Welche Wissenschaftler stellten 1953 das Doppelhelixmodell der DNS vor?**

a James Dewey Watson und Francis Harry Compton Crick
b Otto Hahn und Lise Meitner
c Ernst Thomas Walton und John Douglas Cockcroft
d William Howell Masters und V. E. Johnson

61 **Wie hieß der erste Satellit, der in eine Umlaufbahn geschossen wurde?**

a Apollo 1
b Andromeda 1
c Challenger 1
d Sputnik 1

62 **In welcher Stadt befindet sich das „Internationale Büro für Maße und Gewichte", in dem u. a. ein Platin-Iridium-Stab aufbewahrt wird, der bis 1960 als internationaler Meter-Prototyp diente?**

a in Sèvres bei Paris
b in Rom
c in Madrid
d in Brüssel

63 **Die erste Frau, die in das Weltall geschickt wurde, kam aus …**

a der Sowjetunion
b den USA
c Australien
d Europa

64 **Wer führte 1967 die erste Herztransplantation durch?**

a Thomas Marchioro
b Theodor Hellbrügge
c Daniel Carleton Gajudsek
d Christiaan Neethling Barnard

65 **Wann ist die erste Mondlandung der Geschichte erfolgt?**

a 1965
b 1969
c 1971
d 1963

66 **Der britische Physiker Stephen William Hawking stellte 1970 eine neue Theorie auf, die auf quantenmechanischen Überlegungen basierte. Gegenstand dieser Theorie sind …**

a braune Zwerge
b schwarze Löcher
c schwarze Zwerge
d weiße Zwerge

67 **Was passierte am 14. Juli 1789?**

a die Erstürmung der Bastille
b die Geburt von W. A. Mozart
c die Oktoberrevolution
d die Krönung Napoleons als Kaiser der Franzosen

68 **Was passierte am 28. 06. 1914?**

a Tod von Johann Strauss
b Attentat von Sarajevo
c Ermordung von Nikolai II. und seiner Familie
d Zerstörung von San Francisco durch ein Erdbeben

69 **Wann übernahm Hitler die Macht?**

a 1935
b 1929
c 1939
d 1933

70 **Was geschah 1989–1991?**

a die erste erfolgreiche Trennung siamesischer Zwillinge
b das Ende des Kaltes Krieges
c die Quantentheorie wurde formuliert
d in China wurde die Pressefreiheit rechtlich durchgesetzt

71 **Wann wurde die „Allgemeine Erklärung der Menschenrechte" verabschiedet?**

a 10. 12. 1948
b 12. 10. 1932
c 12. 12. 1955
d 10. 10. 1922

72 **Wann fand die Unabhängigkeitserklärung der USA statt?**

a 1776
b 1678
c 1789
d 1797

73 **Wann fand der Dreißigjährige Krieg statt?**

a 1482–1512
b 1510–1540
c 1618–1648
d 1762–1792

74 **Wann stellte Luther seine 95 Thesen auf?**

a 1599
b 1320
c 1210
d 1517

75 **Wann wurde Julius Caesar ermordet?**

a 23 Jahre n. Chr.
b 44 Jahre v. Chr.
c 17 Jahre v. Chr.
d 37 Jahre v. Chr.

Lösungen und Erläuterungen

1	**d**	Der Homo sapiens, auch als Jetztmensch bekannt, erschien bereits nach 200 000 v. Chr.
2	**b**	Es sind die Babylonier gewesen, die wegen der damals bekannten 7 „Planeten“ die siebentägige Woche einführten, wobei jedem Tag ein Planet und ein Gott zugeordnet waren. Die Einteilung besteht auch heute noch.
3	**d**	Der Ebers-Papyrus wurde 1837 von dem deutschen Archäologen G. M. Ebers gefunden. Er beschreibt detailliert um die 700 Rezepte und Zaubermittel gegen verschiedenste Krankheiten, u. a. auch Morbus Parkinson oder Haarausfall. Der Ebers-Papyrus enthält genaue Beschreibungen der jeweiligen Krankheiten, bei denen die Mittel angewendet werden sollen.
4	**b**	Der griechische Philosoph Pythagoras von Samos postulierte als Erster, die Erde sei eine Kugel und nannte die Menschen, die auf der anderen Seite der Welt lebten, die „Antipoden“ (griech.: „den Füßen gegenüber“). Aristoteles war dann der Erste, der die Gründe für diese Vermutung zusammentrug und dadurch auch seine gebildeten Zeitgenossen davon überzeugen konnte.
5	**d**	1867 kauften die Amerikaner von den Russen Alaska für nur 7,2 Millionen Dollar. Damals umstritten weiß man heute, dass es ein sehr gutes Geschäft für die Amerikaner, ein sehr schlechtes für die Russen war.
6	**a**	Der ägyptische Astronom Sosiges wurde 46 v. Chr. von Julius Caesar beauftragt, den damals gültigen ägyptischen Kalender für Rom zu überarbeiten. Sosiges führte das Schaltjahr ein und schuf einen Kalender, der besser als der ägyptische war und als „julianischer Kalender“ mit einer kleinen Berichtigung immer noch gültig ist.

7 b Das Papier wurde nach chinesischer Überlieferung vom chinesischen Hofbeamten Tsai-Lun um 105 n. Chr. entwickelt. Da es Ähnlichkeiten mit dem Papyrus hatte, wurde der Name in Europa beibehalten, als es um 1320 eingeführt wurde.

8 c Porzellan wurde bereits vom 7. Jahrhundert n. Chr. an in China hergestellt. Eine richtige Produktion fand ab dem 13. Jahrhundert statt. Einzelstücke gelangten schon damals nach Europa, und das Material wurde „Chinaware" benannt. Im 16. Jahrhundert, als die sogenannte Chinaware in größerer Menge nach Europa kam, starteten in Italien (Venedig) die ersten Versuche, das Material nachzuahmen.

9 a 1071 wurden einer byzantinischen Prinzessin zu ihrer Hochzeit mit einem venezianischen Dogen Gabeln als Teil ihrer Aussteuer gebracht. Wegen der Vorteile in puncto Reinlichkeit fand der venezianische Adel Gefallen daran, und von da an galt es als vornehm, mit Gabeln zu speisen.

10 d 1316 publizierte Mondino de' Luzzi, Professor der medizinischen Akademie in Bologna, das erste richtige Buch der Medizingeschichte. Es befasste sich ausschließlich mit Anatomie.

11 a Die ersten Augengläser, die 1249 von dem englischen Gelehrten Roger Bacon erwähnt wurden, hatten konvexe Linsen und konnten nur die Weitsichtigkeit korrigieren. Es brauchte noch 200 Jahre, bis der deutsche Kardinal Nikolaus von Kues Linsen so schliff, dass sie in der Mitte dünner waren als am Rand, damit die Kurzsichtigkeit korrigiert werden konnte.

12 c Gutenberg druckte 300 Exemplare einer wunderschönen Bibel in gotischer Schrift mit 1 282 Seiten. Die heute noch erhaltenen Exemplare sind die teuersten Bücher der Welt.

13 a Kolumbus stach am 03. 08. 1492 mit einer Besatzung aus Sträflingen und 3 Karavellen in See. Er war auf der Suche nach einem neuen Weg nach Indien. Am 12. 10. 1492 wurde dann eine Insel der Bahamagruppe gesichtet. Kolumbus blieb bis an sein Lebensende der Überzeugung, Indien erreicht zu haben.

14 c Der deutsche Mechaniker Peter Henlein baute 1504 mittels einer kleinen Zugfeder eine Uhr, die so klein war, dass man sie in die Tasche stecken konnte.

15 d Der portugiesische Seefahrer Fernando Magellan segelte 1519 mit fünf Schiffen um die Welt. Er selber starb 1521 in einem Kampf mit Eingeborenen einer philippinischen Insel, wo die Schiffe haltgemacht hatten. Die Expedition fuhr dann weiter und erreichte 1522 mit einem einzigen übrig gebliebenen Schiff wieder die spanische Küste.

16 a Zacharias Janssen, ein holländischer Brillenmacher, kam 1590 auf die Idee, dass zwei Linsen stärker vergrößern müssten als nur eine, und baute eine Röhre, die an jedem Ende eine konvexe Linse hatte. Die Vergrößerung war tatsächlich besser und die Röhre gilt als erstes Mikroskop.

17 c Im Jahr 1674 gelang es Leeuwenhoeck, durch eine sehr kleine, selbst geschliffene Linse winzigste Lebewesen zu sichten. Nach jahrelanger Beobachtung beschrieb er 1683 die spezifischen Formen, darunter Bakterien, Einzeller und Rädertierchen.

18 a Isaac Newton publizierte 1687 sein Hauptwerk „Philosophiae naturalis principia mathematica", in dem er u. a. seine drei Axiome der Mechanik und sein bereits 1665 gefundenes Gravitationsgesetz formulierte. Die Erkenntnis über die Gravitation hatte ihn getroffen, als ihm in seinem Garten in Woolsthorpe ein Apfel auf den Kopf fiel.

19 d Mit der „Solar Impulse", einem ausschließlich solarbetriebenen Flugzeugprojekt, gelang den Schweizern Bertrand Piccard und André Borschberg die erste Weltumrundung.

20 c Um 1700 wies Leibniz darauf hin, dass auch das Binärsystem, das mit den einzigen Symbolen 1 und 0 auf der Basiszahl 2 fußt, sinnvoll sein kann. Die modernen Computer arbeiten mit diesem System.

21 d Der Schriftsteller Diderot startete ein riesiges Projekt, um den gesamten Wissensstoff für die breite Öffentlichkeit in alphabetisch geordneten Bänden zusammenzufassen. Er beschäftigte über 160 Mitarbeiter, darunter Rousseau, Voltaire, Montesquieu, schrieb aber vieles selber und publizierte 1751 den ersten Band seiner Enzyklopädie. Damit war das große Gemeinschaftswerk der französischen Aufklärung entstanden.

22 a Der Blitzableiter wurde von Benjamin Franklin 1752 erfunden, nachdem er beim Gewitter einen Drachen steigen ließ, dessen Spitze aus Metall mit einem Seidenfaden verbunden war, an dem ein Schlüssel gebunden war. Er fand, dass die „himmlische Elektrizität" durch die Spitze gefangen und durch den Faden bis zum Schlüssel weitergeleitet werden konnte.

23 b Die letzte und noch nicht ganz überwundene große Weltwirtschaftskrise (ab 2007) wurde ausgelöst durch das Platzen einer Immobilienpreis-Blase, die mit einer Finanz- und Bankenkrise einherging. Dazu kam ab 2010 die griechische Staatsschuldenkrise noch hinzu.

24 c Bruce fand zuerst die Stelle, wo der Nil, mit 6 400 km der längste Fluss der Welt, aus der Vereinigung von Blauem (aus Südosten kommend) und Weißem (aus Südwesten kommend) Nil entsteht. Dann folgte er dem Blauen Nil und fand 1770 seine Quelle: der Tanasee im Nordwesten des heutigen Äthiopien.

25 d Die Brüder Montgolfier stellten fest, dass heiße Luft sich ausdehnt und folglich leichter als kalte Luft gleichen Volumens sein muss. Sie bereiteten einen großen Leinenballon mit einem Durchmesser von 11 Metern und ließen ihn am 05. 06. 1783 auf dem Marktplatz ihrer Heimatstadt mit Heißluft hochsteigen.

26 a Jenner hatte beobachtet, dass nicht nur jeder, der die Pocken einmal erfolgreich überstanden hatte, diese Krankheit nicht wieder bekommen konnte, sondern auch die Milchmädchen, die an den weitaus ungefährlicheren Kuhpocken erkrankten, immun gegen die Menschenpocken waren. So impfte er einen Jungen mit dem Inhalt einer Pustel eines Milchmädchens. Der Junge wurde gegen Menschenpocken immun.

27 d Der West-Berliner Polizist Karl-Heinz Kurras schoss den 26-Jährigen ohne wirkliche Bedrängnis aus kurzer Distanz in den Hinterkopf. Sein Tod gilt als Einschnitt der deutschen Nachkriegsgeschichte mit weitreichenden gesellschaftspolitischen Folgen.

28 d Volta war der Ansicht, dass Elektrizität aus Metallen stammen konnte, wenn man verschiedene Metalle miteinander in Kontakt bringt. So baute er eine Säule aus vielen Metallscheiben, von denen jede aus zwei aneinander gelöteten Kupfer- und Zinkplatten bestand. Die Scheiben waren durch in Salzlösung getränkte Pappscheiben getrennt und mit einer Brücke zwischen oberster und unterster Scheibe versehen. So entstand die erste Batterie.

29 c Das Chloroform wurde 1831 von dem amerikanischen Chemiker Guthrie entdeckt. Der Stoff gewann sofort große Bedeutung in der Anästhesie. Heutzutage wird eine Allgemeinnarkose mit anderen Gasen (Halotan, Lachgas, Enfluran, Isofluran etc.) durchgeführt, die weniger toxisch als Chloroform sind.

30 b Das Morsealphabet wurde 1838 von dem amerikanischen Künstler Samuel Finley Breese Morse entwickelt und 1844 geändert.

31 d Der französische Künstler Daguerre entwickelte 1837 eine Technik, an versilberten Kupferplatten eine lichtempfindliche Schicht aus Silbersalzen zu erzeugen, die in der Lage war, die Helligkeitswerte einer Szene festzuhalten. Die nichtbelichteten Salze wurden dann mit einer Natriumthiosulfat-Lösung herausgelöst.

32 b Howe entwickelte die erste Nähmaschine, die genauso wie die heutigen Maschinen nach dem Zweifadensystem arbeitete. Um ihre Nützlichkeit zu beweisen, machte Howe ein Wettnähen mit fünf Frauen, die noch per Hand nähten, und gewann mühelos.

33 a Semmelweis ließ ab 1847 die Ärzte der gynäkologischen Abteilung seines Wiener Krankenhauses sich die Hände mit Kalziumchlorid-Lösung desinfizieren. Daraufhin ging das Kindbettfieber drastisch zurück. Seine Kollegen zeigten sich jedoch uneinsichtig und es dauerte 20 Jahre, bevor die Ärzte die Notwendigkeit dieser Maßnahme einsehen konnten.

34 c Er ist ein österreichischer Extremsportler, der mit dem Stratosphärensprung „Red Bull Stratos“ 2012 Bekanntheit erlangte.

35 d Pasteur entwickelte eine Prozedur zur Haltbarmachung von Lebensmitteln durch schonendes Erhitzen bei 50 ºC. Die heute noch benutzte Prozedur (z. B. für Milch) wurde ursprünglich für die Haltbarmachung französischen Weins entwickelt, da dieser oft beim Altern sauer wurde.

36 a Darwin veröffentlichte 1858 sein Buch „Die Entstehung der Arten“, in dem er seine Evolutionstheorie erörtert, wonach die Evolution durch natürliche Auslese stattgefunden hat.

37 b Carré baute ein Gerät, das ähnlich wie ein moderner Kühlschrank nach dem Prinzip der Temperatursenkung bei der Verdampfung von Gasen (oder auch Wasser) funktionierte.

38 b Der schwedische Erfinder Alfred Nobel, der einen Bruder bei einer Explosion in der väterlichen Sprengstofffabrik verloren hatte, suchte nach Möglichkeiten, das damals übliche Nitroglyzerin ungefährlich zu machen. Er kam 1866 zufällig darauf, dass die mit Nitroglyzerin getränkte Kieselgur zwar die gleiche Sprengkraft wie zuvor hatte, jedoch nur mithilfe eines Zünders zur Explosion gebracht werden konnte. Das Schießpulver wurde übrigens von den Chinesen erfunden.

39 a Der norwegische Chemiker Cato Guldberg und Peter Waage stellten 1867 ein Gesetz über den Verlauf umkehrbarer chemischer Reaktionen auf. Dieses Gesetz spielt eine Rolle bei der Berechnung von Reaktionsgleichgewichten, Löslichkeitsprodukten und der Bestimmung von pH-Werten.

40 b Alexander Graham Bell, ein amerikanischer Erfinder, entwickelte 1876 ein Gerät, womit Schallwellen in elektrische Spannungsschwankungen umgewandelt werden konnten und anschließend beim Empfänger wieder in Sprechsignale umgewandelt wurden. Er ließ das Telefon patentieren, später wurde diese Erfindung von Edison verbessert.

41 a Die erste Glühbirne wurde 1854 von dem Mechaniker H. Goebel mit einem Bambuskohlenfaden konstruiert und war wirtschaftlich uninteressant. Edison verwendete dagegen einen verkohlten Baumwollfaden, der in einem gläsernen Vakuumkolben angebracht wurde, damit er unter elektrischem Strom glühen, aber nicht schmelzen oder verbrennen konnte. Seine erste Glühbirne glühte ununterbrochen 40 Stunden.

42 c Der amerikanische Erfinder Hermann Hollerith entwickelte 1880 eine elektrische Rechenmaschine mit Lochkarten, die Datenerfassung bei der Volkszählung erlaubte. Danach gründete er eine Firma, die alle Arten von informationsverarbeitenden Maschinen herstellte. Aus seiner Firma entwickelte sich die International Business Machines Corporation, die heute noch existiert (IBM).

43 a Koch isolierte den Erreger der TBC. Der Erreger wird heute auch noch Koch-Bazillus genannt.

44 d Die sogenannte „Kunstseide“, die der französische Chemiker Louis-Marie-Hillaire Bernigaud de Chardonnet 1883 erfand, wurde aus Nitrozelluloselösung hergestellt und war die erste Kunstfaser. Er nannte sie „Rayon“ (französisch = Lichtstrahl), da sie wie Seide glänzte. 1976 wurde die Bezeichnung „Rayon“ durch den Namen „Viskose“ ersetzt.

45 b Der deutsche Maschinenbauingenieur Carl Friedrich Benz baute das erste Automobil mit Viertakt-Benzinmotor. Es besaß drei Räder (eins vorne, zwei hinten) und konnte bis 15 km/h Geschwindigkeit erreichen.

46 b Breuer hatte sich schon seit 1884 mit Hypnose als Behandlung von Hysterie befasst. Freud gab die Hypnose auf zugunsten der freien Assoziation. 1895 veröffentlichten die beiden Autoren das Buch „Studien über die Hysterie“, mit dem sie die Psychoanalyse als Behandlungsmethode für Neurosen begründeten.

47 c Landsteiner machte Experimente mit Blut und Blutplasma verschiedener Patienten und erkannte, dass es vier verschiedene Blutgruppen geben muss: A, B, AB, 0. Seine Erkenntnisse erlaubten ungefährlichere Bluttransfusionen, doch solange das Rhesus-System nicht aufgeschlüsselt wurde, gab es dabei hin und wieder tödliche Zwischenfälle.

48 d Marconi installierte am 12. 12. 1901 einen Sender an der Südostspitze Englands. Dabei benutzte er eine Antenne, die er von Ballons in eine möglichst große Höhe tragen ließ. Seine Radiowellen wurden bis Neufundland empfangen.

49 c Der deutsche Physiker Albert Einstein stellte 1905 die spezielle Relativitätstheorie auf, nach der sich Körper mit wachsender Geschwindigkeit zusammenziehen und an Masse zunehmen. Sie ist eine Theorie der Relativität, weil der Begriff „Geschwindigkeit" nur eine Bedeutung in Bezug auf einen Beobachter hat und es keine „absolute Bewegung", keinen „absoluten Raum" und keine „absolute Zeit" gibt.

50 c Binet entwickelte Intelligenztests, die den IQ bestimmen sollten. Dabei ließ er die Aufgaben von Schulkindern lösen: Wenn 70 % der Kinder eines bestimmten Alters einen Test bestanden, dann entsprach er dem Intelligenzniveau der Altersgruppe. So wurde das Intelligenzalter ermittelt, das durch das reale Alter geteilt und mit 100 multipliziert den sogenannten IQ ergibt.

51 d Pawlow konnte beweisen, dass der angeborene Speichelreflex des Hundes bei der Fütterung konditioniert werden konnte. Er ließ bei der Fütterung immer eine Glocke ertönen; später produzierte der Hund allein schon beim Glockenton Speichel: Er hatte gelernt, den Ton in Zusammenhang mit der bevorstehenden Fütterung zu setzen.

52 a Ford hatte im Jahr 1908 die Idee, den Fertigungsprozess seiner Automobile in kleine Schritte zu zerlegen, die jeweils von einem Arbeiter ausgeführt werden konnten, während ein Fließband die Teile nacheinander zu verschiedenen Arbeitern beförderte. So konnte man viel effizienter produzieren und die Kosten sanken.

53 c Der Nordpol wurde angeblich 1909 von dem Amerikaner Robert Edwin Peary, der Südpol 1911 von dem Norweger Roald Amundsen erreicht. Es wird jedoch vermutet, dass Peary ein Betrüger war.

54 b Die Physikerin und Chemikerin Marie Curie, die 1903 zusammen mit ihrem Mann und Becquerel den Nobelpreis für Physik für ihre Arbeit auf dem Gebiet der Radioaktivität erhielt, bekam 1911 den Nobelpreis für Chemie alleine. Ihr Ehemann, der Physiker Pierre Curie, war bereits 1906 gestorben.

55 d Das Grab war bereits kurz nach dem Tod des Pharaos ausgeplündert worden, die Täter konnten jedoch gefasst und gezwungen werden, die Beute zurückzugeben. Offenbar wurde die Rückgabe der Schätze geheim gehalten, sodass es keine weiteren Plünderungen gegeben hat.

56 b Fleming entdeckte 1928 zufällig, dass eine Substanz aus Schimmelpilzen das Wachstum von Bakterien hemmen konnte. Da es sich bei dem Schimmelpilz um Penicillinum notatum handelte, nannte er die Substanz „Penicillin". Das Penicillin ist heute immer noch ein unverzichtbares Antibiotikum.

57 b Der britische Physiker John Douglas Cockcroft und sein irischer Kollege Ernst Thomas Walton entwickelten 1929 den ersten Apparat, mit dem Protonen durch sehr hohe elektrische Spannung so beschleunigt werden konnten, dass sie energiereicher als die natürlich vorkommenden Alphateilchen wurden. 1932 lösten sie damit die erste künstliche Kernreaktion aus.

58 a Die Brüder Biró erfanden 1938 einen Tintenbehälter, der an seiner Spitze von einer kleinen Kugel verschlossen war, die über Papier gerollt Tinte übertrug. Der Prototyp wurde verbessert, es wurde geeignete, zähflüssige Tinte dafür entwickelt und der Kugelschreiber begann seinen Siegeszug.

59 c Nachdem Langewin 1917 den Sonar gebaut hatte, ein Instrument, das durch Senden und Wiederauffangen von Ultraschall im Wasser Gegenstände (z. B. U-Boote) orten konnte, erfand Watson-Watt nach dem gleichen Prinzip ein Gerät, das mit Radiowellen funktionierte und deshalb zum Orten von Gegenständen in der Luft (z. B. Flugzeuge) geeignet war. Das Gerät wurde „radio detection and ranging", abgekürzt Radar, genannt. Es konnte Flugzeuge bis 60 km Entfernung orten und dabei deren Entfernung angeben.

60 a Watson und Crick stellten ein Modell der Struktur der DNS vor, wonach die DNS aus zwei Nukleotid-Strängen besteht, die über die Basen der Nukleotide zu einer Doppelhelix verbunden sind. Dabei verbinden sich die Purin- mit den Pyrimidinbasen, und zwar so, dass Adenin mit Thymin, Guanin mit Cytosin paart. Die Information der beiden Einzelstränge ist identisch, da der eine Strang praktisch das „Negativ" des anderen darstellt.

61 d Am 4. Oktober 1957 wurde erstmals ein Satellit in eine Umlaufbahn gebracht. Sein Name war „Sputnik 1" (das russische Wort für Satellit). Er wurde von der Sowjetunion geschossen.

62 a 1875 wurde in Paris ein internationaler Vertrag (Meterkonvention) zwischen 17 Staaten geschlossen, um die Sicherung einer weltweiten Einheitlichkeit der Einheit von Meter und Kilogramm zu gewährleisten. Ab 1889 wurde dann für die Festlegung des Meters der Abstand zweier eingeritzter Linien auf einem Platin-Iridium-Stab festgelegt, der sich in Sèvres bei Paris befindet. Heute (Stand 1996) gehören 48 Länder der Meterkonvention an und das Meter wird über die Geschwindigkeit des Lichtes im Vakuum definiert.

63 a Am 16. Juni 1963 startete die Sowjetunion Wostok 6. An Bord befand sich Walentina Wladimirowna Tereschkowa. Sie war die erste Frau, die in den Weltraum geschickt wurde, und kehrte nach 48 Erdumkreisungen und fast 3 Tagen im All wohlbehalten auf die Erde zurück.

64 d Die erste erfolgreiche Herztransplantation wurde am 3. Dezember 1967 von dem südafrikanischen Chirurgen Barnard durchgeführt. Auch wenn die Operation erfolgreich war, lebte der Patient danach nur 18 Tage, da er postoperativ eine schwere Infektion bekam.

65 b Am 20. Juli 1969 erfolgte die erste Mondlandung der Geschichte der Menschheit. Die Astronauten landeten mit der Mondlandefähre des Raumschiffes Apollo 11 auf der Mondoberfläche, wo sie 21 Stunden und 37 Minuten verweilten.

66 b Da bekanntlich Schwarze Löcher nur Materie aufnehmen, aber keine abgeben können, müsste sich im Laufe der Zeit das Universum zu einer Ansammlung Schwarzer Löcher entwickeln. Hawking stellte 1970 eine Theorie auf, wonach Schwarze Löcher eine höhere Temperatur als ihre Umgebung haben und deshalb verdampfen können.

67 a Am 14. Juli 1789 erstürmten über 900 französische Handwerker, Kaufleute und Bürger sowie Soldaten das verhasste Staatsgefängnis von Paris. Die Erstürmung der Bastille setzte das Signal zum Ausbruch der Revolution in ganz Frankreich, die sich unter dem Banner „Freiheit, Gleichheit, Brüderlichkeit" vollzog.

68 b In Sarajevo (Bosnien) wurde am 28. 06. 1914 der österreichische Thronfolger, Herzog Franz Ferdinand, zusammen mit seiner Frau, Herzogin Sophie von Hohenberg, von dem bosnischen Studenten Gavrilo Princip ermordet. Es handelte sich um einen politischen Mord. Dieses Attentat löste den 1. Weltkrieg aus.

69 d Am 30. Januar 1933 wurde Adolf Hitler, der Führer der NSDAP, zum Reichskanzler ernannt. Am 28. Februar wurde die Welle des offenen Terrors gegen Andersdenkende, die durch die Machtergreifung der Nationalsozialisten entstand, gesetzlich untermauert durch den Reichspräsidenten Paul von Hindenburg. Am 23. März trat dann das „Ermächtigungsgesetz" in Kraft, das Hitler praktisch uneingeschränkte Macht verlieh.

70 b Der Ost-West-Konflikt, der seine Höhepunkte in der Berliner Blockade und dem Koreakrieg erreichte, wurde nach und nach durch Entspannungspolitik abgelöst und fand sein Ende nach dem Mauerfall in Berlin 1989, mit der Auflösung des Warschauer Paktes 1991.

71 a Die Allgemeine Erklärung der Menschenrechte wurde als erster Schritt zum universellen Schutz der Menschenrechte am 10. 12. 1948 von der UN verabschiedet, da nach dem 2. Weltkrieg massive Verletzungen der Menschenrechte in totalitären Staaten offensichtlich wurden. Es handelt sich um eine völkerrechtlich unverbindliche Empfehlung, die einen Katalog von bürgerlichen und sozialen Rechten enthält.

72 a Am 04. 07. 1776 nahmen die 13 nordamerikanischen Kolonien die von Thomas Jefferson verfasste Unabhängigkeitserklärung an. Dieses Dokument begründete seitens der Kolonien die Trennung vom Mutterland Großbritannien und stellt den Höhepunkt der amerikanischen Unabhängigkeitsbewegung dar, die 1773 mit der sog. Boston-Tea-Party begann.

73 c Der Dreißigjährige Krieg, ein europäischer Religions- und Staatenkonflikt, wurde 1618–1648 auf deutschem Boden ausgetragen. Teile davon waren der Böhmisch-Pfälzische Krieg (1618–1623), der Niedersächsisch-Dänische Krieg (1625–1629), der Schwedische Krieg (1630–1635) und der Schwedisch-Französische Krieg (1635–1648). Nach zahlreichen Verhandlungen kam es am 24. Oktober 1648 endlich zum Westfälischen Frieden.

74 d Am 31. 10. 1517 veröffentlichte der Augustiner-Eremiten-Mönch Martin Luther 95 Thesen „Zur Aufklärung über die Kraft des Ablasses", in denen er sich gegen die Praxis und den Missbrauch des Ablasswesens aussprach. Luthers Ansichten lösten die Reformation aus.

75 b Julius Caesar wurde an den Iden des März (15. März) während einer Senatssitzung in Rom erdolcht. Die Führer der Verschwörung, an der rund 60 Republikaner teilnahmen, waren Marcus Iunius Brutus, Gaius Cassius Longinus, Decimo Brutus und Gaius Trebonius.